作者简介

张雪峰 男,出生于浙江省泰顺县,南京大学编辑出版学硕士,福建师范大学历史学博士,现为福建师范大学社会历史学院副教授,主要从事出版理论与出版史研究。

万象学术文库

张雪峰◎著

福建近代出版史研究

The Vicissitudes of Modern Publishing Industry in Fujian Province

中国书籍出版社
China Book Press

图书在版编目（CIP）数据

福建近代出版史研究/张雪峰著 . —北京：中国书籍出版社，2015.3
ISBN 978－7－5068－4740－7

Ⅰ.①福… Ⅱ.①张… Ⅲ.①出版事业—文化史—研究—福建省—近代 Ⅳ.①G239.275.7

中国版本图书馆 CIP 数据核字（2015）第 021269 号

福建近代出版史研究

张雪峰 著

责任编辑	毕 磊 南恒轩
责任印制	孙马飞 马 芝
封面设计	中联华文
出版发行	中国书籍出版社
地 址	北京市丰台区三路居路 97 号（邮编：100073）
电 话	（010）52257143（总编室） （010）52257153（发行部）
电子邮箱	chinabp@ vip. sina. com
经 销	全国新华书店
印 刷	北京彩虹伟业印刷有限公司
开 本	710 毫米×1000 毫米 1/16
字 数	252 千字
印 张	15.5
版 次	2015 年 4 月第 1 版 2015 年 4 月第 1 次印刷
书 号	ISBN 978－7－5068－4740－7
定 价	68.00 元

版权所有 翻印必究

目 录
CONTENTS

绪 论 ··· 1

第一章 晚清时期福建近代出版业的创始 ······················· **11**
  第一节 传教士与福建近代出版业的发端 ····················· 12
  第二节 近代国人自营出版业的兴起 ···························· 27
  第三节 《福报》：民间报刊出版业的个案分析 ············ 34
  第四节 报刊出版与清末革命思潮的传播 ····················· 39

第二章 北洋军阀统治时期福建近代出版业的调整 ········ **47**
  第一节 民国初年的福建出版业 ·································· 48
  第二节 各军阀政权对报刊出版业的迫害 ····················· 53
  第三节 《福建劝业杂志》与经济报刊的发展 ············· 58
  第四节 新文化运动与马克思主义的出版传播 ············· 63

第三章 土地革命时期福建近代出版业的发展 ··············· **71**
  第一节 国统区报刊出版业的发展 ······························ 72
  第二节 福建协和大学等各类学校的出版活动 ············· 78
  第三节 闽西等革命根据地的红色出版业 ···················· 87
  第四节 十九路军驻闽期间的出版活动 ························ 98

第四章　抗日战争时期福建近代出版业的繁荣 ······ **106**
第一节　战时省会永安的抗战出版业 ······ **107**
第二节　改进出版社与东南出版社 ······ **115**
第三节　知识分子与永安进步报刊出版业 ······ **123**
第四节　国民党政府的战时出版检查与"永安大狱" ······ **128**
第五节　闽西闽北山区的战时报刊出版业 ······ **136**
第六节　沿海地区的战时报刊出版业 ······ **142**

第五章　解放战争时期福建近代出版业的衰亡 ······ **153**
第一节　抗战胜利初期福建近代出版业的短暂繁荣 ······ **154**
第二节　革命出版力量的持续壮大 ······ **161**
第三节　福建近代出版业的衰亡 ······ **167**

余　论　对历史经验的两点思考 ······ **174**

附录一　福建近代出版大事记 ······ **179**

附录二　近代闽版图书辑录 ······ **197**

附录三　福建近代报刊辑录 ······ **216**

参考文献 ······ **234**

绪 论

一、研究的缘起

出版,"是通过一定的物质载体,将著作制成各种形式的出版物,以传播科学文化、信息和进行思想交流的一种社会活动"①,是"选择某种精神劳动成果(文字、图像作品等),利用一定的物质载体进行复制以利传播的行为"②。出版或出版业可依据出版物的主要类型划分为图书出版业、报纸出版业和杂志出版业三种。出版史研究则是对出版或出版业的发生发展历程及其衍变规律、社会影响进行叙述与分析,以供借鉴的学科。广而言之,出版史的研究内容涉及图书史、报刊史、编辑史、印刷史和发行史等。

出版史研究有其自身的学术规律,出版史的分期,也有其自身的学术标准,与社会发展史的分期并不一定吻合。古代出版业与近代出版业的历史分野,在于出版物的内容、形式和出版印刷技术的历史性变革。③ 古代出版业主要出版经史子集和"钦定""御纂"书籍,宣扬维护皇权统治的封建道德观;而近代出版业在出版物内容上更多地体现在西学书报刊的出版与西学知识的传播,尤其是近代报刊的出现,是出版近代化的重要标志。雕版刻印是古代出版业的技术特点。19世纪初期,西方传教士率先将机械印刷技术如石印、铅印等引入中国,是出版近代化体现

---

① 中国大百科全书编辑委员会《新闻出版》编辑委员会、中国大百科全书出版社编辑部:《中国大百科全书·新闻出版卷》,中国大百科全书出版社1990年版,第8页。
② 边春光主编:《出版词典》,上海辞书出版社1992年版,第1页。
③ 王余光先生将古代出版业与近现代出版业表述为"传统出版业"与"新出版业"。参见王余光著:《中国新图书出版业初探》,武汉大学出版社1998年版,绪篇。

在技术层面的标志。在装订形式上，古代出版物以卷轴装、蝴蝶装、包背装、线装等装订方法为特点；而近代出版物则改为平装和精装，这一进程在20世纪初基本完成。排字方式的变迁则稍为滞后，由于英文为从左至右横排，汉字习惯为竖排或从右至左横排，文字交流极为不便。至民国以后，汉字逐渐遵从英文习惯而改为从左至右横排。当然，正如社会发展的近代化进程并不是由一二历史事件所完成的那样，出版近代化进程也经历了很长的时间，并且是在社会政治、经济、文化等"合力"的作用下完成的。出版作为精神产品的生产，总是建立在一定的社会经济基础与政治关系之上的。概言之，近代出版业既是社会近代化的产物，也是社会近代化的催化剂。

  人杰地灵的福建省一直是中国古代出版活动最为活跃的地区之一。自五代开始，福建就已有了雕版刻书业。及至两宋，刻书业进入了发达兴盛时期，官刻、家刻和坊刻三大系统已经形成规模，刻书地点分布广泛，刻印书籍之数量居全国首位，与浙、蜀成三足鼎立之势。闽北建阳的麻沙一地所刻书籍风行全国，甚至远播南洋及世界各地，在中国古代印刷出版史上占有极其重要的地位。元明时期，福建古代出版业仍处于全国领先地位，建阳刻书兴盛不衰。明代学者胡应麟在《少室山房笔丛》中说："凡刻之地有三：吴也、越也、闽也。蜀本宋最称善，近世甚希。燕、粤、秦、楚今皆有刻，类自可观，而不若三方之盛。其精，吴为最；其多，闽为最；越皆次之。"① 清代中叶，建阳刻书业在走过了近600年的辉煌历程后终于逐渐衰败。但此时，地处闽西山区的四堡（今连城县四堡镇及周边地区）和福州，则应时崛起，取代了建阳刻书业的地位，成为清代南方地区的坊刻中心。

  晚清西学东渐，出版业的发展形态也随之发生了历史性的变化。近代印刷出版业的兴起和发展，迫使古代出版业逐渐走向没落。兴起于晚清时期的官书局刻书，成为福建传统刻书业临终前回光返照般的绝响。1866年，左宗棠在福州创办正谊堂书局以校刊张伯行的《正谊堂遗书》，并出版养蚕和种桑、种棉等方面的书籍多种，教民种桑、植棉、育蚕、织布。而后，地方政府部门又在福州成立福建官书局，刊印清代皇帝"钦定""御纂"书籍和各种经史子集，企图以此挽救太平军农民起义后封建文化的日渐没落与衰败。民国时期，除刊印少量方志、私人文集和佛经等书籍外，福建雕版印刷技术在当时的出版业中已无影响，但其生命力仍然延

---

① （明）胡应麟撰：《少室山房笔丛》，上海书店出版社2001年版，第43页。

续至1958年福州涌泉寺刻印《金刚般若波罗蜜多心经》一书为止。至此时,福建雕版印刷业已延续了一千多年的历史。

正是基于福建古代出版业如此辉煌的成就,国内外出版史研究者更多地把目光集中于此,相关成果卓著。①谢水顺、李珽著《福建古代刻书》(福建人民出版社1997年版)、李瑞良著《福建出版史话》(鹭江出版社1997年版)、方彦寿著《建阳刻书史》(中国社会出版社2003年版)和林应麟著《福建书业史:建本发展轨迹考》(鹭江出版社2004年版)等均为研究福建古代出版业的学术专著。其中《福建古代刻书》一书,对自宋代以来福建刻书的发展历程及政府当局的出版管制等问题进行了专题性研究,史料翔实,评述得当,颇受学术界的好评;《福建书业史》则以书籍发行业为视角,着重研究建本的刊刻及其流布轨迹,虽然在时间跨度上及于民国时期,但仍以雕版刻印为中心,理应纳入古代出版业的范畴。此外,谢水顺、吴世灯、方彦寿、肖东发、曹之等先生关于"建本"的研究论文也常见诸相关的学术刊物。在业已出版的出版印刷史著作中,宋原放、李白坚著《中国出版史》(中国书籍出版社1991年版)、吉少甫著《中国出版简史》(学林出版社1991年版)、张树栋等著《中国印刷通史》(印刷工业出版社1999年版)等,对福建古代出版业的辉煌成就无不予以重点介绍。此前,近人对"福建版本"的研究也颇成气候:清叶德辉著《书林清话》对宋代建安余氏刻书、元代建安叶氏刻书予以详细记载;佚名撰民国刻本《福建板本志》②详细记载和考察了福建的刻书源流、规模及发展历史,归纳总结福建刻本的刻印特点及传承流布情况等;民国时期省内学者如张贻惠、王治心、朱维幹等人对福建古代刻书业在中国文化上的地位也予以高度评价。③

与福建古代出版业研究的繁荣相比,关于福建近代出版业的研究则显得相当薄弱,迄今为止尚无全面论述福建近代出版史的专著面世。在现有的成果中,报刊史类研究专著相对较多,有胡立新、杨恩溥编撰《厦门报业》(鹭江出版社1998年版)、卢元辉著《闽北报业概览》(远方出版社2000年版)、潘群主编《福州新闻

---

① 参见吴世灯:《建本研究的历史与现状》,载叶再生主编:《出版史研究》(第4辑),中国书籍出版社1996年版。
② 载王国维等撰:《闽蜀浙粤刻书丛考》,北京图书馆出版社2003年版。
③ 参见张贻惠:《福建版本在中国文化上之地位》,载《福建文化》第7期;治心:《福建版本史述略》,载《福建文化》第12期;朱维幹:《麻沙书话》,载《福建文化》第28期。

史略》(福建人民出版社2005年版)、许清茂、林念生主编《闽南新闻事业》(福建人民出版社2008年版)、徐明新编著《福建新闻史:1645－1949》(海峡文艺出版社2009年版)和洪卜仁主编《厦门旧报寻踪》(厦门大学出版社2010年版)等;图书出版史类著作仅见陈林著《近代福建基督教图书出版考略》(海洋出版社2006年版)一书。福建近代出版史尤其是图书出版史之所以不受学界重视,与相关研究资料匮乏具有直接的关系。究其原因,自然是福建近代出版业相对不发达所致。福建出版业由盛而衰的转变主要源于两个方面的原因。其一,古代出版业采用雕版印刷术,福建多山,盛产适用雕版的榕树;而至近代,机械印刷术取代了雕版印刷术,印刷业原有的优势就不复存在了。其二,古代出版机构以刊刻经史子集和"钦定""御纂"书籍为主,知识更新的周期极为漫长,虽重山阻隔也无碍福建的印书机构对书籍稿源的需求;而近代出版以西学图书、报刊为主,知识更新的周期极短,福建地理位置偏远、交通不便、信息不灵、辐射范围小等特点就明显地成为出版竞争的劣势了。此外,福建内地山区开发迟缓,未曾接受大规模的西学启蒙,出版人才与读者群都未形成气候,也严重影响了近代出版业的发展。与其他沿海省份相比,存在不小的差距。近代也有学者持同样的观点,"海禁既开,旧法印书,已无存在的价值。而新法印书,实较全国为落后,全省之中,没有一比较完善的印刷所。"①事实上,除了近代早期传教士的出版活动和抗日战争时期永安的进步出版活动外,其他时期的图书出版业一直未能产生足以引起学界研究兴趣的影响。

诚然,福建近代出版业在中国出版史上的地位无法与古代出版业相提并论,但是,出版业是一种生产精神产品的产业,其教化功能对于社会发展的贡献是不可或缺、不可替代的,福建近代出版业虽然缺乏全国性的影响,但对于当地民众而言,仍然是主要的新知传播工具。尤其是报刊出版业的兴起与发展,对福建社会近代化的推进作用不容否定。因此,福建近代出版史的研究价值同样自不待言。

此外,自20世纪90年代始,国内区域出版史研究的兴起,对本书的写作也是一种鞭策。在相关的成果中,既有《北京出版史志》和《天津出版史料》等史料辑刊的出版;更有一批专著问世。《中国共产党晋察冀边区出版史》《晋冀鲁豫边区出版史(山西部分)》《晋察冀抗日根据地新闻出版史研究》等相继问世;辛广伟著《台湾出版史》于2000年由河北教育出版社出版;朱昌平主编《宁夏新闻出版史

---

① 治心:《福建版本史述略》,载《福建文化》第12期。

存》于2008年由宁夏人民出版社出版;浙江出版史的研究成果已涵盖古代出版业与近代出版业;江苏省出版史志编纂委员会在编纂《江苏出版志》的基础上,又编辑出版了一套《出版史志丛书》,包括《江苏刻书》《江苏民国时期出版史》《江苏图书编辑史》《江苏报刊编辑史》《江苏图书印刷史》等十余部。广东、湖南、云南等省也推出各种形式的研究成果。此外,还有大量的地方报刊史论著面世。相比之下,福建出版史研究已稍显落后,特别是近现代部分,其中的许多领域仍属空白,而且迄今为止仍无全面论述福建近代出版史的学术专著问世。

福建因重山阻隔,与中原地区的联系较为松散,在历史发展过程中形成独特的文化品质,加上海外侨胞众多,又与台湾一衣带水、血脉相连。因此,福建地方史研究具有特殊的学术价值与现实意义,历来为省内外学者所重视,学术成果累累。① 福建师范大学、厦门大学、福建省社会科学院等省内学术机构更是以包括地方史与闽台关系在内的福建区域研究见长。然而福建近代出版史研究的缺位,却与此形成鲜明的反差。因此,抛砖引玉的念头,遂成为笔者进行此课题研究的出发点。在前人研究的基础上,笔者试图以政治变迁为研究视角,建立"大出版观"的研究框架,整合现有学术成果,并努力开拓一些新的研究领域。假若能为业已繁荣的福建地方史研究贡献一份微末的力量,能为今后国家新闻出版事业的发展与繁荣有所裨益,当荣幸之至。然而,受笔者研究能力与史学素养的限制,加上部分史料无法得而见之,本书难免存在疏漏和谬误,希望能得到读者的指教与谅解。

二、学术史回顾

关于福建近代出版业的研究成果,除了上述的几部专著外,尚有《福建省志·出版志》(福建人民出版社2008年版)、《福建省志·新闻志》(方志出版社2002年版)、《福州新闻志·报业志》(福建人民出版社1997年版)、庄可庭主编《福州期刊志》(1998年铅印本)和《厦门新闻志》(鹭江出版社2009年版)等5部史志类著作;此外,则是散见于相关学术报刊或地方史志文集中的论文和来自省内高校的数篇学位论文。

---

① 参见汪征鲁"近三十年来福建地方史研究概况",见汪征鲁主编:《福建史纲》,福建人民出版社2003年版,第15-20页。

福建是近代早期传教士进行传教活动的主要地区之一。他们进行传教的手段，不外乎教育与出版，因此，福建出版近代化进程的开启，应归功于传教士在福建的出版活动。陈林著《近代福建基督教图书出版考略》一书无疑是该领域的代表性著作。该书对传教士福建出版活动的开创性工作、福州美华印书局的出版活动、福建协和大学的出版活动等，以及各类型图书的出版形态及影响进行了深入、完整的论述。赵广军的硕士论文《"上帝之笺"：信仰视野中的福建基督教文字出版事业之研究（1858－1949）》也是相关的研究成果。此外，熊月之著《西学东渐与晚清社会》（上海人民出版社1994年版）一书对卢公明、麦利和、弼来满、打马字等早期来闽传教士的出版活动予以简要的介绍，并辑录了1860年以前他们在福州、厦门所出版的图书目录。遗憾的是该书对1860年以后传教士在福建的书报刊出版活动却只字未提，而实际上传教士后续的出版活动，比如福州美华印书局的出版活动、教会报刊的创办等，对福建世俗社会的影响更大。

关于福州美华印书局及其主办者美以美会的出版活动，主要的研究成果是李淑仁撰《福州美华印书局简史》和朱峰撰《清季福州美以美会新闻出版业与文化交流》两篇文章。前者对福州美华印书局首次将近代机械印刷技术的历程做出详细的叙述；后者则对福州美华印书局在福建出版近代化中的历史地位做出了积极的评价。谢必震在《福建对外文化交流史》一书中对福州美华印书局的出版活动以及此前传教士的《圣经》翻译出版工作也做出详细记载，本书对其中之史料与观点也多有引用。对传教士报刊出版活动的个案研究，则有李颖撰《〈闽省会报〉初探》和邓绍根撰《小孩月报：近代"启蒙第一报"》等。研究晚清时期福建民间报刊出版业的成果主要有詹冠群撰《黄乃裳与福建近代报业》和林其锬撰《黄乃裳和他创办的〈福报〉》等。此外，江向东撰《解放前厦门报刊沿革述略》一文则对厦门近代报刊的发展历程进行述论，时间起于晚清时期传教士在厦门的报刊出版活动，终于国民党政府覆灭后民间报刊的消亡。

清末革命获得了出版业在舆论宣传上的支持，革命的胜利很大程度上有赖于进步报刊革命思想的宣传。对于这一段历史，也有相关的专论和史料予以记载。刘通撰《记〈建言报〉》是对这一同盟会福建支部机关报的回忆录。刘通本人原是《建言报》的主编之一，所提供的资料应当是翔实可靠的。江向东撰《〈民心〉月刊的政治倾向》是对清末另一重要革命报刊《民心》进行探析的文章。张振玉撰《辛亥革命前后闽人志士与报业》则是综述辛亥革命时期福建革命报刊发展历程的研究论文。黄政撰《福建近代报业史话》是综论五四运动以前福建报刊发展历程的文章，其文不仅对教会报刊的创始和民营报刊的兴起作了系统叙述，而且持论公允，不失为福建近代早期报刊出版业研究的阶段性成果。

晚清时期，日本势力也开始在闽建立代言机构，这主要有《闽报》和《全闽新日报》等。相关成果则有毛章清撰写的《日本在华报纸〈闽报〉(1897-1945)考略》和《从〈全闽新日报〉(1907-1945)看近代日本在华南报业的性质》等论文。

关于民国时期福建出版业的研究成果，集中地体现在抗战时期永安的进步出版活动上。抗战时期，永安因国民政府将省会内迁于此而成为东南地区抗战的小后方，全国各地的进步作家、学者与中共地下党员纷纷来到这个偏远的山区县从事抗日出版宣传活动，福建一时成为影响东南地区的出版中心。关于这一时期的研究成果，又以研究报刊出版业者为多。事实上，当时永安的图书出版业也是非常发达的。吴国安与钟健英是其中之主要研究者，他们合作撰写的关于抗战时期福建报刊出版业的系列论文大多刊载于《党史研究与教学》这一刊物上，包括《抗战时期福建永安的进步报刊活动述评》《黎烈文在福建的办刊活动及其成就》《论厦门地方抗日救亡报刊发展的历史轨迹》《论抗战时期福州报刊的救亡活动及其历史意义》《论闽中抗日报刊的发展与其特色》《论闽北抗日报刊的文化和特点》《漳州抗日报刊的活动和特点》等。在本书的写作过程中，笔者对吴、钟两位学者散布于各篇文章中的学术观点与史料多有引用与参见。此外，相关的研究成果还有何池撰《抗日战争时期福建进步报刊出版活动管窥》、李瑞良撰《抗日战争时期福建永安的进步出版活动》、郑霄阳等撰《抗战时期永安进步出版物述略》、官大梁撰《黎烈文与改进出版社》、赵家欣撰《燕江风雨：回忆黎烈文与永安改进出版社》、康化夷撰《黎烈文与改进出版社》、任远撰《羊枣与〈国际时事研究〉》等。邱文生主编《永安抗战进步文化》（海峡文艺出版社1994年版）是关于抗战时期永安进步文化事业的史料集，其中包括部分出版史料。上述论著致力于对抗战时期永安进步出版业的状况进行客观翔实的介绍，为揭开福建近代出版史上最为繁荣的一页做出了贡献。

至于北洋军阀统治时期、土地革命时期和解放战争时期的福建近代出版业，研究成果相对薄弱。吴国安与钟健英仍是其中出力最勤者，合撰的论文有《五四运动前后福建报刊的兴起与发展》《闽西革命根据地青年报刊活动的特点及经验》《二战时期厦门党组织的报刊活动及其经验教训》《二战时期福建党组织的报刊活动探析》《十九路军驻闽期间的报刊活动及其特色》《解放战争时期福州进步报刊活动的恢复与发展》等。刘正英撰《20年代厦门进步报刊概述》则对五四运动之后厦门进步报刊的兴起和发展进行了述论。此外,研究闽西革命根据地出版业的成果,还有郑霄阳、吴娟撰《土地革命时期闽西苏区红色出版物述略》和陈林撰《中央苏区第一家出版发行机构:闽西列宁书局》等。万平近主编《福建革命根据地文学史料》(海峡文艺出版社1993年版)一书也收集了该领域的部分出版史料。

1915年创办的福建协和大学既是近代福建的教育重镇,同时也是近代福建重要的出版主体。关于福建协和大学的出版活动,研究成果主要有吴国安、钟健英撰《福建协和大学的报刊活动及其文化贡献》、陈林撰《福建教会大学出版活动探析:以福建协和大学为例》和剑诚、郭天撰《评协大学生创办的〈闽潮〉周刊》等。

综观福建近代出版史的研究,既有上述之成绩,也有不足之处。笔者以为不足之处主要体现在以下三个方面:其一,研究成果偏少。业已完成的福建地方出版史的成果主要集中在古代"建本"的研究上,关于近代出版业的研究则颇显寂寥,现有的成果远不足以揭示福建近代出版业的全貌,而且沟通古代与近代、兼论图书与报刊的通史类著作仍未面世。其二,研究领域不够开阔。当前的成果以近代民间报刊、革命报刊的研究为主,官办报刊史、图书出版史、编辑史、发行史、印刷史和出版法制史等方面的研究仍然很薄弱,甚至存在许多学术研究的空白点。其三,研究方法比较单一。大多数论著以史事的叙述和史料的梳理为主,未能对出版业与政治、经济、文化等因素的互动关系进行深入剖析,也缺乏综合运用学术研究的各种科学方法和经济学、政治学、文化学、传播学等多维研究视角。

三、需要说明的两个问题

其一,本书所指的"出版业",既包括图书出版业,也包括报刊出版业,同时兼及书刊印刷技术的变迁。这种研究框架与近代以来人们对"出版"这一概念的理解是一致的。1914年北洋军阀政府颁布的《出版法》就明确规定:"凡用机械或印版及其他化学材料印刷之文书图画出售或散布者,均为出版。"①对"出版"在法律上的如上释义,除个别文字有所差异外,之前的晚清政府和之后的历届国民党政府均如此表述。基于福建近代出版业的发展形态,无论从出版机构的数量还是出

---

① 张静庐辑注:《中国近代出版史料》(初编),上海杂志出版社1953年版,第331页。

版物的社会影响上看,报刊出版业皆发达于图书出版业,由此报刊的发展轨迹以及社会影响自然也就成为本书关注的重点。

毫无疑问,报刊作为出版物的一种类型,与图书的差异主要在于外在形态而非内容及其社会功能。报刊史自然也是出版史研究的一项主要内容。然而在相当长的时间里,由于国内新闻学与出版学的人为割裂,报刊史往往被等同于新闻史,而图书史则被视为出版史,二者内在的共性被有意或无意地忽视了。事实上,这种态度将会直接阻碍我们对出版史的全面审视。

"报刊"是报纸与期刊的总称。近代早期的报纸与期刊在外部形态与出版周期上并不作区分;从出版物的内容上看,新闻只是报刊内容的一部分而非全部,西学知识的普及、先进思想的传播与文学艺术的交流等等,不是新闻就能加以概括的。戈公振尝云:"自报纸外观上言之:最初报纸之形式,无论每月出版,或二日以上,几一致为书本式,即以大张发行者,亦分页可以裁订。至光绪末叶,日报尚多如此。盖当时报纸之内容,新闻少而文艺多,直与书籍无异。故报纸常再版出售,而不闻有明日黄花之讥。"①民国以后,报纸与期刊在外在形态上的区分逐渐显然。种数较报纸更多的期刊,作为知识传播的一种载体,更是偏离了新闻报道的轨道。在业已出版的新闻史研究著作中,期刊的地位未能得到充分的体现。由此而留下的学术空间,无疑是出版史研究所应该承担起来的责任。若单从新闻的角度研究报刊史,势必不能全面揭示报刊在社会发展与变革中所具有的历史地位。因此,兼顾图书与报刊的出版,是当前许多出版史著作的写作模式,也是本书的方法。

其二,在时间跨度上,本书之叙述起于鸦片战争后西方传教士在福建的出版活动,迄于国民党政府结束在福建的统治后民间出版业的消亡,历经晚清、民国两个历史阶段的百余年。

这样的研究视界,是基于福建近代出版业之形态特征的连续性。这种连续性一方面体现在出版物的内容、形式以及出版技术层面上,另一方面也体现在影响出版活动的社会制度层面。关于前者,传播新知、开启民智是体现于出版物中的主要内容特征;新闻报刊的出现是近代出版业的形式特征;而由传教士引入的石印、铅印等新型印刷技术则是体现在技术层面的主要特征。考察上述三个层面可

---

① 戈公振著:《中国报学史》,三联书店1955年版,第354页。

知,福建近代出版业在百年发展历程中乃一脉相承,并未发生重大变革。关于后者,作为精神产品的生产,出版业的兴衰与政府当局的出版管理制度及其实践有着莫大的关系。晚清时期与民国时期,虽然政治体制截然不同,但同为专制制度下,政府的出版管理模式与出版业的形态结构却未发生实质性变化:均承认民间出版主体存在的合法性,同时又以种种严厉的手段查禁违背统治阶级利益的出版物,残酷迫害政治立场与政府当局相左的作者与出版人士。这使得始自晚清时期的福建近代出版业存在主体多元化的同时,民间出版业尤其是革命的反政府出版主体始终在出版钳制与反钳制的斗争中求生存与发展,直至近代专制政权的消亡。至于福建近代出版业与现代出版业之历史分野,尽管在这两个历史时期,出版物的外在形式与出版印刷技术未发生明显变化,但新中国成立后出版物的内容与出版制度层面的重大变革,同样足以使我们在二者之间划出界线时可以找到合理的依据。

因此,福建近代出版业的发展历程,始自晚清时期传教士在福建的西学书刊出版活动,终于国民党政府覆灭后,民间出版业的消亡而新型公有制出版业建立之时为止,百年出版发展史是一个完整、连续的历史进程。

第一章

晚清时期福建近代出版业的创始

福建近代出版业的创始,源于晚清西学东渐。鸦片战争结束后,清政府的禁教令被解除,那些曾在南洋传教、熟悉福建民情习俗的西方传教士便陆续来到被定为通商口岸的福州、厦门传教。为了配合传教活动,他们率先创办近代报刊,出版西学图书,并引进近代印刷技术与设备,开启了福建出版业的近代化进程。不难看出,这一进程的背后,折射出西方列强与腐朽无能的晚清政府之间的政治博弈。换言之,福建出版业的近代化,是晚清政府屈从于西方列强的间接后果,是一种非自觉的、外国势力强加的演变过程,由此揭开了政治因素主导福建近代出版业兴衰的序幕。

晚清西学东渐开阔了当时知识分子和普通民众的视野,唤起了国人的政治觉醒和社会责任感;西方传教士在福建的出版活动,也推动了近代国人自营出版业,包括官办出版业和民间出版业的兴起,并导致传统雕版刻书业的式微。受过西学启蒙的知识分子开始通过出版活动表达政治意愿,传播西学知识,为推进福建近代出版业的本土化发展做出了贡献。1866年6月,左宗棠在福建创办福州船政学堂,在兴办教育的同时也出版了一批西学图书,成为福建近代官办出版业的先行者。曾在教会出版机构工作过的黄乃裳创办了福建第一份国人自办报刊《福报》,这是民间出版业兴起的一个重要征兆,报刊开始成为推动社会制度变革的重要力量。此后,福州、厦门等地相继出现了一批国人自办报刊,其创办者包括政治立场倾向维新的民间人士和革命志士,同时还有地方政府机构。以《建言报》和《民心》月刊为代表的革命报刊的创办,为辛亥革命在福建的最终胜利起到了推波助澜的作用,同时也表明晚清政府对出版业的控制力已受到严重削弱。出版主体的多元化,标志着福建近代出版业的发展格局已经基本形成。

第一节 传教士与福建近代出版业的发端

福建是我国古代出版业最为发达的地区之一。自五代开始,闽北建阳、闽西四堡和福州先后成为全国性的图书雕版刻印中心,经历数百年而不衰。晚清西学东渐,福建出版业的发展形态也随之发生了历史性的变革。采用雕版刻印技术、主要出版经史子集和"钦定""御纂"图书的古代出版业逐渐走向衰亡,而代之以采用新式印刷设备与技术、以出版西学图书和近代报刊为主要特点的近代出版业。福建出版业的近代转型,首先应归功于西方传教士的努力。

西方传教士在近代福建的出版活动可以分为三个阶段。在1860年之前的第一阶段,传教士的出版活动是一种个人行为,或依附于教会学校,出版物数量少,且以宗教类图书为主,是为创始阶段。第二阶段是1860年之后的晚清时期,随着福州美华印书馆等专业性的传教士出版机构建立,传教士的出版活动进入了一个新的发展与兴盛时期。是时,传教士出于宣教的目的,大量出版西学及宗教类图书,率先引进近代机械印刷设备与技术,首创近代报刊,并培养出第一批本土近代出版人才和印刷工人,开创了福建出版业的新纪元。民国时期的第三阶段,传教士的出版活动受国人自营出版业的挤压,影响日渐式微,进入衰落期,在世俗社会已无影响。此时,传教士的部分出版活动重新依附于教会学校,但福建协和大学等教会学校的出版物已经基本上不具有宗教色彩。

一、1860年以前来闽传教士的出版活动

福建是我国著名的侨乡,早在鸦片战争以前,许多福建人就远走南洋,到马六甲、新加坡、巴达维亚等地谋生。1814年,当嘉庆帝再次颁布"禁止西人传教,查出论死,入教者发极边"的禁教令后,早期东来传教士失去了在中国本土传教的活动空间,福建侨民众多的南洋便成为他们的主要活动地区。因此,当时许多传教士在入闽之前,就已经熟知福建方言和福建人的生活习俗。

鸦片战争后,福州、厦门被定为通商口岸,在中国传教的禁令也已被清政府废止,于是那些熟悉福建方言民情的传教士们便纷纷入闽传教。传入福州的新教差会主要有美部会、美以美会和安立甘会等,传入厦门的差会主要有美国归正教、伦

敦会、大英长老会和美国长老会等。在福建活动的传教士中,比较知名的有杨顺、柯林、麦利和、卢公明、雅裨理、文惠廉等。他们传教的主要手段是兴办教会学校和出版书报刊。其中,出版活动"是基督教传教历史上最常见的办法","传教士对于这一办法研究的结果,使他们相信,只要他们首先取得了当权人物的信任,一切就会容易发展。他们准备出刊杂志和书籍,在该项杂志和书籍内,不但传播基督福音,同时也传播一些现代科学和哲学。"①传教士们还认为,"别的办法可使千人改变头脑,而文字宣传则可以使百万的人改变头脑。"②此外,在闽传教士之所以如此看重出版物的传播功能,还有一个重要原因。福建是一个方言纷纭复杂的地区,在我国八大汉语方言中,福建方言就有3种,如果加上省界交叉地区,在其境内使用的就有汉语八大方言中的7种。即便是省内同一方言区,也有很大的差异,甚至存在隔村音变、隔乡不同语的现象。在当时社会封闭、普通民众大多不懂官话的情况下,口头传教困难重重。然而文字却是统一的,这给予传教士的出版活动很大的生存空间。

事实的确如此,出版活动至少和教会学校一样,成为传教士们在福建进行传教与传播西学的主要工具。近代早期,福建是传教士的出版活动最为活跃的地区之一,"外国各宗教团体在中国办印书馆以福建省为最多。"③

1860年以前,福建没有出现专门的教会出版机构,传教士以个人名义从事出版活动,一般是在开设教会学校的过程中完成的,即为了满足教会学校的教学需要而临时刊刻具有教科书性质的图书,其行为特点表现出明显的自发性与对教会学校的依附性。

在早期来到福州的传教士中,积极从事出版活动的有卢公明、麦利和与弼来满等人。卢公明(1824-1880),美部会传教士,1850年5月来华,1853年在福州创办男童寄宿学塾,翌年其妻又办女童寄宿学校。这两所学校后来发展成为福州格致书院和文山女塾。卢公明在华的大部分时间都在福州从事传教活动,1878年返美,两年后去世。从1853年到1858年,他在福州出版各种图书25种,是近代早

---

① 玛·布朗宜:《没有更迅速的道路》。转引自方汉奇著:《中国近代报刊史》,山西人民出版社1981年版,第19页。
② 李提摩太致英国驻上海领事白利兰的信。转引自方汉奇著:《中国近代报刊史》,山西人民出版社1981年版,第19页。
③ 范慕韩主编:《中国印刷近代史(初稿)》,印刷工业出版社1995年版,第367页。

期在福州的传教士中出版图书最多的一位。这些书大部分是宣传基督教教义、劝人入教的，如《神十诫注释》《乡训》《耶稣教小引》等；也有一些是讲天文、地理、民俗和劝人行善的书籍，如《天文问答》《中外问答》《辨孝论》《华人贫苦之故》《劝戒鸦片论》《赌博明论》等。此外，他在1865年还出版《中国人的社会生活》一书，向西方世界介绍福建人的生活习俗和宗教信仰。卢公明的出版活动对当时的中西文化交流是具有较大贡献的。麦利和（1824－1907），美以美会传教士，1848年来华，在福州创建天安堂并创办多所教会学校，1859年返美，1861年又来到福州。在1869年至1971年间，他担任福州美华印书局主理，1872年调往日本建立美以美教会，1881年又到福州，1883年再往日本，1887年返回美国，1907年病故。麦利和于1857年和1858年在福州出版4种图书，即《觉世文》《祈祷文》《受洗礼之约》和《美以美教会礼书》，均是宗教类图书。弼来满（1809－?），美部会传教士，1847年来华。他在福州出版图书4种，都是用福州方言写成的宗教读物，其中《新约全书》在福州的发行量很大。① 此外，这一时期在福州从事出版活动的还有美部会传教士摩怜、简明、温敦和美以美会传教士万为等人。

具体来说，1860年以前，传教士在福州出版的图书知见42种（详见表1-1），其中宗教类读物占26种，表明这一时期传教士的出版活动对福州世俗社会的影响并不大。

表1-1　1860年以前传教士在福州出版的中文图书目录②

出版年	作者	图书名称	内容	页数	备注
1853	卢公明	劝戒鸦片论	道德	10	
1853	卢公明	乡训	道德	7	
1853	卢公明	神十诫注释	宗教	10	
1853	弼来满	灵魂篇	宗教	9	福州方言
1853	弼来满	新约全书	宗教	77	福州方言
1853	摩怜	路加传福音书	宗教	50	福州方言
1853	摩怜	圣学问答	宗教	63	福州方言
1853	摩怜	神论	宗教	15	福州方言

---

① 参见熊月之著：《西学东渐与晚清社会》，上海人民出版社1994年版，第160－164页。
② 此表引自熊月之著：《西学东渐与晚清社会》，上海人民出版社1994年版，第162－163页。

续表

出版年	作者	图书名称	内容	页数	备注
1854	摩怜	入耶稣教小引	宗教	4	福州方言
1854	弼来满	创世传	宗教	75	
1854	卢公明	悔罪信耶稣论	宗教	10	
1854	卢公明	天文问答	天文	23	
1855	卢公明	妈祖婆论	风俗	6	福州方言
1855	卢公明	守祷拜日论	宗教	8	
1855	卢公明	天律明说	宗教	84	
1855	卢公明	劝戒鸦片论	道德	10	重印本
1855	卢公明	寒食清明论	风俗	6	
1855	卢公明	钟表匠论	宗教	10	
1855	卢公明	神十诫注释	宗教	8	修订本
1856	简明	真神总论	宗教	6	
1856	温敦	劝戒鸦片论	道德	10	
1856	温敦	圣经新约福音平话	宗教	41	福州方言
1856	卢公明	赌博明论	道德	7	
1856	卢公明	中外问答	科学	10	
1856	卢公明	耶稣教小引	宗教	2	
1857	麦利和	觉世文	宗教	1	
1857	麦利和	受洗礼之约	宗教	17	
1857	麦利和	祈祷文	宗教	1	
1857	宾威廉	天路历程	宗教	99	据厦门版重印。
1857	卢公明	生意人事广益法	经济		据米怜书改写。
1857	卢公明	西洋中华通书	历书	36	
1857	万为	地球图说略	地理	2	
1858	麦利和	美以美教会礼书	宗教	13	
1858	卢公明	辨鬼神论	宗教	3	
1858	卢公明	辨性论	道德	6	
1858	卢公明	辨毁谤	道德	3	

续表

出版年	作者	图书名称	内容	页数	备注
1858	卢公明	华人贫苦之故	社会	3	
1858	卢公明	祈祷式文	宗教	6	
1858	卢公明	弃主临死畏刑	宗教	4	
1858	卢公明	辨孝论	道德	6	
1858	卢公明	异端辩论	宗教	18	
1860	弼来满	上帝十诫注释	宗教	6	福州方言

这一时期，在厦门从事出版活动的传教士主要是美国归正教传教士罗啻、打马字，伦敦会传教士施敦力和施阿㥁兄弟，大英长老会传教士宾为霖等人。施敦力所撰写的《善终志传》一书在1846年出版，这是鸦片战争后外国传教士在福建出版的第一部中文图书；而罗啻（1809－1864），在厦门从事出版活动的传教士中无疑是出力最勤者，他除了用厦门方言编写《约翰福音书》《乡训十三则》等宗教读物外，还编写了《翻译英华厦腔语汇》一书，英汉对照，用罗马拼音注厦门方言，凡8卷，214页，1853年在广州出版。① 传教士在厦门出版的图书凡13种，虽然绝大多数为宗教类读物（详见表1-2），但传教士们采用厦门方言出版图书，并有意识地利用出版物影响政府官员，还是产生了一定的效果。

表1-2　1860年以前传教士在厦门出版的中文图书目录②

出版年	作者	图书名称	内容	页数	备注
1846	施敦力	善终志传	宗教	5	
1852	养为霖	养心神诗新编	宗教		
1852	麦都思	三字经	宗教	21	据马六甲版重印。
1852	打马字	厦门话拼写书	语言	15	厦门方言
1853	打马字	天路历程	宗教	77	厦门方言
1853	宾为霖	神诗合选	宗教	30	
1853	宾为霖	天路历程	宗教	99	

---

① 熊月之著：《西学东渐与晚清社会》，上海人民出版社1994年版，第165页。
② 此表引自熊月之著：《西学东渐与晚清社会》，上海人民出版社1994年版，第167页。

续表

出版年	作者	图书名称	内容	页数	备注
1854	米怜	进小门走窄路解论	宗教		据马六甲版重印。
1854	米怜	真道入门	宗教	18	据米怜1816年马六甲《幼学浅解问答》改名重印。
1854	罗啻	约翰传福音书	宗教	46	厦门方言
1854	罗啻	乡训十三则	宗教		据米怜《乡训五十二则》改写。
1857	施阿㮦	养心神诗新编	宗教	59	
1857	施敦力	新旧约全书节录	宗教	204	全2册。

二、专业性图书出版机构的建立

1860年前后,传教士在福建的出版活动有了专门的出版机构。随着福州美华印书局的成立,传教士的出版活动开始在相对固定的出版机构中进行,出版成为一种群体性的行为,从而表现出其自觉性,同时也说明了出版作为近代传教士的主要宣教工具,也开始从教会学校的教育活动中剥离出来而独立存在。

(一)福州美华印书局

1859年,由传教士怀德发起,美以美会在福州设立福州美华印书局,这是福建地区创办时间最早、规模最大的近代图书出版机构。该书局得到美国圣经出版协会5 000美元的首期资助,用以建立印刷厂房的资金、帮助购置铅字字模和印刷机,但其中有3 000美元被指定用于出版《圣经》。在传教士保灵和万为筹划下,福州美华印书局开始组建。

福州美华印书局设址于福州天安山麓,初期的办公楼房是一座四层洋楼,顶楼是总经理和正副编辑的办公楼,二三层楼是主要的工厂,内设印刷工厂、装订室、铅版印刷工厂、手工工作室,以及泰西各国色纸洋簿文具等贮存室,底楼是职工家属宿舍。

1861年,万为亲自去香港和广州采购机器,购得一架美国印刷机和一个中国自制的13点活字雕刻石盘。他自己先在香港印书局学习石印技术,并雇请一个广东印刷工人,为福州带来了近代印刷技术。1861年11月,美以美会又以700美元买下一幢楼房作为书局用房。1862年1月,福州美华印书局开始使用活字印书,开创了福建出版印刷史上的新纪元。

此后,随着出版业务的不断扩大,福州美华印书局又陆续购进新式印刷设备,采用铅印技术印刷图书。规模比较大的引进活动有:1884年购买大小滚筒印刷机、模坯、华英活字模、铸造图版、铜铅花边书边、印刷机装置等;1895年购置日本铅字、压画行机器、穿孔机器、英文铅字和零星杂物等;1896年购买各书架洋板,即书的金属板;1898年购买大型脚转机书架、乐谱铅字、英文花字、西国文具等;1899年购买中文铅字、罗马字铅字、文具、洋纸、洋簿、多国色纸等;1901年购买大型滚筒印刷机一架。

作为筹建负责人的万为在印书局开工后不久,即1862年12月就因故返美。由保灵继任主理之职。1866年,保灵因传教事务繁重而辞去主理职务,并由斐莱尔继任。之后,麦利和、李承恩和力为廉先后任主理,直至1903年6月书局被并入上海华美书局时止。其主副编辑之职多由华人担任,包括黄乃裳、黄治基、陈元龙、郭占基、方道泰、谢锡恩等人。他们在为传教士工作之时,也率先学到近代印刷技术和先进的出版理念,成为近代早期福建国人自办出版业发展过程中的中坚力量。

在福州美华印书局40余年的发展历程中,其业务范围可以概括为以下4个方面。

其一,出版图书。在福州美华印书局出版的图书中,主要是宗教类读物,如《新约全书介绍》《圣经手册》《新约全书口语本》《串珠圣经》《榕腔圣经》等;同时,也有相当一部分是西学图书和语言类、日常生活类图书,如《中国语言英文字母顺序字典》《福建方言手册》《地球图》《福州地图》《外国人在中国》《生活在中国人中间》《福建平潭岛旅行记》和《日常食品》等。

其二,发行报刊。传教士是福建近代报刊的创始者,晚清时期福州有相当一部分报刊是通过福州美华印书局印刷发行的,包括《美以美会第一号中文月刊》《榕腔日报》《小孩月报》《榕城报》(罗马字版)《教务杂志》《郇山使者报》《闽省会报》《福报》《华美报》《日日新报》《福建日日新闻》等。①

其三,代印、代售各类出版物及印刷品。主要是为各教会代印各种宗教读物

---

① 李淑仁:《福州美华印书局简史》,载福建省政协文史资料委员会编:《文史资料选编·基督教天主教编》,福建人民出版社2003年版,第142页。

和《中东战纪本末》《泰西新史揽要》《大美国史略》《万国公报》等当时风靡全国的图书与报刊,并为传教士代印学习中国语言的图书。此外,福州美华印书局还为各学校代印课本、字典、学校规条、章程、地图、执照和各种书籍等;为商界代印仿单、股票、招贴、商业广告等印刷品;为教会机构代售宗教读物、泰西各种色纸、名签、洋簿、文具和上海广学会出版的图书等。

其四,向外界传授铸造活字的工艺和铅印、石印等近代印刷技术,代为培训印刷工人。

晚清时期,福州美华印书局的影响力已经超越了地域的限制,除了为本地教会提供服务外,还远向厦门、汕头、台湾、香港、曼谷、九江、北京、上海等地的教会机构提供出版物和代印书刊。仅在1890年至1895年间,就为外地机构代印书籍9 000多万页,值银1 200元。① 在福州美华印书局的影响下,福州出版印刷业发展迅速,位居全国先进行列。《中华归主》一书统计了1909年至1911年全国报刊发行量的前四位城市,"最多之地点为北京,次为上海,再次为广州,再次为福州"②。

1903—1904年间,书局主体部分迁往上海,成立华美书局。福州美华印书局仍被保留下来,成为华美书局的分局,其出版活动维持至1915年盘给一家中国基督徒办的公司时为止。

(二)兴化美兴印书局

兴化(莆田旧称)是除福州与厦门之外传教士的活动比较频繁的地区。1890年,美国传教士蒲鲁士偕妻蒲星氏到兴化传教。先是蒲鲁士和李长水等人创立兴化音罗马字,并开设识字训练班,这为后续的文字出版工作打下了良好的基础。

1893年,蒲鲁士向美国圣经公会请求在兴化设立印书局。但由于此时圣经公会把主要的资助方向投向福州美华印书局,蒲鲁士的请求未得到重视,这使得书局创建之初名存实亡。直至1898年,印书局的经营状况有了很大的改观。当年印行的读物,圣经数量在12 000本以上计16.4万面,杂书7 500本计17.9万面,

---

① 李淑仁:《福州美华印书局简史》,载福建省政协文史资料委员会编:《文史资料选编·基督教天主教编》,福建人民出版社2003年版,第142页。
② 林金水主编:《福建对外文化交流史》,福建教育出版社1997年版,第437页。

又印单张 4 220 张。①

1905 年,蒲鲁士从美国获得募捐 2 000 美元,在兴化城关文化巷建造包砖楼房一座,正式定名为"美兴印书局",在经历几次迁址后,最后于 1906 年定址于仓后路。1908 年,书局添购汉文铅字一副,并再建办公楼及门市部一座。美兴印书局于 1939 年迁址于文化巷营业,1948 年改为奋兴报社印刷部,不久又复原名,直到 1956 年接受社会主义改造,并入地方国营莆田印刷厂。

兴化美兴印书局的负责人先后由西方传教士蒲鲁士、高哲理、佳尔逊和韦德等人担任,直到 1944 年后才由华人陈筠任局长,"可见西人对教会重要机构的控制牢牢不愿让于华人,无形中扼杀了教会文字事业本色自立的萌芽"②。它所出版的图书以宗教类为主,这是因为书局的经费主要来源于什书会、拜日学会及圣经会等教会组织的资助,而其所助经费皆用于出版圣经及其他神学教材。这些图书或为蒲鲁士及其妻蒲星氏和中国教徒林鸿迈、陈祖荫、陈庆临等人编纂,如《赞美诗礼文并对读之诗篇要书》等,或为代其他教会组织印行的读物、宣传品、办公文件等。此外,美兴印书局的出版物也包括算学、地理问答、英语入门等西学图书。

(三) 其他图书出版机构

除了福州美华印书局和兴化美兴印书局外,晚清时期传教士在福建创办的图书出版机构中,影响较大的还有红衣主教团出版社、闽北圣教书会和闽南圣教书会等。

1889 年,红衣主教团出版社(Foochow College Press)在福州成立,这是由福建红衣主教团的实业部门扩充而成,属海外传教委员会领导,其主要出版物是宗教类图书,如口语化的《旧约全书》《新约全书》和一些赞美诗等,同时也为美国海外传教委员会出版一部分工业技术类图书。红衣主教团出版社自负盈亏,也曾经得到美国教徒的资助,使得印刷设备得以更新,出书数量渐增。在成立后的几年内,平均每年出书 75.6 万页,10 年后出书数量翻了一番,平均年出书数量达到 150 万页。

---

① 赵广军:《"上帝之笈":信仰视野中的福建基督教文字出版事业之研究(1858-1949)》,福建师范大学硕士学位论文,2004 年,第 23 页。
② 赵广军:《"上帝之笈":信仰视野中的福建基督教文字出版事业之研究(1858-1949)》,福建师范大学硕士学位论文,2004 年,第 25 页。

福州的闽北圣教书会和厦门的闽南圣教书会均为伦敦圣教书会创办的教会出版机构,同时接受纽约圣教书会的资助。前者创办于1892年,后者创办于1908年,主要出版《圣经》《福音书》等宣教图书,或无偿赠送,或售卖,分别服务于闽北、闽南的宣教事业。闽南圣教书会还主持出版《厦门教会报》双周刊,发行量在1 000份左右。

三、传教士的报刊出版活动

近代报刊的出现,是出版近代化的一个重要标志。福建报刊出版业的创始之功,同样应归于晚清时期来闽传教士。较之图书的出版,传教士在福建的报刊出版活动对世俗社会的影响要大得多,这与报刊成本低廉、易于传播和时效性强的特点是有关系的。作为主要的大众传播媒介,报刊在广播、电视等新型媒介出现之前的社会影响尤其显著。

在福建教会创办的报刊中,对世俗社会产生较大影响的是以新闻报道为主的综合性报刊。其中最早的是英文报《福州府差报》(The Foochow Courier),1858年在福州创刊。此后,传教士又陆续创办了一批英文报刊,如《福州捷报》(The Foochow Herald)、《福州每日回声报》(The Foochow Daily Echo)、《福州广告报》(The Foochow Advertiser)、《厦门航运报道》等。这些英文报刊既报道省内外消息,也介绍本地的风土人情,主要是供外国人阅读的,为增进西人对当时福建社会的了解做出了一定的贡献。

传教士在福建地区创办最早的综合性中文报刊是《中国读者》,1868年在福州创刊。1874年,美以美会传教士李承恩在福州创办《郇山使者报》,中国教徒黄乃裳任主笔。① "郇山使者"为基督教徒之意。该报已佚,其内容不可考,但据今人推测,《郇山使者报》"约是本16开、20页的小册子,其内容除了宣教之外,尚有'上谕奏稿',中外时闻等"。② 黄乃裳曾在报上著文劝人种牛痘预防天花,还与保夫人合著革除缠足论5篇,除登报外还排印单张3万余散发。③ 据此可以看出,该报当是一份面向世俗大众传播新知的报刊。

---

① 一说由武林吉牧师创办。见史和等编:《中国近代报刊名录》,福建人民出版社1991年版;又见叶再生著:《中国近代现代出版通史》,华文出版社2002年版。
② 詹冠群著:《黄乃裳传》,福建人民出版社1992年版,第17页。
③ 王植伦主编:《福州新闻志·报业志》,福建人民出版社1997年版,第7页。

1876年6月,《郇山使者报》更名为《闽省会报》,施美志任主理,中国教徒谢锡恩任副理,每月初一出版,内容包括上谕、奏稿、中外时闻和教会情况等。该报的办报宗旨是倾向进步思想的,反映了当时要求变法图强的社会潮流。如1887年该报刊载署名"忧肘子"的《局外闲谈》一文,借一西人之口说:"中国之病,病在骄字",批评中国骄妄自大,视外国为夷狄,不肯向西方学习的谬误。又刊载《杞人说病》一文,批评顽固派所谓中国"病一无财,病二无兵"的原因是"海禁开则中国之财源竭""海军创而中国之兵费穷"的谬论,指出中国积弱积贫的原因正是在于闭关锁国,而只有对外开放才能富强的道理。该报的发行,产生了广泛的社会影响。它不仅受到普通读者的欢迎,而且也引起了政府官员的兴趣,"福州地方和军队的官员很多人都订阅《闽省会报》,并希望在上面发表一些文章"①。

1898年,由于《闽省会报》的成功发行,在华美以美会遂将其作为全国美以美会的公报,并改名为《华美报》,勒锡任主理,主理托事由美以美会福州教区所属的福州、兴化、南京、北京、四川各一人担任。《华美报》在内容安排上也有了较大的调整,关于福建的新闻和评论渐少,而增加全国性问题的讨论。除了有关宗教的文字外,它也刊载时闻和西学文章,文章主旨倾向于资产阶级改良派的观点。另外值得一提的是,《华美报》开始刊登商业广告并开列详细的广告收费标准,这应该可以作为当时教会报刊世俗影响的一个佐证。1904年3月,《华美报》与上海《华美教保》合并,改名《华美教保》,移往上海出版。

《左海公道报》在1911年3月1日创刊于福州,是福州安立甘会、美以美会和美部会联合创办的综合性半月刊,黄乃裳受聘为该报主笔,由福州闽北圣教书会刊发,福州美华印书局排印,其栏目主要有上谕(民国后改"清旨")、社说、宗教、译谈、政治、教育、实业、时闻等。该报的办报宗旨"意在联络各省基督徒,彼此互相砥砺德业,俾吾道昌明,以是为转移人心风俗之用"②,但由于主笔黄乃裳已于1905年加入同盟会,所以相当数量的文章是关于革命思想和辛亥革命前后的形势和政局报道的。

此外,晚清时期传教士还在福州创办了一份专供少儿阅读的《小孩月报》,其

---

① J. M. Reid. Missions and Missionary of the Methodist Episcopal Church. 转引自李颖撰:《〈闽省会报〉初探》,载《福建师范大学学报》(哲学社会科学版),2003年第3期,第32页。

② 《本馆启事》,载《左海公道报》第19期,1911年12月20日。

创办人为普洛姆夫人和胡巴尔夫人，①于 1874 年发刊。这是我国最早的一份儿童报刊，享有近代"启蒙第一报"的美誉。②

传教士在厦门的报刊出版历史则稍晚。第一份英文报刊是《厦门航运报道》，1872 年创办，1878 年进行改组，改名为《厦门公报和航运报道》，由阿·阿·马卡尔和吉·弗·马卡尔先后任主编，民国成立时该报仍在发行。③ 约 1884 年，英国牧师傅氏创办《厦门报》，双日刊，但"阅者寥寥，未久而废"。④ 该报史料记载不多，更无现存原刊，估计是英文报刊。此外，传教士在厦门创办的英文报刊还有 1891 年创刊的《厦门时事商业报》、1902 年创刊的《厦门钞报》等。这些报刊的读者对象主要是身在闽南的外国人，因此发行量很小，社会影响不大。西方传教士在厦门创办的第一份中文报刊是《厦门新报》，英国传教士布德创刊于 1886 年 6 月，月刊，以拉丁文拼音闽南方言写作，其内容包括时闻与宗教等，出 3 期后即告停刊。

近代传教士在厦门创办的报刊中，《鹭江报》存在的时间较长，影响较为广泛。该报于 1902 年 4 月 28 日发刊，由英国牧师山雅各创办并任总经理兼总主笔，编辑均为中国人，主要是当地知名人士或基督教人士，旬刊，用杭连纸直排铅字印刷，每期 1 册 25 页，3 万多字，以后增至 4 万多字。内容有社论、国内外消息及福建地方消息、文艺副刊和广告等。其出刊宗旨倾向于资产阶级改良思想。比如，第 25 册刊出总主笔山雅各撰写的《论报馆访事之关系》一文，称"西报主笔与政府并重，故议论记述政府多采而用之，其权与上议院等，主笔之崇贵不待言矣"，以宣传报刊出版工作的重要地位；又刊出主笔之一林砥中撰写的《论力》一文说："闭关时代，幼稚之时代也"，"今各国无理要挟之事，何以不施于匹敌之国而独屡试我东亚，毋亦以孱弱无力之帝国易于欺侮乎！"言辞激烈，正义凛然，对当时资产阶级改良思想的传播起到了一定的作用。关于《鹭江报》的停刊，戈公振在《中国报学史》一书中说："厦门《鹭江报》以载金门教案失实，英领请厦门道封禁"，"出版至八十六期"。但据《闽南新闻事业》一书记载，该报出版至 1905 年方停刊，目前人

---

① 一说为李承恩夫人。见王植伦主编：《福州新闻志·报业志》，福建人民出版社 1997 年版，第 7 页。
② 参见邓绍根著：《近代"启蒙第一报"》，载《出版广场》，2001 年第 6 期，第 29 - 30 页。
③ 胡立新、杨恩溥编撰：《厦门报业》，鹭江出版社 1998 年版，第 1 页。
④ 《福建报界沿革表》，载《警钟日报》，1904 年 12 月 30 日，第 299 号。

们发现的最晚一期是第 102 期。①

除了福州与厦门,兴化是传教士又一报刊出版活动中心。1898 年,美国传教士蒲鲁士创办了兴化音罗马字报刊《奋兴报》。这是传教士首次在兴化创办的报刊,也是今莆仙地区创刊最早、发行时间最长的一份报刊。该报发行人为蒲鲁士本人,主编为其妻蒲星氏,中国牧师宋学连、林鸿迈等为编辑,初为月刊,后改半月刊,内容有论说、时事、主日学课讲义、务德会经题要旨等。1908 年 5 月 1 日,在宋学连、张福基两人的建议下,《奋兴报》同时又出中文版,此后一直出版至 1949 年止。作为教会报刊,《奋兴报》主要宣传宗教思想,但也不偏废世俗要闻的报道,在政治立场上标榜"独立性"。要而言之,该报既反对暴力革命,包括在民国时期攻击中国共产党领导的革命事业,也揭露当局的黑暗与腐败,倡言言论自由,并刊登禁烟、禁赌、禁缠足等有利于改良世俗的文章。

除了综合性报刊,传教士创办的报刊中还有一类是纯教会事务的,其中多数是教会的会刊,如延平美以美会主办的《剑声》、厦门圣教书会出版的《闽南圣会报》、福州中华圣公会主办的《福声》、中华公教进行会福州教区部会编的《道南半月刊》、吴尔斯登创办的《福州福音新报》、打马字创办的《漳泉圣会报》等。这些报刊对世俗社会影响不大。

表 1-3 晚清时期传教士在福建创办的主要报刊②

刊名	出版地	周期	责任者	创刊时间	备注
福州府差报(英)	福州			1858.10	
教会使者(英)	福州			1860	
教务杂志(英)	福州		美以美会	1867	
福州广告报(英)	福州				见《中国报学史》。
福州每日广告与航运报(英)	福州				
中国读者	福州	月刊		1868	
厦门航运报道(英)	厦门		阿·阿·马卡尔、吉·弗·马卡尔	1872	

---

① 许清茂,林念生主编:《闽南新闻事业》,福建人民出版社 2008 年版,第 12 页。
② 此表依据《福建省志·新闻志》《福建对外文化交流史》《中国报学史》《中国近代报刊名录》《中国新闻事业通史》等著作整理而成。

续表

刊名	出版地	周期	责任者	创刊时间	备注
福州捷报（英）	福州	周刊	J. P. McMahon	1873	见《中国报学史》。
福州每日广告报（英）	福州		John Patrick	1873	见《中国报学史》。
福州每日回声报（英）	福州			1873	见《中国报学史》。
郇山使者报	福州	月刊	李承恩	1874	
小孩月报	福州	月刊	普洛姆夫人、胡巴尔夫人	1874	
华字新报	福州	周刊	福州一印书局	1875.2	
闻见录	福州	周刊		1875.4	见《中国近代报刊名录》。
闽省会报	福州	月刊	施美志、谢锡恩	1876.6	由《郇山使者报》改成。
福州福音新报	福州		吴尔斯登	1876	
厦门公报和航运报道（英）	厦门		马卡尔等人	1878	由《厦门航运报道》改成。
快邮与航运报（英）	福州			1880	见《中国新闻事业通史》。
厦门报	厦门		英国牧师傅氏	1884	
厦门新报	厦门	月刊	布德	1886	
漳泉公会报	厦门	月刊	打马字	1888	
厦门画报	厦门			1889	
厦门时事商业报（英）	厦门		布德	1891	
华美报	福州	月刊	黄治基、蔚利高	1897	由《闽省会报》改成。
奋兴报（兴化音罗马字版）	兴化	半月刊	蒲鲁士	1898	
中西见闻录	福州			1899	见《中国近代报刊名录》。
鹭江报	厦门	旬刊	山雅各	1902.4	
奋兴报（中文版）	兴化	周刊	蒲鲁士	1908.5	
左海公道报	福州	半月刊	安立甘会、美以美会和美部会	1911.3	黄乃裳任主笔。

四、传教士出版活动的社会影响

近代来华传教士这一群体可谓鱼龙混杂,其中既有西方列强侵华的帮凶,同时也不乏积极传播西学,在推进中国近代化进程中起着举足轻重的人物,如傅兰雅、李提摩太、林乐知等。然而,长期以来,我们习惯于沿用闭关锁国时代的价值观评价所有的近代来华传教士的行为,从而产生了不应有的偏见。西方传教士在近代福建的出版活动,其目的主要是为传教事业服务的,这是事实。但这种主观上的意图本身并不偏离社会进步的轨道,更非逆潮流而动,客观上不足以否定其总体上对福建世俗社会所产生的正面影响。

首先,基督教教义本身蕴含的人文关怀色彩对于社会关系的调整,仍然具有某种程度的积极意义,这往往容易被许多学者所忽视或有意回避。传教士从事出版活动,利用出版物进行宣教,克服了教会学校影响面小的局限性,在使得传教事业波及边远地区和穷乡僻壤的同时,也对普通民众树立与人为善的思想和识字率的提高产生了一定的积极作用。

其次,传教士的出版活动对促进中西文化交流做出了很大的贡献。出版物中所刊载的西方近代科学知识与人文思想,开风气之先,使福建民众得到西学启蒙并唤起人本意识的觉醒,从而推动了福建地区的近代化进程。近代早期,福建作为主要的传教区之一,传教士的出版活动尤其是福州美华印书局的出版物远播上海、北京、四川等我国其他地区,在西学东渐中曾扮演着重要角色。此外,传教士出版的一些介绍中国或福建的英文图书,如麦利和所著的《生活在中国人中间》、斐莱尔所著的《外国人在中国》、卢公明所著的《中国人的社会生活》等,也有助于增进西方国家对福建乃至中国的了解,一定程度上矫正了外人对华偏见。

最后,传教士的出版活动开启了福建出版近代化的进程,并推动了福建本土出版业的发展。传教士率先出版西学图书,首创近代报刊,并将石印、铅印等近代印刷技术与印刷设备引入福建,同时培养出福建第一代掌握近代印刷技术的工人,为福建近代出版业的发展奠定了坚实的基础。此外,福建近代出版人才的成长也获益于教会出版机构。黄乃裳、谢锡恩等在福建近代出版业中产生过重大影响的人物均在教会出版机构中工作过。黄乃裳之所以能在1896年创办福建第一份国人自办报刊——《福报》,与他在教会出版机构的工作经历是密切相关的。也正是由于福建近代本土出版业的发展壮大,才使得教会出版业在20世纪初逐渐淡出历史的舞台。

第二节 近代国人自营出版业的兴起

一、近代国人自营印刷出版业的概况

自宋代以降,福建古代出版业一直兴盛繁荣,"建本"风靡全国,影响历代读书人。及至清代,闽西四堡与福州仍是国内有影响的刻书中心。然而传统的雕版印刷技术繁琐复杂,不敷使用。自晚清传教士将石印和铅印技术引入中国后,传统雕版印刷技术便日渐式微。福建的境况如出一辙,福州美华印书局石印技术与铅印技术的引入,在印刷出版业起到了重要的示范作用,传统的雕版印刷出版业便逐渐由新型高效的近代印刷出版业取而代之了。

福建第一家国人自行创办的新式图书出版机构是厦门倍文斋,由厦门基督教会会长许文岩创办于1888年,采用先进西方印刷设备,主要出版宗教类书籍。民国成立后的1919年,倍文斋扩大经营规模,改称倍文印书馆,承印《三民主义》《救国大纲》《思明日报》等书报,直至民国后期才停业。

总的来说,晚清时期的福建民营印刷出版业大多规模较小,影响乏力,印刷与出版合二为一,且以印务为主。在印刷技术上以活字印刷为主,如福州林春祺雇工制造铜活字,经过20多年的努力,积累了精美的铜活字40多万个,成为中国最大的一套铜活字。同时,一些印刷机构受教会出版机构的影响,引入新型印刷设备,为后来民营出版业的发展奠定坚实基础。清光绪年间,福州二酉山房、宏文阁、未见斋等印刷机构率先引入小型石印机,成为近代民营印刷业的先导。但这些印刷机构并不能承担起知识传播的重任,因为它们主要是印制一些婚丧帖柬、文告、簿册等印刷品,大多与出版无关。以图书出版为主业的印刷机构则受限于福建省内狭小的市场而一直得不到发展的机会。严复翻译的《天演论》于1898年4月由湖北沔阳卢氏慎始基斋雕印出版,同年10月,又经福建侯官嗜奇精舍石印出版。此二版本发行量均不大,影响甚微。1905年,商务印书馆再次出版该书,《天演论》才得以发扬光大。林纾与王寿昌合译的《巴黎茶花女遗事》一书的出版经历,同样很能说明问题。林纾(1852-1924),福建闽县(今福州)人,字琴南,号畏庐,还有冷红生、六桥补柳翁、长安卖画翁等许多别号,是与同为福州人氏的严复齐名的晚清译才,康有为有诗曰"译才并世数严林",《巴黎茶花女遗事》是林纾

翻译的代表性作品。该书第一版由福州吴玉田的印刷所印制出版，结果毫无影响，仅仅印行了 100 余部，而且多是作者用以分赠亲友。后林氏交付上海昌言报馆重新印行，结果引起轰动，玉情瑶怨馆、文明书局、广智书局、商务印书馆等多家出版机构也闻风竞相出版。严复诗句"可怜一卷《茶花女》，断尽支那荡子肠"真实地反映出《巴黎茶花女遗事》受欢迎的程度。①

20 世纪初，福建民营印刷业才得以逐渐向民营图书出版业发展，商务印书馆的强势介入也为书业的发展增色不少。1901 年，福州印刷公司宣告成立，并采用铅印技术出版宋廷模的《莆阳课士录》、刘玉璋的《夔夔堂诗草》等书；1905 年，厦门会文书庄采用石印技术印刷出版《增补汇音妙悟》一书；1906 年，国内出版巨头商务印书馆设立福州分馆，负责该馆出版的图书尤其是教科书在福建的销售工作；1911 年，福州宏文阁用石印技术印制《闽省官话捷中捷》等。

概言之，随着上海、北京等中心城市在新出版业中影响的扩散，出版人才与作者资源的缺乏和交通条件的落后越来越成为福建民营出版业的制约因素，而福建传统刻书业中所需的造纸材料便利在近代出版业中已经不再是竞争的优势。晚清时期，福建地区的近代图书出版业一直处于低潮，影响力微小。

二、民间报刊出版业的兴起

福建国人自营报刊业在 19 世纪 90 年代开始兴起，并迅速得到发展，成为传播新知、开启民智的主要工具，这与近代图书出版业的日渐式微形成鲜明的对比。就出版主体的性质而言，福建近代报刊开始呈现出鲜明的特点，即出版主体的多元化。其创办者除了前面提到的传教士外，还包括晚清政府、民间团体与个人等，甚至是日本势力也有了在闽代言工具。据史和等编《中国近代报刊名录》辑录，晚清时期福建地区的报刊凡 36 家，分属福州、厦门二地，前者 23 家，后者 13 家。② 其中由传教士创办的有 9 家，占 25%；官办报刊 3 家，约占 8.3%；3 家是日本人创办或受日本政府资助的报刊，约占 8.3%；其余 21 家属民间创办的报刊，约占 58.3%。

民间报刊出版业的兴起，既是资产阶级维新思潮在福建兴起的象征，也是

---

① 严复：《严复集》（第二册），中华书局 1986 年版，第 298 页。
② 该书所辑的报刊名录并不完整，比如美国传教士蒲鲁士于 1898 年在莆田创办的《奋兴报》就未辑录在内。

1901年晚清政府施行"新政"以来,要求发展工商业和提高国民法政素质的社会思潮在福建的体现。福建近代报刊诞生于社会改革潮流之中,并在其诞生之初即与社会改良运动相结合,这一特点在辛亥革命时期及民国初年得到了继承和发展。① 民间报刊在其发展过程中呈现出三个鲜明的特征,这些特征标志着近代民间出版业的基本格局已经形成。

其一是民间报刊的大量涌现。福建国人自办报刊的首创之功,归于《福报》。② 1896年4月,《福报》创刊于福州,其独资创办者黄乃裳曾在传教士创办的中文报刊《郇山使者报》充任主笔,并曾协助传教士翻译或自撰宗教书籍和其他宣传品,这一经历无疑为他后来的报刊活动积累了丰富的经验。此后,他又创办了《福建日日新闻》《左海公道报》和《伸报》等,均是近代福建有较大影响的报刊。

除了黄乃裳创办的报刊外,晚清时期,福建地区比较有影响的民间报刊还有创刊于福州的《福建新闻》(1906年)、《民心》月刊(1911年)、《建言报》(1911年)和《福建商业公报》(1911年)等;创刊于厦门的有《漳泉日报》(1902年)、《鹭江日报》(1903年)、《厦门日报》(1907年)、《南兴报》(1911年)和《南声日报》(1911年)等。其中,《民心》月刊、《建言报》《南兴报》和《南声日报》等为革命党人创办的报刊,为清末革命思潮的传播和革命的胜利做出了贡献。

此外,日本势力也开始建立在闽代言机关,这主要是晚清时期创办的《闽报》和《全闽新日报》。《福报》停刊后被日本台湾总督府购买,于1897年12月改出《闽报》,具体创办人为宗方小太郎、井手三郎和前田彪等人,该报直至1937年抗日战争全面爆发,福州日本领事馆撤走后才告停刊;③日本驻厦领事馆则在1907年创办了《全闽新日报》,出版至1945年厦门光复后才停刊,为近代厦门出版时间最长的报纸。

其二是专业化报刊尤其是经济报刊的出现。其代表性刊物有《福建法政杂

---

① 黄政:《福建近代报业史话》,载《福建史志》,1988年第4期。
② 《闽南新闻事业》一书认为,闽南地区最早的国人自办中文报纸是《博物报》,该报由陈金芳等人于1878年在厦门创办,3日后即停刊,未见实物。见许清茂、林念生主编:《闽南新闻事业》,福建人民出版社2008年版,第15页。
③ 有学者认为该报出版至1945年抗战胜利后才停刊,但未获其间刊物。参见毛章清:《日本在华报纸〈闽报〉(1897-1945)考略》,载《福建论坛》(人文社会科学版)2010年第2期,第121-127页。

志》《闽省商业杂志》《福建商业公报》《福州医学报》和《福建实业杂志》等。

《福建法政杂志》创刊于1908年,由福建法政学堂发行,何琇先任编辑。该刊辟有插画、论说、译丛、史传、杂报、杂录、小说等栏目,内容以古今中外之政治、法律研究为主,即便是小说栏目,也是刊载所谓之"政治小说"。值得一提的是,陈与年撰《民法与社会主义》一文在该刊第一卷第2号起连载,这是笔者所见的福建最早对社会主义进行介绍与研究的文章。作为一份民间报刊,《福建法政杂志》的创办,说明福建知识分子对政治发展的思考,已经走出单纯的口号式宣传,而代之以理性的研究,这是政治心态趋于成熟的一种表现。

《闽省商业杂志》由福建省商业研究所杂志社创刊于1909年1月,"该刊发表朝廷暨商部建设商政的方针,启导工商界人群进化之知识,阐明东西各国商计等学之新理。"①

《福建商业公报》创刊于1910年10月,旬刊,由福州商务总会闽省商业研究所发行,辟有社言、调查、纪事、要电汇录、法令、文牍、时评、谈丛、小说等栏目,本着"联络商情,开通商智,鼓吹商学,发明商律,剔除商弊,展拓商途,保护商权,巩固商体"②的办刊宗旨,传播商业信息。

《福州医学报》原刊已佚,也未见相关论著的介绍,现存史料只有中国第一历史档案馆所藏《闽浙总督松寿为创办〈福州医学报〉请予立案事致民政部咨文》和民政部"准予立案"的批文。③ 据此可知,该报创刊于1911年6月(宣统三年五月),由福州医学研究会会长郑奋扬创办,发行人为林荫垣,编辑为刘通,主要刊载医学、药物学、生理学、心理学等方面的研究文章。

《福建实业杂志》由福建实业协会于1911年在福州创刊,季刊,终刊时间不详,现仅存第2期。该刊以发展闽省实业为办刊宗旨,第2期刊载的主要文章包括了梁志和撰《论保存国货当以改良土货及模造外国货为手段》、吴兼伊撰《闽省蚕业进行之政策》、佚名撰《调查长乐莲柄港水利记略》等。

其三是白话文报刊的出现,这同样具有划时代的意义。白话文与文言文,并非是单纯的文体之别。众所周知,在封建社会,生活于社会底层的民众普遍不识

---

① 庄可庭主编:《福州期刊志》,铅印本,第105页。
② 《通告商会及各商帮书》,载《福建商业公报》,1910年第1期,社言。
③ 中国第一历史档案馆:《晚清创办报纸史料》(三),载《历史档案》,2000年第4期,第69页。

文言文,"区区若干方块字拼起来的文言文是成为身份和社会阶层形成的建构条件"①,自然就成为封建统治阶级实行愚民政策的一种工具了。晚清白话文报刊的出现,正是知识从"阳春白雪"走向"下里巴人"的一条有效途径,成为民众挑战封建统治合法性的有力手段。

　　五四白话文运动是中国近代史上的重要运动。此次运动的发起,与晚清时期白话文的推行包括白话文小说、白话文教科书的出版与白话文报刊的创办具有直接的相承关系,其中尤以白话文报刊的创办最具特色,成效最宏。② 国内最早的近代白话文报刊,当属1876年《申报》发行的附刊《民报》,但并未因之而形成白话文报刊出版的风气。直到1897年,裘廷梁创办《俗话报》,才真正是近代白话文报刊的先驱。此后,白话文报刊的出版日见盛行,行销遍及全国,以致远达边城与海外,尤其是在1897年前后与1904年前后,新创办的白话文报刊均达10多份。在白话文报刊大发展的时期,福建省第一份白话文报刊《福建白话报》创刊。③ 该报于1904年发刊,乃"鉴于各国比年以来,下等社会受白话文教育者既已著有明效",故借此报开通下等社会,发"本省对乡土之心,以为地方自治之基础"④。这份报刊现所见不多,无以观其全貌,但我们从当时许多革命报刊如《警钟日报》《民立报》和《国粹学报》等的极力推荐看,《福建白话报》是一份倾向革命的报刊。此后不久,又一份白话文报刊《福建俗话报》创刊。由于晚清时期报刊界的筚路蓝缕之功,及至民国时期,白话文报刊在文体上就逐渐成为福建主流报刊了。

　　白话文报刊的兴起,与当时的时代背景有着莫大的关系。白话文与文言文,原本只是文体之别,然而在特定的历史时期,它却成为反映时代潮流的标杆。比如上海彪蒙书室曾因出版了一套白话文教科书而招致晚清当局的查禁,理由就是具有革命倾向。其实,这套白话文教科书并不含有革命宣传内容。1897年与1904年白话文大发展的时期,也分别正是维新运动与革命运动在舆论上做准备的时期,白话文报刊之功能,诚如蔡元培先生所言"表面普及常识,暗中鼓吹革命工

---

① 殷海光著:《中国文化的展望》,上海三联书店2002年版,第181页。
② 关于晚清白话文运动,可参见谭彼岸著:《晚清的白话文运动》,湖北人民出版社1956年版。该书的主要缺陷是关于白话文报刊方面的叙述过于简略。
③ 王植伦主编《福州新闻志·报业志》一书认为,创刊于1912年10月的《通俗报》是福建第一份白话文报刊,方汉奇主编《中国新闻事业编年史》一书沿用此说,此说有误。
④ 《警钟日报》(四),1904年10月18日的版面广告;又见《东方杂志》第1卷第10期。

作"，①是为了当时的社会革新运动作舆论宣传之用的。之所以采用白话文的形式，主要是着眼于下层社会，力图在普通大众中普及新知识新思想，从而获得大多数国人对维新运动或革命的支持。再者，语言文学本身的革新，同样也需要白话文运动的推广作为诱因。

三、官办出版业的近代转型

官办出版业的近代转型，显示出晚清政府对出版功能的再认识。在以刊刻经史子集和"钦定""御纂"书籍为主的古代出版业中，官刻作为维护封建统治尊严的主要工具，历来是三大出版系统之一。清代，以武英殿刻书为代表的官办出版业曾经长期兴盛。经历太平天国战争后，中央与各行省又纷纷设立官书局，这是继武英殿刻书之后晚清时期官办出版业的代表，企图以此来拯救太平军农民起义后封建文化的日渐衰败。就福建的情况而言，官办刻书业也颇有影响力。1866年，闽浙总督左宗棠在福州创办正谊堂书局，设总校1人，复核、分校等138人，后改设书院，书局成为书院的附属机构。该书局的主要工作就是从事《正谊堂全书》的校刊工作，并出版养蚕和种桑、种棉等方面的书籍多种，教民种桑、植棉、育蚕、织布。而后，地方政府部门又在福州成立福建官书局，刊印清代皇帝"钦定""御纂"书籍和经史子集，它所翻刻的《聚珍版丛书》在种类上为国内各官书局之首。然而随着近代印刷技术的引进，统治阶级开始意识到传统的官办刻书已经无法承担起维护其封建统治的重任，一度发达的官书局刻书很快成了明日黄花。

与此同时，西学东渐所产生的影响，也使晚清当局深感"西法博大潜奥"，"欲因端竟委，穷流溯源，舍翻书读书无其策"②，只坚持宣扬传统的儒教学说，已经不足以维护清王朝的封建统治。因此，西学也就不再被视为"奇技淫巧"。张之洞、李鸿章、左宗棠等洋务派官员率先在中央与地方创办兼具西学教育与西书翻译的机构，成为官办出版业近代转型的开拓者。北京同文馆和江南制造局翻译处是近代官办出版业的代表，而福州船政学堂的西书翻译出版活动是近代官办出版业在福建的最初尝试。

1866年6月25日，左宗棠上奏折，请于闽省创办船厂，设立学校。同年12

---

① 陈独秀：《独秀文存》，上海亚东图书馆1922年版，扉页。
② 中国史学会主编：《洋务运动》（四），上海人民出版社1961年版，第30页。

月,福州船政学堂开办,教授英文、法文、数学、化学、地质学、天文学等西文与西学知识。学堂在教学过程中,除采用江南制造局出版的译书外,还自行翻译出版西书,参与西书翻译出版工作的,主要是洋教习及其中国籍助手。① 毕乃德在其所著的《同文馆考》中说:"同文馆重要活动之一,即在中译西书,虽则中译西书一事,别处也已行之——最著者为上海制造局及福州船政学堂。"② 由此可以看出,福州船政学堂出版的西学图书当不在少数,是当时西书东传的一个重要据点。

晚清时期福建官办出版业兴起的另一标志是近代官报的出现。维新运动前,晚清政府并没有意识到需要利用报刊这一新型出版物来控制社会舆论,以致在1862年,当工部侍郎张芾奏请刊刻《邸报》发交各省时,被朝廷申斥为"识见错谬,不知政体,可笑之至"。③ 及至光绪朝,情况就发生了很大的变化,内外交困的政治局面促使具有维新思想的政府官员首先重新审视官报的政治传播功能。1898年,京师官绅文廷式等人创办的强学书局,由御史胡孚宸提议被改为官书局,同时出版《官书局报》和《官书局汇报》。这是晚清时期国内最早的官办近代报刊。1901年,大学士张百熙奏请"由公家自设官报"以与"挟清议以訾时局"的民间报刊相颉颃。④ 此后,为使"绅民明悉国政"的官报就借助"新政"的推行进入兴盛时期。据李斯颐查见,晚清时期全国官报数量达111种,遍布中央各部和除新疆、西藏外的各行省。⑤

福建地区的官报,计3种,分别为《福建教育官报》《福建农工商官报》和《福建官报》。

《福建教育官报》,1908年8月创刊于福州,福建提学使署出版,月刊,采用铅印技术印成,分诏令、章奏、文牍、报告、论说、学制、译述、附录等栏目,主要内容是刊布政府的教育政策,介绍福建地区的教育状况,普及新式教育方法等。《福建教育官报》是应当时新式学堂蓬勃发展之需而创办的,为推进新式教育的发展具有积极的意义。

---

① 福州船政学堂的出版书目多已不可考,估计以自然科学图书为主。《福建船政局史稿》一书对福州船政学堂的出版活动略作介绍,但并未提及书目。参见林庆元著:《福建船政局史稿》,福建人民出版社1986年版。
② 载《中华教育界》1935年第27卷第3期。
③ 戈公振:《中国报学史》,三联书店1955年版,第40页。
④ 张静庐辑注:《中国近代出版史料》(二编),群联出版社1957年版,第31页。
⑤ 李斯颐:《清末10年官报活动概貌》,载《新闻研究资料》,1991年第3期。

《福建农工商官报》,1909年12月创刊,福州农工商局编辑出版,月刊,铅印技术印制,分谕旨、折奏、公牍、报告、论说、译丛、附录等栏目,"登载关于农工商之事件及学理以促实业之进步为目的",①希望借助于报刊振兴农工商以图强国。

《福建官报》,1910年春创刊于福州,闽浙总督部堂的福建官报局编辑出版,旬刊,铅印制成。这是一份地方政府发行的综合性政报,分谕旨、宪政、吏政、财政、教育、民政、军政、实业、外交等栏目,刊载奏折、通告、条例、法规、报告等文件类材料,无新闻报道和评论。

官报的创办,是福建近代出版业发展到新阶段的一个重要标志。虽然按照张百熙的说法,创办官报的目的是为了与民间报刊相抗衡。而事实上,笔者通过其内容的分析发现,官报与民间报刊的抗衡仅限于市场竞争层面。官报不是出于抵制革命思潮的意图而创办的,而是与晚清政府的"新政"和"预备立宪"相关。这一点,我们可以从各官报的发刊词中得到验证。福建官办报刊刊载最多的是官方公文奏章、地方教育和新知实业等,与革命报刊的内容没有形成正面的冲突。此外,官报尚有不少劝人戒烟、禁止缠足、提倡男女平权等改良风气的纂述,客观上促进了福建地方经济、文化事业的发展。再者,官报的创办,同时也挤压了教会出版业的生存空间,提高了出版业的本土化比例。因此,官报出版活动是晚清时期福建近代出版业兴起的重要组成部分,其社会进步意义同样不容忽视。

第三节 《福报》：民间报刊出版业的个案分析

《福报》是福建第一份国人自行创办的报刊。它的创办标志着福建近代出版业结束了教会报刊一枝独秀的局面。同时,该报也是一份积极传播维新变法思想的报刊,是当时社会进步思潮在出版物上的体现。对《福报》及其创办者黄乃裳进行个案分析,有助于我们认识出版业与社会变迁之互动关系。

一、黄乃裳与《福报》的创刊

《福报》的创办者黄乃裳是一位在近代福建和东南亚华人社会都具有极大影

---

① 凡例,载《福建农工商官报》创刊号。

响的人物。他积极参与戊戌维新变法活动,此后组织福建移民在马来亚砂捞越开辟"新福州",最终追随孙中山先生参加民主主义革命。同时,黄乃裳也是福建近代出版史上一位代表性的人物。他早期协助传教士翻译以及自撰出版西学著作和宗教类图书,并在传教士所办报刊《郇山使者报》司主笔之职。此后,他又先后在福州创办了《福报》(1896年)、《左海公道报》(1911年)和《伸报》(1916年)等,在新加坡任《日新报》主笔(1899年),又与《台湾通史》作者连横一起在厦门创办了《福建日日新闻》(1904年),①为福建近代出版业尤其是近代报刊的发展做出了重大贡献。

黄乃裳(1849-1924),字绂丞,又字玖美,福建闽清六都湖峰(今福建闽清坂东湖头)人,其家世"累世业农,父为木工,母林氏,举裳与妹一及三弟。少时半耕半读。"②

并非出身书香门第的黄乃裳,在1866年17岁时受洗入基督教,随传教士学习传教,开始接触西文和西学新知。在从事宣教事业期间,出版活动成了他的一项重要工作内容。1874年,福建首份中文报刊《郇山使者报》由美以美会创办,主编李承恩即聘黄乃裳任主笔之职。1875年,他作文劝人种牛痘,并与保灵夫人合著《革除缠足论》五篇。1878年,他帮助传教士李承恩等人翻译《天文图说》《圣经图说》《为斯理传》《丁大理传》《美国史略》等书,其中的《美国史略》一书,影响颇大。孙中山先生得悉此书为黄氏手译时,"因离座为揖,遂相与订交"。③ 此外,他还翻译了一些宗教类书籍。这些经历,使黄乃裳对出版活动社会思想传播的功能有了深刻的理解,同时也为他此后的一系列报刊出版活动积累了丰富的实践经验。

1894年,晚清政府在中日甲午战争的惨败,造成黄乃裳思想上的强烈震动。他的三弟黄乃模是致远号军舰副管带,在此次海战中以身殉国,这更加促使他开始投身于救亡图强的维新运动。这一点,我们在他的《绂丞七十自叙》中可以得到印证:"逾岁甲午,年四十六,三弟乃模战倭于大东沟,以致远大战舰之副管驾与正

---

① 1905年8月底,该报因反美华工禁约事被清政府课以罚金,后又改罚停刊7天,更名出版。一周后,该报改名为《福建日报》,连横被迫离馆。翌年8月,该报因揭露水陆提督署赃案而被迫停刊。
② 黄乃裳著:《绂丞七十自叙》,铅印本。
③ 黄乃裳著:《绂丞七十自叙》,铅印本。

管驾邓世昌同殉国……回想自三十岁至四十七岁,十余年之中,见夫外力之侵迫,国势之孱弱,民治之腐败,社会之颓落,妄希有所效力于国家,极端偏于彼方,而于宗教,俨成为《默示录》第三章十五节所云'不冷不热之态度'。"①此后,他从一个宗教信徒转变为维新变法运动的坚定支持者。他的维新思想,很大程度上体现在《福报》中。

1896年4月,正值国内维新变法运动风起云涌,《福报》在福州应时创刊,这是福建第一份国人自行创办的报刊。该报为二日刊,每期四开两张,分"新闻"与"论说"两部分。"新闻"部分内容驳杂,包括皇清政要、官场纪要、西报译登、台湾时事、漳泉时事、本省奏折、外省奏折等等。"论说"部分每期一篇,主要内容是积极宣传维新变法思想,提出兴利除弊的方法与措施,集中体现了当时的维新变法思想,是该报的精华部分。在现存的55篇"论说"中,只有3篇外稿明确署名。林其锬先生据此推断,其余未署名的文章当是黄乃裳自撰。②

二、《福报》的主要内容及其停刊

"论说"是《福报》的主要部分。具体来说,"论说"主要包括以下4个方面的内容。

（一）积极鼓吹变法革新,反对守旧

《福报》追求维新变法,反对守旧的思想在现存的55篇论说中得到了充分的体现,其中更有不少论说乃直抒胸臆、大胆倡言之作。第6期《醒固篇》抨击士大夫言:"今之士大夫纵论天下大事者辄曰:'国体至尊也,圣道至重也,外国之道至空洞而无用也。'峨其冠,规其行,若道统悉系于士大夫之身者。而稍稍通达时务,能明中国之情,知得失之分,大则斥之为秦桧,小则斥之为扣马、书马矣!"文章认为,应该"不泥古法",向西方学习,才能"将参以泰西而自出新意以驾泰西之上。"③

对于变法之政治诉求,《福报》毫不讳言。第36期《书山西巡抚胡中丞〈奏请变通书院章程疏草〉后》明确宣称,"夫今日之所急者何事乎?曰变法也",并对守旧势力表达强烈的不满,"今地球以内无国不言格致,而吾独守王荆公所创之制

---

① 黄乃裳著:《绂丞七十自叙》,铅印本。
② 林其锬:《黄乃裳和他创办的〈福报〉》,载《文献》1987年第1期。
③ 参见《醒固篇》,载《福报》第6期。

艺,以为先王微言绝学全在是焉,薄格致为夷人之学。……呜呼!孰有如我中丞胡公者所言公忠为切于时用乎。"①

《福报》所持的维新变法思想不仅立场鲜明,而且还提出了具体的实践措施,目标直指政治制度的变更,主张立上下议院、实行君主立宪。其文曰:"……然则变制将如何?曰:上议院立,则朝之贵臣无敢泄沓以塞天听,则朝政一变矣;下院立,则外省上逮节帅及版尹,无敢隐匿敝窦不恤民艰,则外政又一变矣。"②

(二)重视报刊传播功能,支持广设报馆

《福报》第1期和第2期的论说连续刊登《福州宜设报馆说》一文,内称"泰西举事最得风气之先,即广设报馆之力也……为今之计,唯地无分南北,多设报馆,交相易观,事属新闻,理堪互证。"文章认为,只有发展报刊出版业,才能使民众识时势广见闻,"报馆益多则闻见益广,闻见益广则变通益速,变通益速则国势益强。"有了报刊,则"一眚之微,传闻易广,为不善者亦稍知畏惧,无敢恣睢,为善者亦得广为播扬,以期观感,中土政事莫此为急矣。"从该文的立意我们也可以看出,福州虽然开发较早,但于彼时报刊出版业并不发达,从而也表明了《福报》作为福建首份国人自办报刊在近代出版史上的地位。

此外,《福州宜设报馆说》一文认为,报刊之功效还在于可以开言路、申冤抑。"能广设报馆,收摭新闻,俾政令沿革藉为刍荛之采,上达枢府,下及节镇,人人广进言之路,人人获进言之益,岂不懿欤","欧西最重律家,有讼鞫之事含意未伸、陈义弗尽者,则一一列之报中,俾览者知其冤抑可以平反,或曲直攸分,问官得法"。文章还特别表明欢迎读者寄文反映陋俗、申诉冤屈,"请有关世道之君子,凡目击风俗敝陋,以及生民冤抑之事,请一一邮寄本报,为登,俾观风之大君子哀而怜之,或加援手以救民于水火之中。"③

(三)重视人才培养,倡议广设学堂

《福报》对当时的用人机制提出质疑:"有因压制而用者,有因攀援而用者,有因私昵而用者,有因怜悯而用者,用者不必皆才,幸而得才,仍须缘是四者以进,而才乃得出",④并指出,当时的用人之弊在于"取才于资格之中,则循资格而至大

---

① 参见《书山西巡抚胡中丞〈奏请变通书院章程疏草〉后》,载《福报》第36期。
② 《崇变说》,载《福报》第44期。
③ 参见《福州宜设馆报说》,载《福报》第1、2期。
④ 《借才说》,载《福报》第43期。

位,不才者皆重足可至,此中国之所以敝也。"①这些言论,对于今天的社会仍然存在可资借鉴的地方。

那么,应该如何培养真正的有用之才呢?《福报》认为首先应该广设学堂,"今若多设科目,多开学堂,学某事者即由某事而入仕,学某艺者即由某艺而得官……不至举非所用,用非所习矣。"②此外,中国还应借外国之才以培养国人,"或谓求中国之才,眼下既不出诸中国,则教育者谁耶?应之曰,借才而已矣,古者楚材可以晋用,所益不过资其一身,今广取西国之才,以教中国聪慧之士,所益且及于天下。"③

(四)倡议发展工商业,以备国家财用

《福报》首先对轻视工商业的观念提出批评。第5期《砭愚篇》说:"何愚乎?愚今之人舍重权以授人,舍重利以授人,无一人能起与敌人抗权,无一人能起与敌人竞利也。"而"利之既尽,何以立国"?文章主张,"为今日计,且勿冀他国之利,当先匡本国之财,邮政、矿务、铁路,当次第举行;而练兵一着,即须捷随其后。何者?无利不足以养兵,亦无兵不足以卫利。"文章批评当局"由于大权无握,重利不归,坐听他人之嘬其膏腴,而局内应享者,反袖手以旁观,则愚之甚也。"④

《福报》相当重视研究发展工商业的办法,连续3期刊载《振兴商务策》一文,对当时发展工商业的现状、积弊与对策做出了切中肯綮的分析。文章分析了当时工商业面临的危险:"自马关新约,洋人得入内地设石所,置机器,则土货之利洋人亦得而擅之,漏卮之甚将百倍于今日,可危一也;华民之旅居外洋者,英美各属有逐客之意,新者自难续往,可危二也。"而当时工商业又存在所谓的"四离""五困"之弊。"四离",即官与商离、商与商离、商与地离、商与工离。"五困",即困于吏胥之烦扰;困于华商之倾轧;困于洋商之欺凌;困于工资之繁重;困于转运之艰难。文章提出的振兴商务七策是:(1)设专官以理商政;(2)创学校以益商智;(3)定律例以断商狱;(4)谨权量以一商法;(5)造机器以裕商源;(6)给牙贴以劝商人;(7)开山川以通商道。⑤

---

① 《去资格》,载《福报》第80期。
② 《原才篇》,载《福报》第3、4期。
③ 《原才篇》,载《福报》第3、4期。
④ 《砭愚篇》,载《福报》第5期。
⑤ 《振兴商务策》,载《福报》第47、48、49期。

《福报》连续 4 期刊出《闽茶论》，提出促进闽茶产销的对策。文章认为闽茶在国际市场中竞争乏力的主要原因是制茶技术落后，由于"专重人工，故条叶粗散，气味虽佳而外观无耀"，在质量上敌不过由机器加工的印度茶。为此，文章建议，"为今日计，唯仿照西法为大公司，合众商为之，茶贵少而精，粗装伪茶均禁革不令出口"，"其赀之钜者为大公司，赀之微者为小公司，连络一气，有利同享，则售脱可以自主矣。"①在当时，《福报》能提出这样的发展思路，实属难能可贵。此外，该报还刊载了探讨国际关系和劝人革除陋习等方面的文章。

　　关于《福报》的停刊时间，学界说法不一。黄乃裳在《绂丞七十自叙》中说"办报两年余，亏损二千八百余金"。按此推算，停刊时间当在 1898 年，《福州新闻志·报业志》持这一观点。但据陈遵统、詹冠群等先生考证，《福报》的停刊时间应在 1897 年 4、5 月份间。② 从该刊现所存文章篇目的出版时间看，笔者认为 1897 年停刊的可能性更大。《福报》停刊后，被日本人收购，改名为《闽报》，成了日人在闽代言机关报。

　　虽然《福报》发刊时间不长，但其历史进步意义不容忽视。从《福报》产生的时代背景及其内容，我们可以看出，出版业与社会发展的关系密不可分。《福报》既是维新变法运动的产物，也是维新变法思想的积极鼓吹者与传播者。同时，《福报》因亏损而被日本人收购的史实也说明，当时的民间报刊具有天然的逐利性，同时面临着恶劣的生存环境，经营困难重重。

第四节　报刊出版与清末革命思潮的传播

　　清末资产阶级民主革命思潮的传播，得益于近代出版业的发展。19 世纪 90 年代初，资产阶级革命报刊首先兴起于政府当局势力鞭长莫及的海外留学生界和上海公共租界。留日学生创办的《湖北学生界》《浙江潮》《江苏》等革命报刊输入国内后，它们所传播的革命思想令时人耳目一新，涤荡着陈腐的守旧与保皇思想。同时，革命党人和倾向革命的知识分子充分利用享有"治外法权"的上海租界创办

---

① 《闽茶论》，载《福报》第 9、10、11、12 期。
② 参见陈遵统等编纂：《福建编年史》，福建人民出版社 2009 年版，第 1451 页；詹冠群著：《黄乃裳传》，福建人民出版社 1992 年版 41 页。

了《大陆》《童子世界》《苏报》《国民日日报》等一系列革命报刊，进一步扩大了革命思潮的社会影响。1903年，上海《苏报》因屡载革命文章而遭晚清政府忌恨。但由于上海工部局的干预，晚清政府几经周折，才获得与自己的臣民对簿公堂的机会，由此而成为轰动一时的"苏报案"。虽然晚清当局最终查禁了《苏报》，并导致革命志士邹容的瘐死狱中，但已是颜面尽失。由此可见，晚清政府部分主权的丧失，在客观上恰恰激发了革命报刊出版活动的发展。清末资产阶级革命思潮在福建的传播，也首先借助于报刊出版业的勃兴。

一、革命报刊的兴起

在国内革命思潮风起云涌之时，福建因偏离国内政治运动中心，处于晚清政府的直接控制之下，革命出版活动尚不存在公开的生存空间。但是从1902年起，福建就开始有革命党人的秘密活动了。是年，福州革命志士郑权，受孙中山革命思想的感召，携带革命书刊自南京归来。他与郑祖荫等人在仓前山朱子祠，以祭孔的名义宣传革命道理，后在古榕书院成立"益闻社"，附有阅报所，这是福建省内最早的革命团体。此后，各地纷纷建立起共和山堂、文明社、学生联合会、汉族独立会、桥南公益社等革命团体，为革命报刊的兴起储备必需的组织力量。1906年夏，同盟会福建支部成立，大部分革命团体汇入同盟会组织。他们通过各种阅报社进行革命宣传，著名的有福州的益闻社阅报所、福州书报社和厦门的鼓浪屿阅报所、闽南阅报社等。

随着革命力量的进一步壮大，及至辛亥革命时期，晚清政府对报刊的控制能力已经相当微弱，革命报刊公开发行的时机已经成熟。1910年广州起义后，同盟会会员在福州创办了福建第一份革命报刊《建言报》，成为同盟会福建支部的机关报。此外，由福州警醒社创办发行的《民心》月刊（后改名《民心报》），也是一份受民主革命思潮影响的刊物，鼓吹民权，主张革命，反对立宪。

厦门革命报刊业的发展以《南兴报》和《南声日报》为代表。《南兴报》由曾担任《建言报》主笔的同盟会会员张海珊创办于厦门光复前的1911年3月。该报发行量最高时达到1 300份，打破当时厦门报刊发行量的最高纪录。1911年10月，《南兴报》更名为《南声日报》，并改组为厦门同盟会的机关报。该报秉承"以发挥宪政精神，指陈民生利益"的宗旨，为辛亥革命大造声势，报道全国各地起义消息，鼓舞民众的斗志，受到读者的热烈欢迎。同时，《厦门日报》等民间报刊在立场上也开始转变,对革命思潮持同情与支持的态度,同样为清末的革命舆论宣传做出了贡献。

武昌起义胜利的消息,也极大地鼓舞了漳州地区的资产阶级革命派。1911年11月6日,漳州同盟会会员林者仁、宋善庆、陈智君、李济堂等人,在紧张地准备光复漳州的同时,创办了一份革命报刊《录各报要闻》,为漳州地区的第一份近代报刊。该报内容主要辑录于当时国内各大报刊刊发的新闻与评论,刊载革命军军政府的有关法令、文告、政策,大力宣传革命,并设有"本埠要闻、新闻""詹詹小言"等专栏。《录各报要闻》出版两周后,于同月21日后改名为《漳报》继续出版37天停刊。及至1913年2月2日,漳州同盟会又创办《漳州日报》,是为《漳报》的翻版。

二、《建言报》

《建言报》创刊于1911年1月10日,系同盟会福建支部创办的报刊,每周二、四、六出版。社址位于福州仓前山梅坞。该报于同年11月辛亥革命时福建光复后停刊。

同盟会福建支部建立后,一些革命志士利用原有革命组织"汉族独立会"和"阅书报社"的基础上,成立了"桥南公益社"。其下设"去毒社""救火会""阅书报社""体育会"等分社,并在社内办了一个内部刊物《调查录》,主要刊载摘自省外报刊的时事和其他反清宣传材料。立宪派刘崇佑、林长民等人见"桥南公益社"很受民众支持,便想利用该社为其政治活动服务,于是资助"桥南公益社"500块大洋办报。该社亦同时出资500块大洋,在《调查录》的基础上成立了建言报社,按"决不违背共和宗旨"的办报方针,出版《建言报》,由张海珊任主编。约一个月后,张海珊离职去厦门办报,由同盟会会员刘通继任主编之职。

《建言报》专职员工仅4人,由主编统管行政和出版工作,无专职访员,只聘四、五人充任本地兼职采访工作,其栏目有论说、批评、纪事、杂录、图画等。黄花岗七十二烈士之一的林觉民在回福州为黄花岗起义做准备工作时也曾为该报写稿,黄花岗起义失败后,该报收集了许多革命志士的材料,以隐讳的笔法写成小说,在报上连载。

作为福建第一份由同盟会支部创办的革命报刊,《建言报》的实力还是无法与其他报刊匹及。由于人手缺乏,经费困难,外埠新闻的稿源,除了来自各方通信中反映的消息外,主要依靠转载外省报刊的内容。根据当事人刘通的回忆,《建言报》同人利用当时省外报刊都是由上海轮船运抵马尾港后,再用驳船运至福州,其间有一二天耽搁的间隙,事先在报纸版面上留下空白,派人到马尾候船。船一到,就抢先登船取得报纸,然后立即乘汽船赶回福州,把可用的消息改编好即行付印。遇到重要新闻,就写专论文章来配合。①

《建言报》虽为与立宪派合作而成,但始终为革命党人所掌握,极力倡言革命,终为社会所接受。时人评价《建言报》"嬉笑怒骂,皆成文章,极为一般社会人士所爱读","于是都人士之关心时事者,莫不以斯报之评论的依归。"②民众"视革命党人为天神,皆以为满清政府即将覆灭,黄金时代即将实现"。③

辛亥革命福建光复后,《建言报》同人认为革命成功了,革命党人不必再作反清宣传,便把报社业务交给后期聘请的副刊编辑李慕牺接办,更名为《共和报》,从而结束了作为福建第一份革命报刊的历史。

三、《民心》月刊

《民心》月刊"从总的政治倾向上看,属于当时的资产阶级革命派营垒"。④该刊创办于1911年3月,为立宪派报刊《警醒报》之继续。林刚任总编辑,由福州警醒社发行,该社在《民心》出版第6期时改为福建民心社。

《民心》月刊的主要栏目有论说、谈丛、诗数、文苑、译丛、传记、小说等。发刊之缘起,该刊第1期表明:⑤

> 《民心》胡为乎发刊乎?哀穷民之无告也。……村氓野叟,不识之无,谈及世变,未有不痛心疾首于时政之不良。即负贩小民,不必洞悉国亡种灭之惨劫,一感及身世艰难,亦未有不裂眦切齿于政府不能保护吾民,乃使吾民至

---

① 刘通:《记〈建言报〉》,载《福建文史资料》第6辑。
② 郑祖荫编:《福建辛亥光复史料》,转引自王植伦主编:《福州新闻志·报业志》,福建人民出版社1997年版,第30页。
③ 刘通著:《福建光复纪要》,转引自王植伦主编:《福州新闻志·报业志》,福建人民出版社1997年版,第30页。
④ 《民心》,载丁守和主编:《辛亥革命时期期刊介绍》(第三集),人民出版社1983年版,第667页。
⑤ 蔡汉章:《民心之缘起》,载《民心》第1期。

有今日之困苦也。呜乎,民心若是,觇国运者可即民心之向背,卜前途之休咎矣。国之存亡,均视诸吾民之心,于是乎有《民心》之发刊。

这一发刊词,既说明了该刊取名"民心"的缘由,又阐明了"发挥民族主义,表扬舆论思潮。为一世之霜钟,作千秋之龟鉴"①的办刊宗旨。

《民心》大抵是围绕革命宣传而运作的,综观其6期内容,鼓吹革命与资产阶级民主思想不遗余力。具体而言,有如下3个方面。

(一)反对君主立宪,坚持民主共和

《民心》站在资产阶级革命派的立场上,用大量篇幅,对晚清当局的伪立宪行为和主张君主立宪的思想进行了深入的揭露和批判。该刊在署名"铎人"的文章中指出:②

> 夫所谓种种筹备之进行,并无以异于专制之作用,闻者疑吾言之谬乎?今试举其证。可不必论其他,即如立宪国民有三大自由:一曰请愿自由,一曰言论出版自由,一曰集会结社自由。为问吾民,今日有一于此乎?夫以暴秦之道,尚能容茅焦之狂言,乃去年东省之国会代表,卑词屈膝,涕泣乞怜,自以求免于死亡。政府竟悍然不顾,迫之于死。则所谓请愿自由者安在?东西各国之重视舆论也,除关于刑律、报律之规定外,惟有必须严守秘密者,乃使报馆避而不言。今日我国,则凡有不便于政府者,则政府得任意禁载之。如温世霖之充军,政府若明知为强暴无道,而先钳制民口,不其显乎!各国智术愈进步者,其出版物亦愈多。不特关于实物学之学理,日益精微。若政治学、社会学,更无不日新月异。至我国政府,既有不可告人之隐,故多所顾忌,不惜斩杀新机,以愚黔首,则所谓言论出版自由者安在!若立社集会,尤民气之所凝结,民魂之所依附者,故政府对之,虽得干涉,要其光明正大者,仍应扶持而保护之也。乃当预备立宪时代,并国会同志社亦不许设。极之最无价值之统一帝国会亦被解散矣。又近日片马问题,滇民愤迫,刊发传单以集议,外部乃飞电阻止之。是吾民无论对内对外,但欲回复权利而集会社者,均不可得。

---

① 载《民心》第5期。
② 铎人:《对于宪政之民心与立宪之不可能和平》,载《民心》第1期。

所谓结社集会自由者又安在!

此一席言,对于今天的我们仍有振聋发聩之感。此外,《民心》在《泪语》《祭广州七十二义士文》等文章中相继指出清当局假立宪之意图在于"只图自保,邀好强邻","其结果则在剥吾民之脂膏"①。

对于心存立宪思想的人们,《民心》认为他们虽"确信立宪不足救国""但计在宪政中推波助澜,冀得个人利益。大则跃身政界,睥睨时俗,自命为一世之豪。小则奉伺一王公大人,以求终身啖饭地者。"②

在反对君主立宪的同时,《民心》坚持民主共和,"积数十年君主立宪之经验,觉宪政之弊更甚于专制。故今世之人,不必援引英吉利、德意志、日本以为比例,须步法兰西、美利坚之后尘也。夫二十世纪以往,将为共和发达最膨胀之时代,亦断不容君主立宪政体之遏制民权也。"又云,"盖二十世纪之人,旦旦望共和,慕共和。舍共和无好乐,舍共和无希望,舍共和无欢迎。吾亦爱共和,慕共和,不得不求共和之制度焉。"③

《民心》尤其欣赏美国的资产阶级共和制,这种态度与徐继畬所著《瀛寰志略》是一脉相承的。该刊全文译载了美国的《独立宣言》和《美国宪法》。译载之缘由,则是"法人孟德斯鸠恫法政之不如英善也,为《万法精理》一书,演三权分立之理,而归宿于共和。美利坚采之立国。余读美史,观其政治之美,制度之良,为廿世纪人论共和者,示以嚆矢。爰将美利坚脱英独立之文,并制度之则,译其大旨,再拜顿首,敬泐于左,以备采择。"④推崇之情可谓溢于言表。

(二)坚持革命立场,号召推翻清政府

《民心》认为,"必先造新政府,而后可以行新制度。断未有求旧政府而可以立新制度者",而"造新政府"的手段,则不是立宪可以实现的,非得通过暴力革命不可,"夫政府者,乃所以保民者也。今不能保民,反以害民,是不推翻此政府,则吾国决亡,且不早一日推翻之,亦无补于救亡。"⑤同时,《民心》还向华侨界倡言革

---

① 《祭广州七十二义士文》,载《民心》第3期。
② 铎人:《对于宪政之民心与立宪之不可能和平》,载《民心》第1期。
③ 《美国宪法》,载《民心》第3期。
④ 《美国宪法》,载《民心》第3期。
⑤ 《留美学生陈君非时来函》,载《民心》第5期。

命,"公等而诚望祖国有一线之生机,则曷移引领立宪之谬想而别具眼光乎!"①

从这种革命立场出发,《民心》对我国历史上的农民起义,采取了同情的态度,"不有陈涉之发难,安有沛公之继起",②称赞太平军是好男儿,决心继承天王洪秀全的"光复旗"。对当时革命所采取的武装斗争方式更是持积极的态度。当黄花岗烈士遇难的消息传来时,《民心》立即发表《祭广州七十二义士文》,并撰联颂扬烈士"有侠女子,有好男儿,激种族大义而兴师,光照日月;非为帝王,非为卿相,争满汉平权以至死,气壮河山。"③

当然,《民心》作为资产阶级革命派的报刊,对革命的认识毕竟是有其固有的局限性。这种局限性在其文章所持观点中我们可以看出。对于革命武装起义的思考,第3期《粤事感言》写道:"迩年以来,革命旋起旋扑,惟此粤事,差强人意,而终至于无成。尝为之思,为之虑,而知有人谋之不臧者也。夫革命不可以尝试也。一发则欲其必中,不可以有待也。先发而后可制人。兵法曰守如处女,出如脱兔,斯真成功之秘诀,恐粤事未解此也。"指望革命能够毕其功于一役的思想,显然是极其幼稚的。此外,《民心》对采取暗杀的方式进行革命持支持态度。"不有博浪之椎,安有陈涉之揭竿",认为暗杀乃是革命的先声,一切害民之贪官污吏,均可暗杀,"举凡有断送吾民之财产,阻抑吾民之生机者,皆杀无赦。有必问其何人也。呜乎!热血男儿,盍兴乎来!"④崇尚谋杀手段,是当时革命党人普遍追求的革命手段,表现出资产阶级革命者的狭隘心胸。《民心》作为资产阶级革命派的刊物,同样未能免俗。

(三)积极宣扬资产阶级价值观

在《民心》刊载的诸多文章中,许多是倡言与传统儒家思想相悖的价值观的。第5期公南的《自治学社序》对传统独尊儒术的做法提出批评,认为一种学说必须在竞争中方能得到发展,"学术无抗峙颉颃者,学恒衰。神州学术盛于周秦,惟其竞也。今尽独夫之能力,逞贱儒之邪念,举众流而悉扑之,而儒独尊。"由此,则众流虽扑而儒学精义亦自亡矣。

《民心》对封建理学家"存天理,灭人欲"的价值观也予以批判,认为人心中理

---

① 《哀声》,载《民心》第4期。
② 《哀声》,载《民心》第4期。
③ 《祭广州七十二义士文》,载《民心》第3期。
④ 《哀声》,载《民心》第4期。

与欲并非相斥,而是相交引,凡属人类,皆不免有自私之存念,并提倡人类应当理直气壮地"竭其毕生之精力,以求私益"。① 国家应当承认人们的私利,并且"现今既为自私之世界,果能因势利导,举此一点私心,扩而充之,当必不可胜用。"②

与此相对应的是,《民心》对资产阶级自由观极为推崇,"西哲有言曰,不自由,无宁死。试问吾同胞,今日自由乎?不自由乎?其消磨以死乎?抑勇往以死乎?是亦不待蓍龟矣。由是观之,吾身有死,吾身以外之物皆有死,不必吝乎死。"又云,"与其被人蹂躏以死,孰以争回权利而死!"③

同时,《民心》还注重对资产阶级道德观的宣扬,认为"民德"对于国家之发展至关重要。一篇署名"虚无子"的文章认为:"无道德之心术,较之无国家之观念,无尚武之精神,无政治之能力,其害更甚于千万倍",又云"夫讲民智而亡民德,则智术适足以济其阴私;鼓民气而亡民德,则气力不足以臻于强盛;争民权而亡民德,则权力徒足以助其凶焰。盖一国之存立,皆不可无道德以弥纶之。一日无道德,即一日之生机绝。法律学术,皆表阐乎道德者也。"④

1911年8月,《民心》月刊在出版至第6期后停刊。12月9日,福建民心社改出《民心报》,周六刊,日出一大张。该刊广告称"本报由民心报社同人组织而成,以指导国民匡扶时局,提倡实业,保存国粹"⑤为宗旨,一改《民心》月刊言辞犀利的风格,这也是由于革命党人心存革命宣传的任务已经完成的思想而导致的结果。《民心报》经理黄家宸系福州警醒社创办人之一,因指责福建都督府政务院长彭寿松暗杀同盟会员蒋筠,也遭彭氏暗杀身亡,此案发生在1912年5月,已是中华民国成立以后的事了。

---

① 《私心说》,载《民心》第1期。
② 《私心说》,载《民心》第1期。
③ 《说死》,载《民心》第6期。
④ 《民之道德心》,载《民心》第5期。
⑤ 福建省地方志编纂委员会编:《福建省志·新闻志》,方志出版社2002年版,第26页。

第二章

北洋军阀统治时期福建近代出版业的调整

辛亥革命的胜利宣告了延续数千年封建专制时代的结束。1912年1月1日，中华民国成立。3月4日，南京临时政府内务部为了防止封建顽固势力利用出版物攻击新生政权，便匆匆出台了《民国暂行报律》。这是中国资产阶级政权颁布的第一部出版专律，但它不是对出版自由的法律保护，而是苛刻的限制，所以甫一公布，便招致全国报界的强烈反对。南京临时政府随即接受社会各界的批评，孙中山先生在3月9日发表《令内务部取消暂行报律文》，表示"言论自由，各国宪法所重；从善改恶，古人以为常师。该部所颁暂行报律，虽出补偏救弊之苦心，实昧先后缓急之要序，使议者疑满清钳制舆论之恶政复见于今日，甚无谓也。"①两天以后，也就是3月11日，南京临时政府颁布了具有宪法性质的《中华民国临时约法》，其中第6条第4款明确规定："人民有言论、著作、刊行及集会、结社之自由。"

出版自由的法律保障推动了民国初期福建出版业前所未有的繁荣，其中一个直接的表现就是报刊数量的激增。然而，这种繁荣景象历时之短超出人们的想象。投机革命的旧军阀与袁世凯的北洋政府并未秉承临时约法中的民主制度，专制主义依然有如乌云般笼罩于国人头上。而对出版业的钳制与迫害，是专制政权固有的特征。无论是出身于革命党的彭寿松、孙道仁，还是北洋军阀李厚基、周荫人等，对出版业之迫害实较晚清政府有过之而无不及。尤其是被称为"癸丑报灾"的1913年，与全国的情况相同，北洋军阀政权对福建报刊业也实施了一次大清洗，福州、厦门等地多数报刊或被封禁，或被收买。形成于清末的福建近代报刊业较为完整的出版格局被打破了，从而进入了长达数年的低潮期，直到1916年福建

---

① 孙中山：《孙中山全集》（第二卷），中华书局1982年版，第199页。

军阀政权失去袁世凯这个靠山后方得些许的改观。

北洋军阀政府严厉的出版政策迫使报刊出版业开始寻求自我突围的调整之路,经济报刊的发展和马克思主义在福建的传播就是这种自我调整的结果。第一次世界大战结束后,中国民族工业在相对宽松的发展环境下,步入所谓之"黄金时期"。这在福建报刊出版业上也得到了体现,即经济类报刊的发展。五四运动的爆发,为福建带来了新鲜的思想与文化,从而触动了一批革命志士与进步知识分子的出版热情,马克思主义开始在福建传播。中国共产党的成立为马克思主义在福建的传播得到了更有效的组织保障。至此,北洋军阀统治时期的福建近代出版业完成了发展形态的调整,新的出版格局开始形成,为此后出版业的进一步发展,尤其是革命出版业的发展奠定了坚实的基础。

第一节 民国初年的福建出版业

一、报刊出版业的起落

北洋军阀治下的福建报刊出版业几经起落,而每一次的兴与衰,都与军阀政权对待报刊业的态度紧密相关。

在南京临时政府新出版政策的激励下,福建的报刊出版业迅速地蓬勃发展起来,不仅报刊的数量与晚清时期相比大为增加,而且报刊出版主体的政治立场也出现多元化的倾向。据《福建省志·新闻志》的不完全统计,从1911年11月至1912年12月,福、厦、漳三地新办报纸17家。① 而在1912年和1913年间,福州新办的报刊就达10余种。这些报刊或分属不同的政治派别,或由民间人士创办。其中,影响较大的报刊包括国民党支部的《福建民报》、国民协会的《民心报》,以及《群报》《民听报》《民言报》《民兴报》《正言日报》《舆论日报》《民生日报》《求是报》《共和》等。② 在厦门,则有国民党人许卓然、谭在湄和黄葳生等创办的《声应日报》、吴济美等人创办的《闽南日报》。漳州同盟会员则创办了《漳州日报》。当时国民、进步、统一、自由、共和等多党并立,多数党派均拥有自己的机关报,"每

---

① 福建省地方志编纂委员会编:《福建省志·新闻志》,方志出版社2002年版,第30页。
② 参见戈公振著:《中国报学史》,三联书店1955年版,第179页。

以政见不同,发生剧烈之笔战,言论殊为庞杂。"①无论党派归属如何,当时报刊多倡言言论出版自由,开一时之风气。

继承《建言报》的《共和》,约创刊于1912年1月。辛亥革命后,《建言报》主编刘通等人认为满清政府已被推翻,革命取得成功,应该及时引退让贤,以表明当年干革命非求利禄的初衷。于是,他把报纸的编务和报社财产交给副刊编辑李慕牺接办,改名为《共和》。该报社址在福州南台岛梅坞,辟有通告、社论、要件、本省新闻、省外要闻、特别纪事、副刊、广告等栏目,内容均涉及当时的政治与社会问题。虽然已经与同盟会无关,但该报仍持论公道,多有正义之言。1912年2月6日,该报发表社论《做官思想犹不减昔年耶》说:"夫官何物也?为民役也,非以役民","国家多业官之士,其国必贫弱;多业农工商之士,其国必富强。"2月7日发表社论《论黄金为铁血之后盾》,号召社会各界捐款以助学生军北伐。该报又刊出一幅漫画《到底像不像》,是一兽心猴面顶戴的袁世凯镜照,并附有近人仿古诗句:"冢中枯骨袁世凯,天下英雄孙逸仙。"②

《群报》由部分国民党人创办于1912年共和初捷之际,主笔苏郁文(眇公),每日出版一张至一张半,发行量达千份以上。该报以敢言著称,深受读者欢迎,但因引起当局忌恨而屡遭查禁。

《求是报》于1913年初创刊,创办人为王文耀、郭云展、李荣藩等人,曾一度停刊,1916年9月21日复刊,每日出版对开二大张,星期日出对开一张,星期一无报。该报初由王文耀兼任主笔,后由李承绶负责,李不久后病逝,改由陈君圭任社长。社址初设于桥仔头龙潭书院,后移至大庙山,停刊时间不详,有资料称该报于1937年尚在出版。③除新闻时事外,《求是报》还经常刊载一些学术与社会问题的研究文章。该报初期持论公允,每每站在社会运动的最前头,颇受当局忌恨,曾遭李厚基查禁。复刊后接受督军府、警察厅等多方政府机构的津贴,虽因此而生存多年,但文风大变,已无锐气。

除了民间与各在野政党的报刊外,官办报刊也是民国初年福建报刊出版业的

---

① 赵凯:《福州报纸之小史》,载杨光辉等编:《中国近代报刊发展概况》,新华出版社1986年版,第455页。
② 载《共和》,1912年5月24日。转引自王植伦主编:《福州新闻志·报业志》,福建人民出版社1997年版,第32页。
③ 王植伦主编:《福州新闻志·报业志》,福建人民出版社1997年版,第39页。

重要组成部分。1912年,福建都督府创办了《福建公报》,其所属各司也先后出版各种公报或月刊。教育司社会教育科也于同年出版半月刊《通俗报》,以"改良社会风俗,开导人民智识为目的"。其"论说"一栏颇受读者欢迎,内容包括爱国、国会制度、共和政治浅说、世界上共和国来历、南北各军港之被人侵占、教育与国家盛衰之关系、中国地理大势、五大洲说略、应酬、迷信、赌博之害、传染病预防法、蜂类养育法等,具有一定的教育意义。该报以"通俗"为其特点,各篇文章均以白话文写成,这与其"普及教育"的宗旨是相吻合的。

在1913年11月北洋军阀李厚基入闽后,福建报刊出版业蓬勃发展的势头顿时逆转。李厚基,字培之,江苏铜山人,"统治全闽垂10年,割据称雄,势同藩镇,至今闽人年在四十以上者无不知有李厚基。"①他沿袭袁世凯的高压政策,对报刊出版业予以严厉控制,福州、厦门等报刊业发达之地顿时一片沉寂,仅存的少数报刊又多为李氏收买,这种景象直至1916年方得改观。

是年6月,袁世凯在全国人民唾骂中死去,李厚基失去了稳固其福建政局的靠山,不得不软化其出版政策以平社会各界的普遍不满情绪,福建报刊出版业始得复苏。在福州,国民党人创办了《福建新报》,研究系创办了《健报》,黄乃裳则创办了《伸报》,先前的《求是报》也得到复刊;在厦门,林翰仙与许卓然等人创办了《民钟日报》。此后,福州、厦门又相继出现多份非官办报刊,在福州创办的主要有《福建日报》和《福建时报》等,许卓然、周彬川等人也在厦门创办了《江声报》。此外,美国驻福州领事馆于1919年也在福州创办了《公道报》,"对于官厅颇为敢言,对于日本攻击尤力,一时很受阅者欢迎",但出版7年后停刊,比日本人创办的《闽报》《全闽新日报》的时间要短很多。②

《健报》创刊于1916年7月,创办者为何琇先、徐宗稚、杨遂等人。日出对开一大张,每星期一无报。社址设于私立法政学校隔壁的元明境。该报为进步党在福建的喉舌,得到时任福建省长的进步党人胡瑞霖的支持与津贴,所转载文章也多出自同为进步党所属报纸的北京《晨报》和上海《时事新报》。在1919年的"台

---

① 张宗果:《李厚基治闽散记》,载福建省政协文史资料委员会编:《文史资料选编·政治军事编》(第二册),福建人民出版社2002年版,第88页。
② 福建省地方志编纂委员会编:《福建省志·新闻志》,方志出版社2002年版,第32页。

江事件"①中,《健报》自始至终站在正义一方,对日人残害华人的真相予以大胆揭露,还编印《台江事件》一书,广为传播,深受读者欢迎。

《伸报》创刊于1916年6月,为黄乃裳在革命党人的支持下所创办,并得到多位友人的资助。报名"取名为伸报,以为民党被屈五载于兹,今得少伸其气,言论当可自由,期以尽对内为国民对外为国家之天职,俾稍可抒发生平之怀抱"。② 但因其屡触李厚基之忌,仅存一年即于翌年5月被迫停刊。

《民钟日报》创刊于1916年10月1日,是闽南地区第一份华侨创办的报刊,由菲律宾华侨林翰仙邀请革命党人许卓然等合作创办,设址于厦门局口街,后迁鼓浪屿,内容充实,又敢于抨击时弊,很受海内外读者欢迎。1918年,该报被李厚基查封,后又几经复刊停刊,直至1930年秋被国民党厦门市党部标封。

《福建日报》创刊于1918年,为教育界人士王修、梁志和、林元乔等创办,立场接近安福系,在政治和教育方面的消息较为灵通。在1919年福州学生抵制日货运动中为奸商黄瞻鸿收买,被时人称为"贼报",销量大减。

《福建时报》创刊于1918年5月,由部分国民党人创办,经理李文滨,编辑李遂先、陈考文,受北军师长姚建屏资助。在1919年福州学生的抵制日货运动中站在学生一方,大受欢迎。

《江声报》于1918年11月21日创办。创办之初,许卓然、周彬川、陈三郎等为董事会董事,许卓然为董事长,周彬川为社长,陈三郎任主笔,杨廷秀任经理,社址初设于厦门泰山口,不久迁至思明东路。作为一份民间报刊,该报虽然一直受各专制政权的牵制,但总体而言政治立场倾向进步,颇受读者欢迎。自创办以来,《江声报》是厦门最有影响、出版时间最长的报刊之一。除在抗战期间一度停刊外,一直出版至厦门解放后的20世纪50年代后期。

同时,福建都督府也接连创办了《政治日报》《新闻报》《国是日报》等御用报纸。《政治日报》为李厚基治下的福建督军公署机关报,创刊于1917年9月,发行量不大,"仅印400份",③刊载内容有启事、本省新闻、社论、本市消息和各类副刊

---

① 1919年11月16日,驻福州的日本领事馆因不满学生宣传使用国货,指使日本和中国台湾的浪人"敢死队"在福州台江殴打学生和前往弹压的中国巡警,造成轰动全国的"台江事件"。
② 黄乃裳:《绂丞七十自叙》,铅印本。
③ 梁孝桐、杨震宇:《北洋时期福州报界见闻》,载《福建文史资料》,第23辑,第67页。

等,以拥护李氏政权为其要务。《新闻报》创刊于1919年5月,由督军署卫队团长兼侦探处长王献臣创办,同样以吹捧李厚基为能事,出版年余后因王献臣移驻闽西而停刊。《国是日报》则是时任福建军务督理的直系军阀周荫人的喉舌报,创刊于1925年5月,社长何炳昭,正主笔陈琇莹,办报所需资金由督军署谘议何民生向北军各师、旅、团长募集。

此外,福建报刊出版界还出现一些报刊并无办刊资金,只以官方津贴生存的现象。如《民生报》《正言报》《微言》《政治》《中报》和《谏报》等,发行量不过百余份。另有一些报纸则专事敲诈勒索为生,如《平报》《福建实报》等,本身毫无办报资金,对人对事则有钱褒之,无钱贬之,成为李厚基治下福建报刊出版业的一大奇观。

二、图书出版业的概况

自晚清时期雕版印刷术被近代机械印刷术取而代之后,福建的图书出版业可谓一蹶不振,从图书出版机构的数量、图书的数量与质量等方面,均无法与古代闽刻版本相提并论。从清末开始,商务印书馆等国内大型出版机构就一直控制着福建省内的图书市场。

这一时期,福建本土出版印刷机构主要有福州印刷局(1913年)、华宝公司(1914年)、张利福公司(1914年)、环球印书馆(1918年)、中华印刷公司(1918年)、福建印刷所(1918年)、洛阳书社(1920年)等。这些机构规模和影响都很小,以印刷为主,出版为辅,主要是承接机关、学校、团体、私人的书籍和文件、刊物、账册、商标等印刷业务。而商务印书馆福州分馆和厦门分馆、中华书局福州分局和厦门分局不仅提供各种新学图书、新旧小说、日常用书和大小彩色图片,而且还包揽了福建全省各级学校教科书的出版发行,成为福建省内主要的图书供应商。

商务印书馆,由夏瑞芳、鲍咸恩、鲍咸昌、高凤池等4人于1897年在上海创办,作为近代中国最负盛名的图书出版机构,通过遍布全国各地的分馆建立起高效率的图书销售网络。早在1906年,商务印书馆便设立福州分馆,馆址在福州南街花巷口。至民国初年,福州分馆已成为省内主要的图书供应商,主要是在全省范围内销售商务印书馆本版书,发行图书以教科书为主,其次是各类图书、画册等,兼营文具、仪器和外文书籍。除了服务本地读者,福州分馆还通过批发、代理等形式,将图书发行到闽东和闽北等地。分馆开办时,职员仅十余人,年营业额10余万元,到1933年,人员增至28人,年营业额达30万元。① 抗战期间,商务印书馆在南平设办事处,中转各地运来的图书,1938年撤销。福州第二次沦陷时,福州分馆大部分人员撤往永安,成立永安分销处,1945年抗战胜利后迁回福州。厦门分馆成立于1914年,并在鼓浪屿设有支店,在漳州、泉州设有特约代销店,主要负责闽南地区的书刊发行业务。

中华书局,由陆费逵、戴克敦等人于1912年1月在上海创办。成立时正值民国建立,率先出版适应共和民国需要的《中华教科书》,并借此机会不断出版各类高质量的图书,一举成为商务印书馆最强劲的竞争对手,是近代中国最有影响的出版机构之一。1913年起,中华书局在北京、天津、广州、汉口等地设立40多所分局,1914年先后设立福州分局和厦门分局,主要业务是销售本版图书、教学仪器、文具和中小学课本等,不从事图书出版活动。

总而言之,民国初期的福建图书出版业虽与专制政权未产生直接的冲突,不是政府当局严格控制的对象,但由于教育基础薄弱、民众识字率低,缺乏全国辐射能力的图书出版业自然影响力小、业绩乏善可陈。

第二节 各军阀政权对报刊出版业的迫害

由于资产阶级革命的不彻底性,福建报刊出版业在民国初年经历极其短暂的相对繁荣后,随即迅速走向低潮。在1916年前的数年内,省会福州甚至仅存曹汝楫创办的《民生报》和日本人办的《闽报》等少数报刊,多数则早已销声匿迹。造成这种局面的直接原因是政府当局对报刊出版业的迫害。

相对于图书出版业,报刊出版业与政治的关系更为密切。福建近代图书出版业的式微导致报刊出版业在民众中的地位更为彰显,同时也导致政府当局对报刊的政治取向颇为敏感。民国时期,报刊不再是落魄文人的谋生工具,而是知识分子传播政治思想的利器。知识分子的社会良知与对专制政体的天然抗拒,意味着与政府当局在意识形态上的冲突是不可避免和不可调和的。因此,北洋军阀政府

---

① 福州市地方志编纂委员会:《福州市志》(第七册),方志出版社1999年版,第424页。

的出版迫害政策与这一时期福建报刊出版业的低潮具有历史的必然性。

一、彭寿松、孙道仁等人对报刊业的迫害

《群报》是第一份民国成立后招致政府当局迫害的报刊。时任福建都督府政务院院长的彭寿松，因"恃权暴恣"，引起社会各界的强烈不满，省内许多报纸群起而攻之，更有福州的新闻记者与其他社会人士，每夜入公共场所发表演说，鼓动迫使彭氏下台。彭寿松恼羞成怒，伺机对报刊业进行报复。《民心报》经理黄家宸，系警醒社创办人之一，因指责彭寿松暗杀同盟会成员蒋筼，在1912年5月亦遭彭氏暗杀身亡。7月31日，《群报》因对暗杀一事予以揭露，被彭寿松封禁，主笔苏郁文、黄光弼、陈群等被捕受刑，林斯琛、郑祖荫、彭荫淖、黄展云、刘通等人也同时被捕入狱。"是为福建报界文字狱之始"，①为此后福建地区强权暴力干预报刊出版业开了一个极为恶劣的先例。8月上旬，该报又因刊载安溪县发生民变事件，被福建省都督孙道仁指为"有意鼓煽，希图构成内乱"而查封，总编辑苏鉴亭遭到杖责，并被押送至审判厅审讯。

又是同年8月25日，《民言报》因触怒地方当局，被彭寿松派遣警备队数十人，以"诬谤长官"等罪名，予以查封。同日在福州通衢贴出彭氏所颁布的查封《民言报》告示，横加该报以"动则诋毁政府，颠倒是非，指摘事实，公然侮辱官长"的罪名，并声称是"权行专制手段，期达共和目的"，所以"应即先将该报馆标封，以示惩儆"。②

1913年，彭寿松终被闽人逐去，然而报刊出版业却未得些许自由。是年8月19日，北洋政府国务院密电福建都督孙道仁，要求封禁《福建民报》《群报》《共和》等"乱党"报刊。其电文曰：③

国务院午密皓电，开：访闻《福建民报》《群报》《共和报》本属乱党机关报，平日议论荒谬，纯取无政府主义。自湖口倡乱，三报即极力鼓吹，日日捏登匪徒获胜假电，并于七月十八日号外广布传单，聚众集会，肆力运动，促成

---

① 赵凯：《福州报纸之小史》，载杨光辉等编：《中国近代报刊发展概况》，新华出版社1986年版，第455页。
② 方汉奇主编：《中国新闻事业编年史》，福建人民出版社2000年版，第654页。
③ 载《申报》，1913年8月29日。

十九日独立,确系有意煽乱。希由贵都督将各该报馆,即日封禁,并将主笔苏郁文、黄光弼、陈群等严拿,务获惩办,以肃国纪。

孙道仁随即于次日密令守城驻军及福州警察厅,派出军警,查封了国民党方面主办的《群报》《福建民报》《共和》等3份报刊,三报之主笔陈群、黄展云、祝茂村等3人被捕。《群报》总编辑苏郁文则先行逃脱。事后,孙道仁曾就此案的办理情况,电告北京国务院。电文摘引如下:①

奉国务院皓电,饬将《福建民报》《群报》《共和报》封禁,严拿主笔苏郁文、黄光弼、陈群,惩办并严拿著匪林斯琛、郑祖荫、彭荫祥、黄展云、刘通等,一并惩办,并乱党机关部及国民党查明封禁等因,当经一面函知前代民政长,一面密派孙旅长葆榕率带兵弁,会同巡警,同时分往封禁查拿。……苏郁文系《群报》主笔,其论说荒谬,目无政府,较《民报》《共和报》尤甚。据称逃往琯头、连江一带,距省匪遥,仍应严缉,务获究办。林斯琛、黄光弼、彭应祥早已他往,应仍随时侦探。如敢潜回,立即拿获具报。至祝茂村一名,系原电无名之人,既在《共和报》馆拿获,是否主笔,有无与乱党交通情事,拟一并发交检察厅讯明,分别办理。所有奉电缉拿缘由,是否有当,合行电请示遵。

林斯琛、郑祖荫、刘通等人均为同盟会员、晚清时期革命报刊的创始人,然而此时却成了"乱党"分子,被彭寿松、孙道仁等人横加迫害。彭寿松在武昌起义后是福建革命党人推举出来的同盟会会长,孙道仁则是起义胜利后革命军推选出来的福建军政府都督,二人均参加过反清革命,并非袁世凯之北洋军阀出身。然而一旦权柄在握,他们即不顾《中华民国临时约法》之规定,对持不同政见的报刊大加挞伐,甚至不惜采用暗杀手段,足见其所谓的"革命",亦不过是争权夺利以奉一己之私罢了。而且仅在数日之内,在中央与地方政府的合力围剿下,福建多份进步报刊悉数关闭,可见当局迫害手段之严厉、文网之严密当在晚清政府之上。

二、李厚基、周荫人等军阀对报刊业的迫害

1913年,"二次革命"爆发,许崇智积极响应,宣告福建独立。然而事隔不久,

---

① 载《申报》,1913年9月13日。

独立运动宣告失败。为了控制福建,袁世凯于同年11月派海军总长刘冠雄为南洋巡阅使,率领北洋陆军第四师第七旅李厚基部入闽,孙道仁离去。袁世凯即任命李厚基为福建镇守使,刘冠雄兼领福建都督。至此,福建军政大权完全落入北洋军阀手中,直至1926年12月北伐军进占福州时为止。

袁世凯当上民国总统后,采取他所称的"居服从舆论之名,举开明专制之实"的手段,并在1912年至1914年间,先后颁布了《戒严法》《治安警察法》《报纸条例》和《出版法》,对出版业进行严厉的控制。李厚基对袁世凯的出版政策亦步亦趋,入闽之初即解散各政党,凡属国民党或其他反袁组织的报刊几乎全遭封禁,并且将《报纸条例》原规定的每家报刊缴纳保证金100-350元的标准,提高至700元,"无力缴纳者,均勒令停版"。① 在这种苛刻的条件下,许多言论尚且温和的报刊也难逃被封禁的命运。《福建新报》《心声报》《伸报》等皆因此而倒闭。《求是报》因刊载连江军队抢劫一事也被李厚基查封,主笔王文耀被责打军棍。而剩余的数家,又多为李厚基收买,成为"福建现在官吏之留声机、御用纸耳"。②

厦门各报刊也多遭查禁。1913年3月,吴济美等人将创刊于晚清时期的革命报刊《南声日报》改名为《闽南日报》出版,继续宣传民主革命思想。1914年,该报因反对袁世凯被北洋军阀政府封闭,以致在此后的二三年间,厦门仅存日本人控制的《全闽新日报》一份报纸。

1916年袁世凯死后,福建政局有所松动。《福建新报》《健报》《求是报》《伸报》《民钟日报》《闽南日报》等报刊相继创刊或复刊。而此时的李厚基,使出新招控制报刊的舆论导向,即以津贴的形式培植报刊势力。比如,《求是报》复刊后,北洋政府按月予以津贴,计有李厚基80元、警察厅长俞绍瀛40元,其他官吏30-50元不等。该报的言论此时已完全受当局所左右,言论主旨可以概括为"凡官皆圣贤"五字。③ 又如《福建日报》,系由全闽教育会拨款资助创办,并有留日高师团及

---

① 赵凯:《福州报纸之小史》,载杨光辉等编:《中国近代报刊发展概况》,新华出版社1986年版,第455页。
② 婴武:《福州报界调查录》,载杨光辉等编:《中国近代报刊发展概况》,新华出版社1986年版,第452页。
③ 婴武:《福州报界调查录》,载杨光辉等编:《中国近代报刊发展概况》,新华出版社1986年版,第452页。

各官方机构津贴,内容除反映教师的情况外,还"不时兼有歌颂李氏之文章出现"。① 再如《健报》,出资者为研究系中人,其发刊主旨在于为拥护胡瑞霖当省长作鼓吹。胡氏为研究系领袖之一,在入闽之时即月供津贴300元,又受各官僚资助。它的言论导向,与讴歌李厚基德政的《求是报》相同。除此之外,像《微言》《政治》这样发行量仅百余份的小报,也均由李厚基出资送阅,足见其政权渗入报刊出版领域的程度了。

在对报刊进行收买的同时,李厚基也从未放弃使用其专制手段。《伸报》因屡犯李厚基之忌,办报仅一年即被迫停刊。《闽南日报》复刊后继续支持全国人民反对北洋军阀,反对日本帝国主义的侵略政策,成为军阀政权的眼中钉,1917年被强令封闭,主笔苏郁文被捕入狱,因备受酷刑而左目失明,故又自号"眇公"。翌年,另一份厦门报刊《民钟日报》也因言论触怒李厚基而被查禁。

1919年6月16日,福州学生为支持五四运动而发起请愿活动。李厚基竟查封福建学生联合会的会刊《全闽学生日刊》,并发布公告诬陷学生为匪,激起民愤。曾于五四运动时期支持学生运动的《福建时报》,也素为北洋政府所侧目。1920年,该报因登载泉州兵变的新闻,终被李厚基查封,主笔李遂先被禁狱中达数月后方得释放。

1922年秋,许崇智率领粤军入闽,李厚基兵败被逐,从而结束了其在福建长达9年的黑暗统治。福建又迎来较为宽松的出版环境,一时新创办的报刊达10余家,其中尤以福州国民党机关报《新福建报》和福州青年界所办的《闽光日报》影响最大。然而在1923年春,孙传芳入闽,福建再次进入北洋军阀统治之下,《新福建报》被迫停刊。当局为了收买报界,给各报每月1 500元津贴。翌年,孙传芳改任闽粤边防督办并率部离闽入浙,直系军阀周荫人继任福建军务督理,主持闽政。周氏政权又由善后处每月再津贴各报1 500元以收买报界。但今非昔比,各报言论仍不沉默,抨击当局之声不绝于耳。比如,《健报》《闽光日报》等报刊对政府当局公然卖鸦片一事就予以强烈谴责。于是,周荫人令督理署咨议何民生创办了《国是日报》,为北洋军阀歌功颂德以抗衡进步报刊。1926年夏,周荫人因创办省银行,害怕招致社会各界的反对,便以金钱收买各报馆,但《闽光日报》不受诱惑,

---

① 婴武:《福州报界调查录》,载杨光辉等编:《中国近代报刊发展概况》,新华出版社1986年版,第452页。

依旧发表异议文章。周荫人便以"宣传赤化"为由,将该报主笔廖忧民拘禁于陆军监狱数月后枪杀。

各军阀政权对报刊出版业的迫害与摧残,上承晚清政府的衣钵且犹有过之,下开民国时期历届反动政府之先河,可谓流毒不浅。无论是同为革命党人的彭寿松、孙道仁,还是皖系军阀李厚基、直系军阀孙传芳、周荫人,对福建进步报刊或严厉查禁,或出钱收买,手段无所不用其极。这表明在专制政体下,由于各种政治力量的干预,报刊出版业必然不可能存在独立的政治立场和自由的发展空间,无论官办报刊还是民间报刊均是如此。政治成为影响报刊出版业发展的最主要因素。

第三节 《福建劝业杂志》与经济报刊的发展

一、经济报刊的发展概况

经济类报刊的发展,是报刊出版业在结构上进行自我调整的一种表现。报刊出版业是福建近代出版业的主体,报刊内容以新闻报道和时政分析为主的特点,决定了它与政治的关系必然是非常紧密的。这种以报刊为重以图书为轻的现象固然是近代福建政治、经济、文化状况的真实反映,但从总体上说不利于出版业的健康发展,因为它导致的直接后果是,政府往往试图把出版物严格地控制在自己手里,用以维护其统治地位的延续。而在"出版自由"未得到法律保障的近代中国,控制着绝大部分社会资源的政府是完全可以实现这种企图的。

经济类报刊与之不同的是,其内容以经济信息的传播为主,相对而言偏离政治中心,不会激起政府当局下意识的抗拒,从而一定程度上消解了与专制政体的对立。经济类报刊的发展,是福建近代出版业在严厉的出版检查制度下自发形成的结构性调整。这种调整在对近代福建的社会经济发展起着推进作用的同时,对福建近代出版业的稳步发展也具有相当程度的积极意义。

早在清末,经济报刊已然成为福建报刊出版业的重要组成部分,这主要指的是1909年创办的《福建农工商官报》《闽省商业杂志》和1910年创办的《福建商业公报》等。然而由于清末政局动荡,经济衰敝不堪,导致经济报刊在初尝首创之功后即偃旗息鼓,一直未能得到发展。

福建经济报刊新一轮的发展,当在中华民国成立数年之后。自第一次世界大战结束后,西方列强受国力衰落的影响,被迫放松对中国的经济掠夺。中国民族产业借机发展,步入所谓之"黄金时期"。民族经济的发展,在出版物上必然有所反映。就福建而言,其标志就是1916年3月15日在福州创刊的《福建劝业杂志》,这是社会经济发展催生的产物。此外,还有高琛于同年1月创办的《商业杂志》、福建盐运使署于同年5月创办的《福建盐政公报》和福建财政经济研究会于翌年2月创办的《财政经济周刊》等。其中,影响较大的是《福建劝业杂志》和《福建盐政公报》。前者是福建劝业会的会刊,"以官府调查报告为主,是了解福建现代经济的文献",①下文将作详述;后者为盐务行政刊物,栏目包括令饬、公牍、法制、报告、图表和附录等,其内容为福建省盐运使署颁布的命令、法规及章程,刊登该署处理盐政案件的有关公文、函电,利用图表统计报道所属机关的工作成绩,并介绍国内其他省区及外国的盐务工作情况。

二、《福建劝业杂志》及其内容

福建劝业会于1915年11月16日开始筹备,会事计划于1918年3月31日结束。《福建劝业杂志》原计划在该会筹备和召开的过程中刊出,月出1期,至1917年12月止,发行22期。但由于会长许世英的离职,该刊仅出3期即告停刊。

《福建劝业杂志》的具体编辑事务,由福建劝业会筹备事务局总务课编纂股王倬负责。每期百余页,32开本,栏目设有论著、译述、调查、记录、杂俎等,是一份旨在推动福建发展实业的杂志,其中的许多文章不乏真知灼见。就其内容而言,可概括为以下4个方面。

(一)提倡实业救国

提倡实业救国,是《福建劝业杂志》所刊载的文章中比较突出的一个主题,尤其是第一期带有阐明本刊性质的几篇文章,对实业救国的意义作了深入的阐述。其中,由福建劝业会副会长姜可钦撰写的《劝业说》一文,宣传"非实业无以富民强国"的道理,认为"立国苟无工商则器皿不成,货财不通,民生无以裕,国用无所出,虽欲开民知,张国权,其道无由。易曰,保以守位曰仁,何以聚仁曰财,无财不足以成事,自古然也。"作者认为中国虽地大物博,却民穷国弱,其根源在于"工商业不振兴,生财之路绝也"。这一观点虽然没有看清中国贫弱的根源在于政治制度的

---

① 福建省地方志编纂委员会编:《福建省志·出版志》,方志出版社2008年版,第259页。

缺失,但基于当时大凡发达国家,多经历过数十年乃至上百年的资本主义发展的事实,文章还是有可取之处的。文章还认为,"救之之法,惟有致力于工商,厉行保育政策,竭力以保护之,多方以鼓励之,在上者为之提倡,斯在下者易于振耳","非富无以强国,非工商无以致富,无古无今,无中无外其致一也。"①对此,劝业会会长许世英也持同样的观点:"中国前途,经纬万端,难以具举,而提纲挈要,惟有着手于实业","先以实业植其基,然后继之以教育,庶政事始有发展之地。"②

　　该刊还认为实业既是关乎国家发展的命脉,就非少数人为之所能奏效,因此需要号召民众参与到振兴实业的道路中来,应"无人无时不争竞于实业",这样,则"庶几于个人生活,国家生活,两均可救济也"。③ 朱兆莘发表文章认为,发展实业还在于企业家的培养,否则,所谓"振兴实业",也无可实现之途。作者并且认为,企业家应当具备深厚的专业知识、丰富的管理经验,以及诚实守信的优良品德,非一般人可为。所谓"学识不充不足以为企业家","经验不富不足为企业家","信用不孚,不足为企业家","非富于道德心者,不足为企业家","非长于决断力者,不足为企业家","非长于组织才者,不足为企业家。"④

　　如果撇开具体的政治环境来说,《福建劝业杂志》关于发展实业的论断是非常精当的。战争是一种"零和"博弈,一方所得即是另一方所失,对社会资源的配置效率而言并非是有益的。而发展实业,则是一种"双赢"博弈,是推进民富,进而实现国强的有效手段。然而在近代中国,占据社会绝大部分资源的统治阶级,并不愿意把其既得利益让渡给普通民众,造成权贵阶级与普通民众之间的尖锐对立。在这种情况下,发展实业、培养企业家等均缺乏资源自由流动的社会环境和公平竞争的制度保障,因而上述论断仍是一种不切实际的设想。

　　(二)主张实业治闽

　　关于"实业治闽"的观点,许世英在《福建劝业杂志》中阐发得最为充分,并且,他还根据福建省的实际情况,提出实施办法。他在《实业治闽说》一文中认为,"闽省位中国东南,海潮震荡,斥卤不毛,山石崎岖,绝鲜平地","夫山藏海富,取之不尽,用之不绝,而乃莫辟其源,莫浚其利,此其故何哉,交通阻滞,资本乏竭也。

---

① 姜可钦:《劝业说》,载《福建劝业杂志》,第1期。
② 许世英:《实业治闽说》,载《福建劝业杂志》,第1期。
③ 王倬:《国民当具兴发实业之精神》,载《福建劝业杂志》,第2期。
④ 朱兆莘:《振兴实业须先养成企业人才》,载《福建劝业杂志》,第2期。

故振兴实业,当修造铁路,以利交通,开办劝业银行,及各县农工商分行,以厚资本。"把兴建铁路和开办银行作为"实业治闽"的第一要务,许世英自有他的原因,"铁路之事计划较大,然交通便利,而收利亦与为无穷,试观铁路经过之区,无论中,其地方之发达,日进未已。闽省山海交错,行旅维艰,物产既不流通,商业无由进步,外界不恒接触,工艺无由改良,兴办铁路,急不容已","至于劝业银行,尤为闽省切要之图,而弃于地,故觉贫乏日甚耳,使有劝业银行,为营业家之资本总机关,……实业之兴计日可待也。"①

福建物产丰富,人民勤力,奈何重山阻隔,交通极为不便,加之外来资本匮乏,经济发展尚不尽如人意。许氏所倡言的实业治闽之要务,应当说是切中实际情况的。但是近代以来福建战乱繁纷,各种政治势力争权夺利尚犹不及。当时之福建既不存在发展实业的政治环境,也无力承担修建铁路的庞大资金支持。因此,此议难免有纸上谈兵之嫌。

(三)关于福建物产及其出口情况的调查与建议

该刊总计发表了8篇文章,对福建的物产以及出口情况作了深入的分析。有的把当前与过去的情况进行比较,有的则与外国的情况进行比较。胡韫玉在《闽省物产论》中说:"台湾不过一弹丸之地耳,自割归日本以来,竭力经营,实业日加发达,国家收入几达千万","闽省全地,视台湾几大五倍,而收入不及三之一,真是令吾人言之短气者矣。"作者还具体分析了福建主要特产的出口情况,"前清光绪初叶,红茶出口,每年约六七十万石,今则见夺于印度、锡兰,遂自六十万石减至八万石,幸有绿茶继之,不至一落千丈,然以每年出口之三十万石绿茶,与光绪初叶出口之六十万石红茶相比较,则已减少一半也","纸为闽省特产,……前清咸同之间,每年输出者,约值银八九百万元,近则舶来纸斥充于市场,渐减至三百万元或四百万元,本贵价钜,不受社会之欢迎,焉能与外人争竞于商战之场乎","略为比较,今昔之退步,已足令人警戒不止,若加以详细之调查,其可警戒者必百倍于斯。"②毛秉成对福建工业品的进行调查后,同样得出"衰落之甚,实属可警"的观点。③ 他们还针对福建的具体情况,提出一些增加物产和扩大出口能力的措施,如建议政府采取扶持、保护、奖励的办法刺激民众进行生产,减免税收,改善交通,

---

① 许世英:《实业治闽说》,载《福建劝业杂志》,第1期。
② 胡韫玉:《闽省物产论》,载《福建劝业杂志》,第2期。
③ 毛秉成:《福建工产品之调查》,载《福建劝业杂志》,第2期。

改良改造商人组织直输公司等。

(四)对劝业会进行介绍与推广

该刊主要从两个方面对劝业会进行介绍与推广。一是介绍劝业会的性质与作用。胡韫玉在《论劝业会之旨趣》一文中把劝业会视为实业之利器,其文曰:"欲发展中国之实业,则开劝业会,为今日必要之事,即以福建一省而言,尤有急不可缓者","其性质维何,荟萃各地之天然工艺物品,比较其优劣,研究其良窳,或借镜而弃其短,或效法而取其长,沟通供者求者之心思,交换工人商人之知识","其作用维何,利用开会时机,引起人民对于工商业之注意,使与会者咸怀争竞之心,比较于开会之时,改良于开会之后","由斯以言,劝业会之性质与作用,全为发展实业之利器。"①二是建议各县开设"劝业员",办理劝业会闭会后之事宜。为使劝业会过后不致造成"昙花泡影"的局面,王述曾撰文认为,"举行劝业会,在事前则宜征求出品,以为陈列之集合。在事后则宜推广土货,以为奖励之实施,而完全此种手续,非就各县特设劝业机关不可。所谓劝业机关者何,即劝业员是也","惟设有劝业员,则虽会场已闭,事务局已撤,而对于劝业范围应行之事,即可责令切实举办,限以时日定其考成,自无有敷衍粉饰之弊。"②

《福建劝业杂志》的创办,是经济发展在出版物上的必然反映。其间,中国民族经济得到了一定的发展,实业救国的思想也成为部分知识分子挽救中国命运的灵丹妙药,从《福建劝业杂志》的内容中可以看出,它所传播的理念与当时的改良主义思潮是一脉相承的。如果撇开当时的政治环境,该刊关于发展实业的立场无疑是正确的,时至今日,我们仍能从中得到有益的启示。然而在北洋军阀政权的专制统治下,发展实业不可能获得制度层面的保障。因此,当时首先需要解决的问题,是通过军事斗争扫除发展实业的制度障碍。

由于其他方面的原因,《福建劝业杂志》在出版 3 期后即告停刊,从而未能对其他领域的现实问题进行深入探讨,扩大影响。但是作为一份系统提出福建经济发展思路的报刊,它在福建近代出版史和经济史上的地位不容忽视。

---

① 胡韫玉:《论劝业会之旨趣》,载《福建劝业杂志》,第 1 期。
② 王述曾:《论各县宜设劝业员》,载《福建劝业杂志》,第 2 期。

第四节　新文化运动与马克思主义的出版传播

1919年5月4日,伟大的五四爱国运动在北京爆发。它所带来的思想启蒙为出版物内容的革新提供了前所未有的发展契机,"五四运动是中国新民主主义革命的开始,也是中国革命出版业的开始。"①之前,国内谈论文学革命、思想革命的报刊只有《新青年》《新潮》《每周评论》等几家;五四以后,以宣传劳工神圣、妇女解放和社会改造等为内容的新办报刊骤然增至400多种,而介绍俄国革命、宣传马克思主义则成为一种时尚。与此同时,福建近代出版业也逐渐摆脱了此前在北洋军阀政府高压统治下的低迷状态,报刊对学生爱国运动的支持是这种转变的开始,而马克思主义在福建的出版传播更是具有划时代的意义。

一、新思想新文化的输入

新思想新文化的输入,开风气之先的是激扬而起的爱国学生,他们率先通过出版报刊表达对国家命运的关注和对新思想的追求。五四运动爆发后,福建协和大学学生陈锡襄、李圣述等人联合私立福州法政学校、福州师范学校、华裕中学、福州二中等学校的学生代表,发起游行示威,声援北京学生爱国运动,并成立了福州学生联合会(随后改名为福建学生联合会),同时创办学联会刊《全闽学生日刊》,进行反帝爱国宣传。之后,福建学生联合会又创办了《福建学生周刊》(后改名为《学术周刊》),福州省立第一师范学校创办了《师范校刊》等,皆以提倡科学与民主、传播新文化新思想为其宗旨。当时在福建出版的一些报刊,先前多为李厚基所御用,五四时期为新思想新文化所驱使,也产生了分化。《福建时报》拥护学生的爱国运动,积极抨击当局的黑暗统治与卖国行为。《求是报》《健报》等一些报刊也开始进行与卖国奸商的斗争。当时,福州学生上街抵制日货,被奸商黄瞻鸿派人围殴。《福建时报》坚定地站在学生的正义立场上,抨击黄瞻鸿的卖国行径。而李厚基的御用报纸《福建日报》却袒护黄氏,责骂学生,站在进步报纸的对立面,被民众称为"贼报"。此时的市场机制已然发挥作用,《福建时报》因此而销

---

① 吉少甫主编:《中国出版简史》,上海学林出版社1991年版,第351页。

量大增,日发行二三千份,而《福建日报》的日发行量却降至四五百份。然而数月后,《福建时报》却因登载连江驻军索饷哗变一事,被李厚基查封,编辑李遂先也被捕并关禁于陆军监狱数月。

厦门的报刊也得到了新的发展。1920年,《厦声日报》《思明日报》和《信报》等几乎同时创刊,这些报纸均有一批老同盟会会员参与其中,与先前创办的《江声报》并联成"反帝反封建的文化阵线"。① 然而毕竟是在北洋军阀的黑暗统治时期,新创办的报刊仍是时起时落。《厦声日报》在出版两周后便被勒令停刊了,翌年才得以复刊;《信报》也仅出版了两个月的时间便告夭折。

这一时期,报刊出版活动开始在福建内地山区展开。1922年3月,在闽北山区小县浦城,该县学生联合会创办了三日刊《浦城新闻》,这是福建内地山区创办的第一份报刊,由此说明新文化运动的影响已经波及地处偏远、当时文化相对落后的福建内地山区。

五四运动对福建近代出版业发展的推动作用,更重要的方面在于马克思主义在福建的出版传播。星星之火,率先在北洋政府统治的薄弱地区燃起。当时国内宣传马克思主义的许多出版物如《共产党宣言》《共产主义ABC》《新青年》《每周评论》《湘江评论》等陆续传入福建,开始了马克思主义的启蒙教育。1919年12月15日的《民国日报》在报道漳州新文化运动时说:"现时已成立一间新闽学书局,这间书局,就是专售最近出版的《新青年》《星期评论》等书报"。1921年,中国共产党的成立,使得马克思主义在福建的传播有了更坚实的政治基础。马克思主义出版传播的发展呈燎原之势,八闽大地纷纷创办革命报刊,出版或发售马克思主义经典著作,甚至地处偏远的闽西山区也不例外,"北京的新潮流,已流到万山重复的龙岩来了!《新青年》《新潮》等书,也渐渐卖到龙岩来了。"②漳州,由于当时是陈炯明率领的援闽粤军的根据地,不属于北洋军阀政府的势力范围,因而在福建省历史性地站在了传播马克思主义的潮头,其标志则是《闽星》半周刊与《闽星》日刊的创办。

二、《闽星》半周刊及日刊的创办

在省外刊物传播马克思主义的同时,福建也出现了第一份宣传马克思主义的

---

① 福建省地方志编纂委员会编:《福建省志·新闻志》,方志出版社2002年版,第39页。
② 林仙亭:《十年读书》,载《岩声》第15期。

报刊,这就是于1919年12月1日在漳州创刊的《闽星》半周刊,以及翌年1月1日创办的《闽星》日刊。这两份报刊均是叛变前的援闽粤军总司令陈炯明所办。①1918年秋护法运动时,孙中山令陈炯明率援闽粤军入闽开辟新区。在击败皖系军阀李厚基后,陈炯明将司令部驻扎在漳州,建立闽南护法区,实施"漳州新政",努力推进经济、政治、文化和教育的革新,取得不小的成绩,赢得"模范小中国"的美誉。创办《闽星》,正是他推动新文化运动的措施之一。②

《闽星》主笔正是陈炯明,他经常以"陆安"的笔名在该刊发表言论,陈秋霖任日刊总编辑,梁冰弦任半周刊编辑,陈孚木任发行人。梁冰弦和《闽星》的其他主要撰稿人均是无政府主义者,《闽星》的报刊宗旨从总体上说是倾向无政府主义思潮的。但是,受国内马克思主义传播形势和俄国十月革命胜利的影响,该刊也以很大的篇幅介绍俄国十月革命胜利的情况,宣传新社会,阐述新学说,比较系统地阐述了马克思主义的阶级斗争学说。《闽星》半周刊连续10期刊载了《现代俄罗斯的研究》一文,连续5期刊载了《俄罗斯宪法评译》一文,对十月革命的胜利和苏俄的政治制度予以介绍,并言"红色革命是世界的改造"③,"社会主义是现时和将来的人类共同的思想"④。在介绍苏俄社会经济制度时说:"红色革命以来私产制度打破,农民骤然得有广大的土地,自己耕作,自己收获,各尽所能,各取所需,谁不高兴劳动?生产额自然大增了。"⑤《闽星》半周刊还驳斥帝国主义和反动派对布尔什维克的诬蔑,并对劳动者受剥削表示不平与同情:"劳动制造的东西应归劳工分配才合理,然而现今的社会就和这个原理相反,资本家不动手脚将全部的利益收做自己的私产"。⑥

作为闽南护法区的机关报,《闽星》半周刊与日刊践行"漳州新政",致力于创办现代报刊,率先在漳州铅印出版报刊,首次推广使用白话文,开创了漳州一代新文风。⑦ 二者的分工主要是,前者是"讨论学理,介绍学说"的理论刊物,后者注重

---

① 关于陈炯明是否"叛变",以及他与孙中山先生的恩怨,学界尚有争议。参见叶曙明撰:《1922年的陈炯明与孙中山》,载《南方周末》,2003年4月17日。
② 参见陈炯明:《闽星发刊词》,载《闽星》第1卷第1号。
③ 《红潮滚过大西洋了》,载《闽星》半周刊,第2卷第8号。
④ 《强权的斗争终局阶级的斗争开始了》,载《闽星》半周刊,第1卷第5号。
⑤ 《红年大熟》,载《闽星》半周刊,第2卷第6号。
⑥ 《国际劳工运动论》,载《闽星》半周刊,第1卷第2号。
⑦ 郭稼:《闽南护法区与漳州〈闽星〉报》,载《漳州文史资料选辑》,1982年第3辑。

新闻报道,以"指导人群,默化社会"作为追求目标。①《闽星》半周刊办了半年,1920年6月,陈炯明奉孙中山之命,率军撤回广东,该刊随即停刊。《闽星》日刊先由漳州地方人士接办,不久因受卷土重来的地方军阀迫害而倒闭。

1920年6月1日,福建省立第二师范学校自治会创办《自治》半月刊,这是继《闽星》之后又一份在漳州创办的宣传马克思主义的报刊。该刊主要内容有评论、新诗、小说、笔记、专件、随感录、通讯等,主张以自治改造社会,揭露军阀、官僚、地主、资本家对劳动人民的残酷压迫和剥削,表达对劳动人民的同情,认为资本主义制度必然没落,热烈颂扬俄国十月革命的伟大胜利:"自从俄罗斯革命以来,一个血腥骷髅的世界受着那红灼灼的曙光照得大地通红了……革命的事业不久便就要实现呵。"②

三、马克思主义在福州的传播

1921年7月,中国共产党的建立为福建的马克思主义传播有了坚强的政治基础。1922年10月,在皖系军阀和北伐军许崇智部的合击下,倒向直系的原皖系军阀李厚基被击败,结束了他在福建长达9年多的高压统治。这使得在省会福州进行马克思主义宣传的空间大增。《向导》《新青年》《前锋》《先驱》《中国青年》等省外马克思主义刊物和马克思主义经典著作源源不断地传到福建,进一步扩大了马克思主义的群众基础。

由陈任民创办的《冲决》周刊就是这一政治环境下的产物。陈任民(1901-1941),福州进步报刊事业的先驱,原名惠恩,自幼父母双亡,靠兄姐扶养成人。1918年,陈任民入省立福州第二中学读书,受五四爱国运动的思想启蒙,开始大量阅读《新青年》《新潮》《每周评论》等反映新文化新思想的刊物。1922年春,他以二中为据点,领导学生开展反对封建奴化教育的罢课运动,被学校当局开除。同年夏,陈任民在上海参加社会主义青年团,并在10月受团中央的派遣,回福州开展革命活动。他得到了当时在粤军许崇智部工作的团中央执行委员俞秀松的帮助,吸收了一批进步青年学生成立"民社"团体。以"民社"为基础,陈任民在同年12月创办了福州地区最早宣传马克思主义的刊物《冲决》周刊。该刊设址于市内

---

① 许清茂,林念生主编:《闽南新闻事业》,福建人民出版社2008年版,第70页。
② 《我的宣传主义的主张》,载《自治》半周刊,第2卷第2号。

大王府职工学校内,由陈任民担任主编,方尔灏、吴徽谦、林寿昌等参与编务工作,油印出版。①

《冲决》周刊以宣传马克思主义,抨击军阀统治为宗旨。在创刊号上,陈任民撰写的《生之债》一文,向读者介绍了中国革命要学习苏俄的道理。1923年2月12日出版的第4期刊登了《志士刘开祥被刺身后办事处启事一》,为因从事反对军阀活动而被杀害的青年刘开祥之事,向社会揭露北洋军阀统治的残暴面目。1923年春,北伐军许崇智部离闽返粤,福建复入北洋军阀的势力范围,《冲决》也就失去了生存空间,在出版数期后被迫停刊。

就在《冲决》停刊之时,陈任民又创办了《尖兵》半月刊。同年夏,陈任民等人在福州二中发起组织"福建工学社",引导青年学生阅读《共产党宣言》等马克思主义著作及《向导》《先驱》等刊物,并出版《工学报》周刊以宣传马克思主义理论。

1923年秋,青年学生陈聚奎与陈任民、江削五等人组织"民导社",并出版《民导报》。不久,民导社与此前由陈聚奎创立的青年学社福州支社合并,组成"福建青年社",并于1925年1月成立大会时出版《福建青年》月刊。1924年1月,徐星者、苏建维等人发起组织"福建勉之学社",成员30余名。10月,该社将名称改为"福建涤社",出版《涤之》周刊,并与福建青年社互相配合,研究与宣传马克思主义理论。

1925年春,福建学生联合会副理事长、共青团员翁良毓在福州代售党的刊物。7月,他又在福州鼓楼前创办了"福州书店",经售北京、上海等地出版的马克思主义经典著作以及《向导》《中国青年》等党团中央刊物,成为福州传播马克思主义的重要阵地。8月,福建学生联合会创办《绝交》周刊,痛斥英日帝国主义的"铁血侵略",号召国民救国雪耻,开展经济绝交。数月后,周荫人军阀政权封闭了福州书店,翁良毓被逮捕并惨遭杀害,是为省内为共产主义献身的第一人。其后,翁良毓的亲属将位于锦巷口的福州书店分店改为"左海书店",继续开办。

四、《岩声》与马克思主义在闽西的传播

闽西山区远离中心城市,群众的文化基础比较薄弱。但是山高路远也导致军阀势力难以实现全面控制,易于马克思主义的传播。正是由于这样的原因,以龙

---

① 《冲决》周刊第4期,1923年2月12日。

岩为中心的闽西地区成为福建马克思主义传播的重要地区。

1921年春,邓子恢与陈少微等人在龙岩组织"奇山书社",吸收进步教师和青年学生参加,人数达200多人。1922年,为了便于交流,奇山书社将社员学习马克思主义书刊的心得油印成册,题为《读书录》,并在第2期更名为《同声》,成为闽西马克思主义刊物的雏形。1923年9月1日,在《同声》的基础上,邓子恢、陈少微、章独奇、张觉觉等人创办了《岩声》报。

《岩声》自创刊之日起,就鲜明地阐述了办刊宗旨在于"改造旧社会,宣传新文化",并承担起如下责任:"在事实方面,作实际的调查,把有关地方之事,为之宣达披露,以促起多数民众的注意,而便于改良。在理论方面,为新文化运动取各种最新学说,实为吾辈社会所急需者,为之宣传鼓动,以刷新知识阶级的思想,而使之指导民众,走向进化途中去。"①

办刊之初,《岩声》主要揭露土豪劣绅与军阀相勾结,压迫农民阶级的事实,以及发表倡导新思想、呼吁妇女解放等方面的文章。比如,在对政府强迫农民用一半土地种植鸦片一事,《岩声》对其罪恶行径进行了深入的揭露与批判,发表《勒种烟苗之恶毒》《请看鸦片之毒害》《迫民种烟的重要分子》等文章,引起社会各界人士的关注,甚至一些开明绅士和海外华侨也纷纷通电支持民众,迫使军阀统治者逼民种鸦片的意图破产。

随着马克思主义的深入传播,《岩声》在传播的内容上也从初期的以揭露旧社会黑暗势力为主,进而发展为传播马克思主义的重要阵地,主要撰稿人就是邓子恢本人。

邓子恢运用《共产党宣言》所阐述的基本原理,在《岩声》上发表文章,指出剩余价值是"我们贫苦的致命伤",是"富者向人群掠夺的证据物"。资本家正是利用剩余价值的"奥秘"剥削人民,这是"无产者死亡的趋势"。② 不仅如此,无产阶级的贫困还在于资本家与政权的相结合,"政权是统治阶级的武器","武力是夺取政权的条件",而"现在的政权,正落在我们的敌人——军队、资本家、绅士之手;他们仗着他们军队的武装势力,正在拿政权来统治我们,来压迫我们。"无产阶级只有"一齐觉悟起来,一齐武装起来","一面解除他们横暴的武装,一面改革他们作

---

① 《岩声宣言》,载《岩声》第1期。
② 《恐怖的生活》,载《岩声》第7期。

恶的制度,把我们的社会,渐渐朝着和平快乐的方向走去。"①

《岩声》支持国民革命军的北伐战争,及时地报道北伐军战况和在闽活动消息,有效地激励了广大人民群众的革命热忱。此外,该刊还结合宣传孙中山先生的三民主义,介绍中国共产党的政策,号召把龙岩人民反抗封建统治的力量,汇合于中国共产党参加和领导的国民革命洪流中。

《岩声》宣传马克思主义不遗余力,其影响也远远超出了福建本土。除本省外,《岩声》还发行至广东、江西、浙江、山东、河南等12省30多个县市;甚至还远销海外,特别在东南亚地区产生了广泛的影响。1926年底,《岩声》在国民革命军入闽后停刊,是福建存在时间最长,影响最广的马克思主义宣传刊物。

进步报刊出版活动可谓薪火相传。继《岩声》创办后不久,永定进步青年卢肇西、陈正、曾牧村等人于1923年12月创办《钟声》杂志。从现存仅见的创刊号看,《钟声》辟有论述、研究、杂谈、小说、回声等多种栏目,以传播新思想、新文化,鼓动反帝反封建为主要内容,其中刊载的《今日青年应怎样做法》《平民应觉悟》等文章,具有一定的理论深度。1924年4月,集美学校龙岩籍学生杨世宁、陈俊昌、谢景德和归国华侨李联星等发起组织新龙岩季刊社。5月,创办《新龙岩季刊》,抨击旧势力,宣传新文化,号召国民革命,提倡扶持农工。

五、集美学校的报刊出版活动

在厦门,由爱国侨领陈嘉庚先生捐资兴建的集美学校是早期马克思主义宣传的主要阵地。1921年10月1日,集美学校本着"传布消息,研究学术,发表意见,交换知识"的宗旨,创办了《集美周刊》,向国内外公开发行。这份刊物虽是校方创办的刊物,但也为学生提供了讨论新思想、新文化的版面。通过这个阵地,集美学校学生展开对妇女解放、人生道路等问题的探讨,表达了建设新社会的愿望和主张。该刊一直出版至1950年7月24日才停刊,共出版了815期。②

1923年5月,集美学校一些学生因检查校内日货等爱国举动,被校方以"屡次鼓动风潮"为由开除,从而引发了一次大规模的学潮。为配合学潮,集美学校学生会于6月出版《集美潮》专刊,反映学潮的起因与发展,同时也刊登新思想新文化

---

① 《龙岩被压迫阶级的现状及其出路》,载《岩声》第32期。
② 刘正英:《20年代厦门进步报刊概述》,载《厦门文史资料》,1994年第20辑,第63页。

的文章,对马克思主义在闽南地区的宣传奠定了舆论基础。

集美学校师范学生李觉民在阅读马克思主义书刊后,深受影响,于是在学生中宣传马克思主义的同时,联络师范部学生罗善培(罗明)、罗扬才、刘端生等人,在1924年9月发起组织成立了一个研究马克思主义的团体"星火社",并出版《星火周报》。该刊是厦门地区第一份宣传和鼓吹马克思主义,以研究社会实际问题和国际政治状况为宗旨的报刊,"每次出版,一出即尽",①对集美学校学生的思想产生很大的影响,同时也为厦门共产主义地方党团组织的建立奠定了思想与组织基础。随后,"星火社"改名为"协进社",至1925年5月,成员已发展到100多人。同年6月,共青团广东区委派遣蓝裕业到厦门组建团组织,吸收"协进社"骨干李觉民、罗扬才、刘端生等7人入团,创建了集美师范学校团支部,李觉民任书记。这是闽南地区第一个共青团支部。1926年2月,罗扬才、李觉民、罗秋天等三人在厦门大学囊萤楼一楼罗扬才的宿舍里成立了共产主义党支部,罗扬才担任支部书记,这是闽南地区乃至福建省第一个党支部。

---

① 胡立新、杨恩溥编撰:《厦门报业》,鹭江出版社1998年版,第43页。

第三章

土地革命时期福建近代出版业的发展

土地革命时期，处于国民党政府统治下的福建出版业面临着新的政治环境，尽管这并不意味着国民党政府的出版政策比北洋军阀政府更为开明，①但是福建的出版业还是得到了相当程度的发展，尤其是在出版主体的多元化和报刊数量的增长上，成效最为彰显。据《福建省志·新闻志》的统计，1927 年 1 月至 1937 年 6 月间，福建创办了 259 种报刊，且不包括各级学校如福建协和大学、厦门大学、福建学院等大学，以及中等学校和初等学校创办的校报校刊。这个数字已经远远超过了北洋军阀统治时期的 156 种。

中国共产党领导的新民主主义革命力量的发展壮大，是福建近代出版业得以发展的最主要动因。闽西、闽北等革命根据地的开辟，使得革命出版物有了不受国民党政府直接迫害的生存空间。而历经五四运动思想启蒙与洗礼的福建学术界和思想界，也开始习惯于将自身的政治立场和学术追求诉诸出版活动。以福建协和大学为代表的各类学校的出版活动，既表明知识分子这一知识的承载者与传播者之社会角色的回归，同时也说明了接受过民主与科学启蒙的学生群体之社会责任意识的觉醒。同时，革命与民间出版力量的不断壮大，也触动了国民党内部进步力量的反正，体现于出版业中最有代表性的，则是十九路军驻闽期间的出版活动。它的出版活动虽然持续的时间不长，规模不大，但作为国民党阵营中反戈一击的力量，在当时的社会影响力以及在福建近代出版史上的地位同样是不容忽视的。

---

① 国民党政府先后颁布了一系列的出版法规及审查条例，严禁一切革命和其他进步书报刊的出版。据刘哲民编《近现代出版新闻法规汇编》一书的统计，1927 年至 1949 年颁布的出版法和施行细则的解释共 26 项，图书呈缴、审查法规共 56 项，新闻检查和取缔的法规 24 项。在土地革命时期，国民党政府颁布的出版禁令达 10 多项。

第一节 国统区报刊出版业的发展

1926年底,国民革命军击败驻闽军阀周荫人,并于1927年1月在福州成立福建临时政府会议,北洋军阀政府的统治宣告结束。按照事前"闽人治闽"的协议,蒋介石任命原北洋海军总司令、福建人杨树庄为国民革命军海军总司令兼福建省主席。此后至1932年十九路军入闽之前,福建军政主要由杨树庄和方声涛主持。杨树庄主政福建之初,福建政局十分复杂,被国民革命军收编的原民军首领卢兴邦和张贞分别占据闽北和闽南。北伐军内部、海军内部也争权夺利,矛盾重重。由于种种牵制,使杨树庄的政令几乎不能到达省会以外。① 这种政治局面一定程度上影响了国统区报刊的传播范围与社会影响。

国统区报刊的创办主体,来自官方和民间两个方面。官办报刊主要由国民党各级政府部门和国民党党部在福建的各种势力所创办。国民党控制福建政权后,创办了大量的报刊,意图在所有权上进行报刊出版业的控制,专制政权的出版钳制手段更加成熟。但是,由于国民党内部派系林立,相互倾轧,同时也有一部分国民党左派人士对进步出版业持同情态度,并且有中共党员参与其事,因此在国共两党关系相对缓和的时期,官办报刊出版业也表现出相当程度的开明姿态,为推进福建社会的进步与发展做出了一定的贡献。

民间报刊主要来自各种民间团体和海外华侨。华侨在福建出版报刊,自清末开始已有先例,然而彼时参与报刊活动的华侨大多接受过教会教育,在办刊思想上会多少留下一些教会活动的痕迹。此时,华侨报刊的内容与社会生活联系更为密切,教会的影响早已不复存在。"九·一八"事变后,抗日宣传更是成为华侨报刊的主导内容。民间报刊虽然其出版主体地位独立,但因受国民党势力的辖制,在政治立场上既有抗争的一面,也有妥协的一面,在抗日宣传上则比官办报刊表现出更加积极的态度。

一、国民党系统创办的报刊

国民政府控制福建政局后,国民党系统依靠作为执政党的力量,创办了一些

---

① 汪征鲁主编:《福建史纲》,福建人民出版社2003年版,136页。

颇有影响的报刊,尤其是面向市民的综合性报纸。《民国日报》(厦门版)和《民国日报》(福建版)是其中的代表。这一时期,由国民党系统创办的主要报刊还有新编第三师政治部创办的《民国日报》(福州版)、国民党福建省党部筹备处宣传委员会创办的《革命先锋》、国民党福建省党部筹备处农民运动委员会主办的《福建新农民》、国民党省党部党务指导委员会宣传部编的《闽锋周刊》和《福建旬刊》、由国民党晋江县党部创办的民国时期泉州出版时间最长的报纸《泉州日报》,以及具有军方背景的《南方日报》《漳州日报》(后更名为《复兴日报》《闽南新报》)等。值得一提的是,上述的《革命先锋》和《福建新农民》两份刊物,以及中共党员陈少微任主编的《福建评论》、民声旬刊社在漳州创办的《民声》等均创刊于1927年1月,有中共党员参与其中,为国共两党合作创办的刊物。

此外,闽西、闽北等报刊出版业不甚发达的地区也开始出现了一些官办的综合性报纸,国民党军第十师师长兼福建第二绥靖区司令李默庵于1935年元旦在龙岩创办了《闽西日报》,驻闽绥靖公署主任蒋鼎文于1936年11月19日在建瓯创办了《闽北日报》。这些报刊虽然为国民党党部或军方所创办,其创办宗旨即为国民党一党私利服务,但由于国民党左派人士和中共党员的坚持,以及迫于社会各方面的压力,它们于创办初期或某一时期曾对进步思想的传播也起过一定的作用。

《民国日报》(厦门版)创刊于1926年6月23日,是设在厦门的国民党福建省党部的机关报,由厦门国民党党部成员筹款创办,社址在厦门市思明南路新达公司二楼,发行人为沈可发。每天出版两大张至两张半,主要通过厦门各区党部发行到基层。

该报在创办之初曾一度坚持进步的价值取向,以宣扬新三民主义和"联俄、联共、扶助农工"三大政策为其宗旨,所刊文章体现出反帝反封建的鲜明立场。比如在1926年秋,该报针对教会学校强迫学生做礼拜,不许学生参加爱国运动,束缚学生自由等问题,开展反对帝国主义利用宗教进行文化侵略的宣传活动;1927年1月,厦门市总工会成立,该报随即以头版显著位置予以报道。

1927年4月,蒋介石叛变革命并下令清党,厦门市许多群众团体遭到破坏,坚持进步立场的《民国日报》(厦门版)也被迫停刊整顿。同年夏,该报复刊。但此时,它已经成为国民党右派进行反革命宣传的工具,甚至对"九·一八"事变的态度上,虽然厦门其他报刊纷纷声讨,《民国日报》(厦门版)却对此事件进行冷处理,以一则短讯敷衍了事,声称蒋总裁指示攘外必先安内,"九·一八"事件要相信国联会做出公正的处理,云云。对于学生的爱国运动,该报更是不敢如实报道。1934年1月,该报因故停刊。

《民国日报》(福建版)由国民党福建省党部筹备处于1927年2月在福州创办。是时,国共两党合作,不少共产党员和共青团员以个人身份加入国民党。身为国民党福建省党部筹备处筹备员的共产党员马式材成为《民国日报》(福建版)的首任社长,主笔为国民党左派人士潘谷公。该报以孙中山的新三民主义和"联俄、联共、扶助农工"三大政策为宣传主旨,着重报道全省各地工农群众运动和进步民众团体进行的反帝反封建斗争,揭露国民党右派破坏革命统一战线的言行,产生了广泛的社会影响,但同时也招致国民党右派的忌恨。为此,国民党右派于1927年创办了《福建晨报》与之对抗。

1927年4月3日,国民党右派在福州策划了一次所谓的"拥蒋护党运动大会",对国民党左派人士和共产党员进行清洗,并在会上提出"惩办破坏福州党务捣乱北伐后方的马式材、潘谷公","接收《民国日报》"等。4月4日,《民国日报》(福建版)被国民党右派接收。此后,该报的政治立场大变,反共宣传、"讨桂"、"讨冯"成为报道重点,经常刊登蒋介石"不为信徒,便为叛逆;不为同志,便为寇仇"等反动言论,还出版了"铲共讨桂专号""讨冯专号"进行集束式的反动宣传。

迫于民众的压力,在日本侵略者屡犯中国东北时,《民国日报》(福建版)也曾予以一定的篇幅进行报道。对日本侵犯消息,每以寸大楷书制作醒目标题,并刊出宣传口号"同心合力共赴国难""日本帝国主义是全人类的公敌"等。

1933年11月20日,十九路军发动"福建事变",成立中华共和国人民革命政府,并接收了《民国日报》(福建版)的设备创办《人民日报》。"福建事变"失败后,《民国日报》(福建版)于1934年1月13日复刊,并于同年3月1日更名为《福建民报》。

起初,《福建民报》对"围剿"共产军和红军的消息报道较多,"七七"卢沟桥事变后,国共两党二次合作,该报转而以抗战宣传为主。该报先后开辟的文艺副刊有《回声》《艺术座》《星期文艺》《纸弹》《南风诗刊》《诗歌战线》等,支持进步文艺活动,经常刊登郁达夫、董秋芳、杨骚、许钦文等进步作家的文章,成为当时东南文艺界的一朵奇葩。

副刊出现在大众化报纸上,是土地革命时期福建报刊出版业的一个新景象。

它借助于报纸发行量大、影响范围广的特点,用以传播更具深度的文章,克服了报纸内容过短过轻的缺点,成为当时国内被广泛使用的传播媒体。文艺副刊,在副刊中占有很大的比例,是当时文学艺术作品的一个重要传播平台。除了《福建民报》的上述文艺副刊,《小民报》的文艺副刊《新村》也颇有影响。《小民报》创办于1936年4月1日,隶属于《福建民报》。《新村》则创刊于1936年4月1日,由寇冰华任副刊主编,这是当时福建最有影响的文艺副刊之一。《新村》广泛联系全国知名作家,使之稿件质量大加强。郁达夫、徐迟、林庚白、王一平等作家,以及福州各文艺社团的骨干成员纷纷为《新村》撰稿。该刊对"国防文学"与"民族革命战争的大众文学"争论的支持和所刊载的悼念鲁迅逝世的文章,都曾引起广泛的关注。此外,《民国日报》(福建版)也出版过《新闻学周刊》《图书馆学周刊》等富有特色的副刊。

《南方日报》,1934年8月1日在福州创刊,是一份发行量比较大的市民报,"由黄埔军校出身的人所办,极富派系色彩"①,由黄珍吾任董事长,李国典为社长。黄珍吾当时任省保安处处长和三青团福建支团干事长,李国典是福建省水警总队部总队长,因而该报一以贯之的反共立场就不足为奇了。在国共第二次合作后,该报也加强了抗战宣传的力度,发表了一些进步人士的文章,如郁达夫的《国防统一阵线下的文学》等。不同派系的斗争也使得该报发表了一些揭露国统区黑暗内幕的文章。1939年5月,《南方日报》迁往南平,创办南平版,在福州设分社并出版"福州版",之后又陆续创办"兴化版""闽东版"等。各版分属不同的派系,因此在政治立场上稍有差异。此外,该报各版均有名目繁多的副刊和专刊,以刊载文学作品为主,其中一些作品还颇有影响,如南平版副刊曾刊载臧克家的民间故事诗《牛郎织女》、郭沫若的诗《神明时代的发展》等。该报于1948年12月终刊。

二、政府部门创办的报刊

国民政府创办的报刊包括政府机关报和各部门创办的专业刊物,如省政府创办的《市声日报》和《新福建日报》、省政府秘书处编印的《福建省政府公报》和《建民周刊》、省财政厅秘书处编辑的《福建财政月刊》、省建设厅编辑的《福建建设厅月刊》、福建高等法院公报处主办的《福建司法月刊》、福州市公安局编辑的《福州

---

① 陈鸿铿:《福州〈南方日报〉忆略》,载《福建文史资料》第23辑,第102页。

警政月刊》、省教育厅主办的《福建教育公报》《福建教育周刊》和《福建教育》月刊、福建盐运使署编辑的《闽盐月刊》等。在上述报刊中，除了《市声日报》和《新福建日报》为综合性的市民报外，其他均为专业性刊物，内容以各政府部门的政务信息传播为主，较少直接介入意识形态领域的斗争，从而对福建的经济建设和社会发展做出了积极的贡献。

《新福建日报》为福建省政府主席杨树庄任内的机关报，在政府部门创办的报刊中影响范围较广。该报创办于1931年5月15日，社长兼总经理为陈建东，总编辑为陈荻帆，其发行量在当时仅次于《民国日报》（福建版），而政治立场则较之大为开明，创刊时宣称"本报目标在于提倡文化，策进社会，期以舆论的力量建设福建"。① 该报坚持抗战宣传的办报宗旨，并且由于和省外记者多有联系，消息及时迅速，如1932年"一·二八"事变爆发，日军进犯淞沪以及十九路军奋起抵抗的消息，被迅速刊登出来。此外，该报还经常参加爱国运动和公益活动。如"九·一八"事变后，该报发起义卖和捐助活动，支持"东北义勇军后援会"；1932年夏，参加"中华职业教育社"在福州的活动，并进行广泛宣传，唤起人们对职业教育的重视。《宇宙》是该报所办的颇有影响的副刊，由章振乾负责编辑。它以时事评论、学术论文和文艺作品为主。这种兼容学术与文艺的副刊编辑形式，被称之为"硬性"和"软性"文字的混合编制，由《宇宙》首创，后来也为其他报纸副刊所仿效。

十九路军入闽后，蒋光鼐于1932年冬接替杨树庄继任福建省政府主席，《新福建日报》因经费来源断绝而于1933年1月停刊。同年秋，陈荻帆等人得知杨树庄将复任福建省政府主席的消息，又筹借资金复刊。不料，杨树庄却于1934年1月在上海去世，《新福建日报》维持了一段时间后只得再度停刊。

三、民间人士及华侨创办的报刊

土地革命时间，民间报刊的繁荣是福建出版业步入发展阶段的一个显著标志，出版主体的多元化、出版物数量的激增，以及出版物内容的多样化都说明了这一点。各类学校、民间社团和华侨成为这一时期民间出版活动的主体，以福建协和大学为代表的学校出版活动将在下节作详细介绍。

《华报》，1930年11月9日创刊于福州，由林石庐总理社务，但对外宣称某国

---

① 载《新福建日报》，1931年5月15日。

学大师"黄华山人"为报社负责人,其实并无此人。该报基本上采用文言文,主要内容包括"短言野语、游记笔乘、歪诗艺话、小说杂俎、时人小乘、社会趣闻、机关黑幕、花界绮语、剧评影评"等。① 该报于1938年初停刊。

《莆田日报》,1935年元旦由《涵江报》改成,涵江商会主办,与清末传教士创办的《奋兴报》同为当时莆田最主要的大众化报纸。1938年5月改名为《闽中日报》。在创刊之初,该报政治立场反共。"七七"事变后,报道重点转向抗战宣传。1938年7月停刊,1947年7月9日复刊,直至莆田解放才告停刊。

《儿童日报》,1934年9月18日在厦门正式创刊。这是中国较早的儿童日报之一,其办报宗旨是"为儿童拓宽视野。儿童是未来的主人翁,为促进小朋友立志成材提供时事、文化、科学等多方面的课外知识,帮助儿童多了解社会,自小打好基础"②,刊载的内容以适合儿童阅读或适合儿童的父母阅读的文章为主,包括故事、寓言、科技小品、儿童教育文章等,也刊登新闻。该报1938年夏停刊。

这一时期,民间文艺报刊也得到了发展。在福州,除了各类学校学生创办的文艺刊物外,民间文艺社团创办的刊物有《第一燕》旬刊、《飞虹》月刊、《昆巴斯》周刊、《流星》月刊、《海啸》月刊、《思想》双日刊、《南星》半年刊、《诗之叶》《磐石》月刊等。这些刊物大多刊载积极向上的文艺作品和富有深度的文学理论文章,与报纸的文艺副刊如《回声》《南风诗刊》《瑰珑诗刊》《文座》等,共同为繁荣福建的进步文艺事业做出了贡献。

《第一燕》旬刊创刊于1928年上半年,由陈揖旗、徐吾行创办于福州。该刊对开8版铅印,由福州环球印刷所承印,每期印500份,除部分赠阅之外,余交南大街左海书局及程埔头浪花书店出售,刊名乃"预报春天到临的第一只燕子"之意,是国民党政府统治时期福州第一份新文艺刊物,在福建文学史上具有较大的影响。其内容主要刊载各类新诗、小说等文艺作品,在出版3期后因经费困难停刊。

民间报刊出版业在福建的发展,还体现于华侨创办的报刊,其中以在厦门创办的《华侨日报》和《星光日报》为代表。前者1932年10月16日创刊,1938年5月日本占领厦门后停刊。缅甸华侨杨元通任社长兼经理,新加坡华侨谢镜波任董事长,总编辑黄嘉谟,主笔李铁民。该报以大量的篇幅揭露日本侵略者的侵华野

---

① 《我们的征求》,载《华报》创刊号。
② 杨恩溥:《厦门〈儿童日报〉始末》,载《厦门文史资料》,1994年第20辑,第71页。

心和行径,积极报道抗日军队的英勇事迹,并且大胆抨击国民党政府的不抵抗主义政策和对日妥协行径。同时,该报也重视关于华侨的报道,发表了不少有关华侨问题的研究文章,积极为保护华侨的权益而呼吁。

后者创刊于1935年9月,是胡文虎创办的第三份报纸。之前,胡氏曾在海内外创办了两份报纸,都以"星"字打头,这是"星"系报纸在福建的首次创办。该报社长兼发行人为胡资周,总编辑罗忒士(罗铁贤),在编辑人员中不乏包括共产党人在内的进步人士。1936年,鲁迅逝世,厦门市文化界举办追悼会,在12人的筹委会中,就有6人是该报的编辑记者。①

在进步人士的推动下,《星光日报》坚持进步立场,大量刊登抗战宣传文章,并曾与日本驻厦门领事馆发生直接的冲突。此外,该报对共产党坚持抗战的立场也持同情态度,对平型关战役的胜利大加赞扬。即使在解放战争时期,该报也时时站在国民党政府的对立面。由于积极追求进步立场,《星光日报》广受读者的欢迎,发行量最高时达2万多份。此外,该报在促进福建印刷工业的发展方面也做出过贡献,它的排版印刷设施比较完备,德制轮转机每小时可印刷报纸4 000份,是当时国内一流的印刷设备。②

《星光日报》在厦门沦陷时一度停刊,抗战胜利后复刊,一直出版至厦门解放后的1949年11月17日时止。

第二节 福建协和大学等各类学校的出版活动

一、学校出版活动的概况

土地革命时期,学校出版活动也开始步入发展阶段,成为福建近代出版业的重要组成部分。包括各类大学、中等学校、初等学校,以及职业学校在内的教育机构,在培养人才的同时,出版了大量的报刊和图书,为福建近代出版业做出了积极贡献。这一时期学校出版活动的发展进程,是与福建近代教育事业的发展相适应的,同时,五四新文化运动的思想启蒙与马克思主义在福建的广泛传播,激起了易

---

① 福建省地方志编纂委员会编:《福建省志·新闻志》,方志出版社2002年版,第89页。
② 范慕韩主编:《中国印刷近代史(初稿)》,印刷工业出版社1995年版,第368页。

于接受新事物的青年学生的报刊出版热情,而北洋军阀结束在闽统治后,出版环境的相对宽松,也给予了思想和学术一定程度的自由空间。

大学是学校出版活动的核心力量,而福建协和大学和厦门大学又是其中的典型代表。这两所省内最具有学术影响力的大学均创办了大量的报刊,出版了一批学术著作,是近代福建学校出版活动的两大重镇。关于福建协和大学的出版物,笔者查见报刊30多份,图书50余种,下文将作详述。

厦门大学由爱国华侨领袖陈嘉庚先生于1921年创建,是中国近代教育史上第二所华侨创办的大学。建校之初,厦门大学编译处创办了综合性刊物《厦大周刊》、厦门大学旬刊社创办了教育类刊物《厦门大学旬刊》。1926年前后,由厦门大学学生、学术团体与教学机构、学校管理部门等创办的报刊数量得到快速增长,先后创办的报刊包括《声援》周刊、《厦门大学季刊》《国学专刊》《波艇》月刊《厦门大学国学研究院周刊》《法潮》《厦门大学文科半月刊》《厦大学生旬刊》《厦大集美国专学生会季刊》《厦门大学算学会会刊》《民众科学》《厦门大学社会学报》《厦门大学学报》《嘘风》月刊《现代文化》月刊《厦门大学教育学院研究丛刊》《文学期刊》《当代法学》《厦门大学自然科学丛刊》《厦大图书馆馆报》《厦门大学气象台月刊》《南钟》半月刊等。办刊主体既有学生组织,也有校内学术团体和教学、管理部门等,内容包括时事校闻、文艺作品和学术研究等。

此外,厦门大学还出版了一批该校教师的学术著作,比如,朱君毅著《中国历史人物之地理的分布》(1931)、杜佐周等著《儿童及成人常用字汇之调查及比较》(1933)和《江浙两省各县地方教育经费的调查和比较》(1934)、萨本栋等编著《实用微积分》(1942)、林庚著《中国文学史》(1947)、周辩明等编《语言学概要》(1945)、郑廷植著《资本盈余与所得税》(1943)等,具有较高的学术价值。

除了上述两所大学,其他大学也创办了不少刊物。比如,华南女子文理学院于1929年创办了《南风》季刊,于1935年创办的《华南女子文理学院校刊》;福建法政专科学校(福建学院前身)于1929年创办了《社会科学研究》半月刊;福建学院于1930年创办了《福建学院校刊》,于1934年创办了《福建学院月刊》。

这一时期,一些中小学和职业学校也开始创办校报校刊,如省立福州高级中学1927年创办的《福州高中校刊》、厦门双十中学学生会1928年创办的《炉炭》月刊、省立福州农林中学1929年创办的《农话》旬刊、私立养正学校出版委员会1929年创办的《养正校刊》、福州职业中学土木学社1931年创办的《建声》、省立龙溪中学1931年创办的《龙中校刊》和1936年创办的《龙中导报》、厦门私立毓德女子中学校1934年创办的《毓德校刊》等。

二、福建协和大学的出版活动

近代早期,教会曾是福建出版业的主导力量,为推动福建出版近代化进程起到积极作用。然而随着国人自办出版业的兴起与发展,教会出版业在世俗社会的影响日渐式微。中华民国成立后,教会出版物的影响力基本上仅限于教会内部的教务信息传播。

与此同时,教会学校的出版活动成为教会参与近代出版业的另一种方式。民国时期,教会学校在福建教育界发挥着无以替代的作用。根据谢必震的统计,至1948年止,教会在福建创办了各类学校凡85所,分布于全省各地,其中既有小学与中学,也有大学以及各种职业学校,如护士学校、商业学校、农业学校等。[①] 这些教会学校尽管创办的初衷是为宣教事业服务,但在客观上却为近代福建培养了一大批的优秀人才。与近代早期不同的是,教会学校的出版物虽然具有教会背景,但是出版活动的参与者主要是国人;其内容也以教育理论、学校教务、学术研究和时事新闻为主,绝大多数属于世俗化的刊物;在其出版宗旨上,教会学校的出版物也不代表教会的立场,比如在收回教育权运动等问题上甚至和教会产生直接的冲突。从其出版风格看,学生创办的报刊往往关注时政新闻,比较热衷于政治活动的参与,而具有校方背景的刊物和教师的著作更强调的是出版物的学术性和思想性。

早在1911年世界基督教大会在苏格兰召开时,基督教高等教育委员会委员长高智就曾提出有必要在中国福州创办一所教会大学。1915年6月,高智协同驻华美以美会会督柏詹姆士等人来到福州,召集在福建的基督教6个公会讨论创办大学事宜,最后决定由福建中华基督教公会、美以美会、中华圣公会和闽南归正会等4个公会共同创办,定名为福建协和大学,学制4年。此后,福建协和大学(简称协大)一直是本省最具有学术声望的大学之一,也是教会学校中最有影响的出版主体,它所创办的报刊影响波及校外,出版的学术著作远播全国各地,长期主导着本省的学术研究方向。

---

① 林金水主编:《福建对外文化交流史》,福建教育出版社1997年版,第423页。

(一)福建协和大学创办的报刊

福建协和大学是近代福建创办报刊数量最多的一所教会学校,其下属学术机构和其他组织创办的刊物,仅笔者知见者达35种(详见表3-1),实际数字当在此之上。从时间分布上看,福建协和大学的报刊出版活动发展于土地革命时期,历经抗战时期和解放战争时期而与该校的存在相始终。其中在土地革命时期创办的报刊,仅笔者知见的就达16种之多,是福建协和大学报刊出版活动的重要时期,不仅数量多,而且社会影响极大。从内容上看,福建协和大学出版的报刊大致分为3类,一是新闻时政与校情校史类,如《闽潮》《协大青年》《飞帆半月刊》《协大消息》《协大生活特刊》《协大校友》等;二是文艺作品类,如《协大新潮》《协大月刊》《协大半月刊》《协大艺文》等;三是学术研究类,如《福建文化》《国学杂志》《协大农报》《协大生物学报》《协大学报》等。下面笔者就《闽潮》《福建文化》和《协大艺文》这3种代表性刊物作一介绍。

表3-1 福建协和大学创办的主要报刊①

刊名	创刊时间	周期	主办单位	负责人	内容
闽潮	1925.10.10	周刊	学生共和国	黄嘉谟	时政类
协大新潮	1927.11.15	不定期	协大学生会	李水苔	新闻、文艺作品、学术研究等
协大月刊	1929.10.31	月刊	协大学生会		校闻、文艺作品、学术研究等
协大半月刊	1930.1	半月刊	协大校刊编辑部		校闻、文艺作品、学术研究等
协大学术	1930.6	不定期	福建协和大学		学术研究类
协大季刊	1930	季刊	协大学生自治会	郑益土等	校闻、学术研究、文艺作品等
福建文化	1931.1		协大文化研究会	金云铭	学术研究
协大学生	1931.3.28	不定期	协大学生自治会	宋琴心	学术研究、文艺作品等
协大青年	1931.5.1	不定期	协大学生青年会		时政、新闻
飞帆半月刊	1931	半月刊	协大学生自治会		时政、新闻
协大生活特刊	1931		协大校友部		校史、校情等
协大消息	1932		协大校刊编辑部		新闻
教育园地	1933		协大		教育研究

---

① 为了行文与阅读的方便,本文将福建协和大学各时期出版的报刊列成一表。资料来源于福建省图书馆、福建省档案馆、福建师大图书馆等文献机构和林金水主编《福建对外文化交流史》一书的记载。

续表

刊名	创刊时间	周期	主办单位	负责人	内容
国学杂志	1933		协大中国文学系		学术研究类
协大艺文	1935.1	半年刊	协大中国文学系	陈农华、黄清	文学作品与文学研究
协大自然科学消息	1935		协大自然科学社		自然科学类
协声	1936		福建协和学院		时政类
协大周刊	1938.6.20	周刊	协大周刊社		时政类
协大青年会事工报告	1938.8		协大基督教学生青年会		事工报告
协大农报	1939.1.1	季刊	协大农学系		农学研究
协大生物学报	1939.12	年刊	协大生物学系		生物学研究
自然科学社季刊	193?	季刊	该社		自然科学类
协大教育季刊	1940	季刊	协大教育学系		教育研究
协大校友	1940.11.1	半月刊		郭毓麟	校闻及校友资料
福建协和大学廿五周年校庆纪念特刊	1941.2.28		协大学生自治会		校史、校情等
协大青年周刊	1942.12.15	周刊	协大青年周刊社	林希谦	以校闻、时政为主
协大化学社消息	1943.1.1		协大化学社		化学类
建讯	1943		协大农学院		
协和大学教育学会暑期学校校刊	1943		协大教育学会暑期补习学校		暑期学校教务
协大青年	1944.10.31		三青团协大分团		时政类
友讯	1944		协大民三二级级会		校闻等
协大新闻	1948.4	不定期	中共协大支部	林世芳	时政、校闻类
协大学报	1949	年刊	协大中国文化研究委员会	陈增辉等	学术研究
化学通讯	1949		协大化学社		化学知识
福建农村教育通讯集			协大教育学会		教育研究

1.《闽潮》

随着学生运动的不断高涨,教会学校学生的爱国主义精神和民主自由理念也得到了张扬,积极参与到进步报刊的出版活动中来,福建协和大学更是成为反对文化侵略的桥头堡。在福建协和大学学生早期创办的报刊中,《闽潮》周刊具有广泛的社会影响。该刊的创办,是福建协和大学的学生会组织"学生共和国"为探讨学生运动如何发展而开辟的新阵地。

《闽潮》周刊创办于 1925 年 10 月 10 日,由福建协和大学"学生共和国"负责编辑和发行工作,主要负责人为黄嘉谟。撰稿者中除了福建协和大学的学生外,还有福州其他学校以及北京、上海、南京等地的进步学生。该刊的办刊宗旨,可从其发刊词中得到解读,"我协和大学,位于闽江之边,孤立魁歧之巅,形势足为表率,观潮尤称胜地,'闽潮'之刊,所以介绍新潮,促省闽人猛进,区区之意,有此而已。"①换言之,《闽潮》创办的意图就是要推动新思潮在福建的传播,唤醒梦中闽人。

《闽潮》的内容主要集中在推动学生反帝爱国运动、收回教育权的讨论、揭露穷兵黩武对福建的危害等方面。对爱国学生运动的支持,是该刊占据分量最大的部分,最能反映该刊的政治立场取向。它所刊载的文章,如《本校学生会为五九纪念对外宣言》《本校全体学生为北京惨案宣言》《本校对京案之反响》《本校学生会为五卅周年泣告同胞书》《本校学生对今年国耻日之宣传》等,勇敢地揭露帝国主义及军阀政府武力镇压学生运动的暴行,并向学生及社会提供具有理论创新的见解,探索学生运动的发展新途径,充分体现出学生运动作为中国近代革命事业的先锋队这一特点。

《闽潮》周刊存在时间一年多,于 1927 年 3 月停刊。其间,正值福建的革命斗争浪潮从酝酿向高峰冲击,中共地方党团组织相继在福建成立。《闽潮》作为学生运动的产物和推动力量,无疑是新民主主义革命文化宣传事业的重要组成部分。

2.《福建文化》

《福建文化》,由福建协和大学文化研究会创刊于 1931 年 1 月,季刊,由金云铭负责编务工作,是协大创办的最具有代表性的学术刊物。它所刊载的文章多为该校教授一时之力作,代表着当时福建学术研究的水平与方向,"深荷国内学术研究团体注意",②曾在当时的福建乃至全国都产生过广泛的影响,而且"至今还对福建的学术研究产生影响"。③

福建协和大学中国文学系聘请曾任北京大学教授的陈遵统、郭绍虞等知名学者到校任教后,该校的学术氛围大为浓厚。1930 年,部分中国文学系师生成立了福建文化研究会,试图以研究福建文化为起点,逐渐扩大到对整个中国文化的研

---

① 黄嘉谟:《发刊词》,载《闽潮》创刊号,1925 年 10 月 10 日。
② 载《协大消息》,第 2 卷第 4 期,194 页。
③ 林金水主编:《福建对外文化交流史》,福建教育出版社 1997 年版,第 441 页。

究。他们于当年12月着手创办《福建文化》,并于翌年1月发刊。作为一份学术性刊物,《福建文化》的发刊目的"主要在于研究福建的文化","文化是包含物质生活的各个方面……其研究步骤,先从本省文化着手,以后渐及于全国性的","我们所说的文化,并不是像一般人的思想,专注意到精神方面,我们知道文化是包含物质生活的,所以我们要研究的范围,是包括一切属于生活的各方面。"①这种关于文化内涵的理解,在《福建文化》这份刊物上得到了充分的体现。它的内容涉及民族、宗教、哲学、中外文化交流、考古、经济等,其中以福建文化为研究的重点,如金云铭撰《福建文化研究书目》《朱子著述考》,傅衣凌撰《明清时代福建佃农风潮考略》《明清时代福建的抢米风潮》,际唐撰《福建沿海形势概述》,朱维幹撰《麻沙书话》,郭毓麟撰《福州方言小拾》,林元汉撰《莆阳唐宋文献一瞥》等。1939年以前,该刊还先后出版过7期专号,有李卓吾专号、风土特辑、漳州史迹专号、福建谜语专号、福建理学专号、郑和专号等。所刊文章资料丰富,研究精深,具有很高的学术价值。该刊于1938年停刊,1939年12月复刊;1940年再次停刊,1941年3月再次复刊,至1946年6月总计出版了38期,1949年后与《协大艺文》合刊成《协大学报》出版。

3.《协大艺文》

《协大艺文》于1935年1月在福州创刊,季刊,由福建协和大学中国文学系创办,协大艺文社负责编辑出版,主编为陈农华、黄清等,1948年2月停刊,6月与《福建文化》合刊成《协大学报》。

《协大艺文》是一份具有较强的学术性、艺术性和思想性的综合性文艺刊物。该刊在十余年的出版时间里,既刊载文学研究论文,也发表各类文艺作品。学术论文如郑典谟撰《论战中的大众语问题》和《小品文蓬勃的现阶段》、杨树芬撰《中国新剧运动史》、陈易园撰《甲午战争以后七七事变以前之爱国文学》、陈农华撰《抗战时期短篇小说创作的特征》、梁孝瀚撰《中国幽默文学史的发展和目前应有的趋势》等,或开拓了新的研究领域,或征引了新的研究史料,具有较高的学术价值;文学作品如鹰子作散文《白蔷薇》、林恩卿作小说《茶季开始的时候》、杨鸣铎作小说《菊花》等,具有较高的艺术性和可读性。

---

① 发刊词,《福建文化》1931年第1期。

(二) 福建协和大学出版的图书

福建协和大学出版的图书,则主要是本校教授的学术著作,"出版课"是该校专门负责学术著作出版工作的部门。该校是一所颇具学术声誉的大学,其教授之著作,大多由国内大型出版机构如商务印书馆、中华书局、世界书局等出版,但也有部分由本校印行,其中郑作新、檀仁梅、金云铭等人的著作数量颇多。此外,福建协和大学还出版了一些介绍本校的校史、校情和学生管理之类的手册资料,现仍有部分存世。笔者将搜集到的部分图书目录胪列于表 3-2,计 54 种,可供参考。从表 3-2 中我们大致可以看出,关于福建的历史、宗教、经济、动植物等方面是福建协和大学印行的学术著作中的一大特点,这说明目前兴盛一时的福建区域研究是有其学术传统的。①

表 3-2 福建协和大学出版的部分图书与小册子②

序号	作者	书名	出版时间
1	彦堂	中国歌谣学草创	1925
2	福建协和大学	福建协和大学章程	1926
3	福建协和大学文学院	私立福建协和大学文学院课程一览	1930
4	福建协和大学理学院	私立福建协和大学理学院课程一览	1930
5	福建协和大学教育学院	私立福建协和大学教育学院课程一览	1930
6	福建协和大学	今日之协大	1930
7	金云铭	中国图书著者符号编列法之又一商榷	1931
8	福建协和大学	私立福建协和大学十五周年纪念册	1931
9	福建协和大学	私立福建协和大学总则	1931
10	R. Scott	A Logic for Living(英文版)	1933
11	R. Scott	福建协和大学:文化入门大纲(英文版)	1933
12	郑作新	闽中海错疏中之两栖动物	1934

---

① 这一特点已经引起学界的注意。参见汪毅夫撰:《福建协和大学与福建文化研究的学术传统》,载《福建论坛》(人文社会科学版),2003 年第 4 期。
② 书目来源于中国国家图书馆、福建省图书馆、福建省档案馆、南京大学图书馆、福建师范大学图书馆等文献机构。为了行文与阅读的方便,本文将福建协和大学各时期(包括福建协和学院时期)出版的图书与小册子列成一表,不包括由其他出版机构出版的该校教师著作。

续表

序号	作者	书名	出版时间
13	杨东莼	中国学术史讲话	1934
14	王治心	中国学术体系	1934
15	翁国梁	漳州史迹	1935
16	朱维之	沙恭达拉与宋元南社	1935
17	朱维之	李卓吾论	1935
18	私立福建协和大学校友部	私立福建协和大学毕业校友录	1936
19	陈遵统	国文学	1937
20	陈希诚	福建紫阳村经济调查	1937
21	郑作新	本校冬时的禽鸟	1937
22	郑作新	本校春季禽鸟的调查	1937
23	郑作新	福建鸟类之统计	1938
24	林一	改订军用简易防毒新法	1938
25	私立福建协和大学教务处	协大新生指导	1939
26	郑作新	本校夏秋二季禽鸟的新记录	1939
27	郑作新	脊椎动物胚胎学实验教程	1939
28	郑庆瑞	中国食蚜虻科名附以福州常见种类之叙述	1939
29	金云铭	福建协和大学陈氏书库福建人集部著述解题	193?
30	协大教务处	协大新生指导	1940
31	陈兴乐	私立福建协和大学农业经济系经济学原理纲要	1941
32	翁绍耳	福建省墟市调查报告	1941
33	福建协和大学出版课	协大学生手册	1941
34	郑作新、林琇瑛	生物学纲要	1941
35	郑作新	普通动植物学名词	1942
36	协人农学院农业经济系	福建省经济建设参考资料目录索引	1942
37	王新民	墨家哲学新探	1943
38	协大中国文化研究所	福建协和大学中国文化研究会文史丛刊	1943—1947
39	檀仁梅	农业职业教育的实际问题	1944
40	傅衣凌	福建佃农经济史丛考	1944

续表

序号	作者	书名	出版时间
41	福建协和大学	福建协和大学教职员名册:三十三年上学期	1944
42	郑作新	邵武鸟类三年来野外观察报告	1944
43	郑作新	武彝山鸟类一瞥	1944
44	檀仁梅、陈懿祝	教育学心理学词典(英汉对照)	1945
45	张一纯	杜环经行记笺证	1945
46	福建协和大学	抗战期中之福建协和大学	1946
47	金云铭	陈第年谱	1946
48	陈兴乐、郑林宽	邵武农村经济调查报告书	1946
49	王文杰	中国近代史上的教案	1947
50	私立福建协和大学	协和大学理学院概况	1947
51	郑作新	闽江流域鸟类之研究	1947
52	廖翔华	顺昌将乐二县鸟类采集报告	1947
53	David Te-Chao Cheng	费城华侨:一个文化接触的研究(英文版)	1948
54	檀仁梅	邵武云坪山空道教的初步研究	?

第三节 闽西等革命根据地的红色出版业

福建近代出版业的发展,同时也体现在革命根据地的出版活动上。在专制政体中,出版物的价值导向几乎完全取决于政府的立场。在国民党政府的反动统治下,出版自由理念与出版业的发展受到极大的抑制。福建革命根据地的开辟,有效地摆脱了多年来国民党政府对革命出版活动的控制,为福建近代出版业的多元化发展提供了必要的政治保障。另一方面,中共革命根据地的建立,也必然需要得到出版业的支持。政治与出版之间的这种互动关系,在福建近代出版史上是一直表现得非常明显的。

福建革命根据地的建立和发展壮大,为革命出版事业提供了有力的政治保障。到1934年红军长征北上时止,福建革命根据地已发展成闽西、闽北、闽东、闽中、闽南5大块,总面积为全省的60%多,人口占全省的25%,地方红军武装达3

万余人。① 这些数字说明,革命出版事业的生存环境比之前的任何时候都要好。中共闽西特委根据党中央和中共福建省委的指示,在摧毁反动政权,建立各级苏维埃政府的同时,积极发展革命出版业。1930年3月,闽西苏维埃政府在一份《文化问题决议案》中明确要求,"闽西政府及各县政府应出版日报,经常登载各处工农生活状况及斗争情形";"各区乡应尽可能开办阅报社、俱乐部。"② 从1927年8月至1937年6月,闽西、闽北、闽南、闽东苏区根据地出版的书刊达数百种之多,创办报刊的机构遍及各个部门和系统,其中又以闽西革命根据地为红色出版活动的中心。

在闽西苏区,除了中央苏区出版的《红色中华》《青年实话》《苏区工人》《实话》《革命与战争》《中国青年》《中国妇女》《战斗》《布尔塞维克》等刊物在全区大批量发行和翻印外,本地出版的书刊数量相当可观。中央苏区的第一家出版发行机构闽西列宁书局的创办,尤其具有典型意义。

闽西苏区的出版活动是在极其困难的政治与经济环境中进行的,因此,所出版的书刊也具有非常鲜明的时代与地区特色。其一,闽西苏区的出版物一般篇幅较小,大多是64开本,只有少数才是小32开本,16开本及以上则尚未见之,而且多是手工刻蜡油印。这一方面是考虑到战时便于携带和藏匿;另一方面,更主要的原因则是出版活动的物质条件不允许,印刷设备和用纸都十分匮乏。③ 其二,出版物的文字短小精悍,通俗易懂,富有战斗力。许多刊物经常采用当地民众喜闻乐见的山歌、快板、民谣、谚语等形式,内容以宣传党的中心任务、介绍党的政策、动员广大劳苦大众起来打土豪分田地、发展生产以及鼓舞革命斗志的文章为主,极少涉及远离社会现实的文字。其三,出版物的发行量很少,报刊的发行量一般只有数百份,最多也就千余份,这首先与国民党在国统区对革命出版物的围剿有关。此外,革命根据地一般地处福建偏远山区,远离中心城市,民众识字率低,极大地阻碍了红色书刊的发行工作。

这一时期,其他根据地或中共地下组织也创办了不少比较有影响的报刊,如

---

① 汪征鲁主编:《福建史纲》,福建人民出版社2003年版,第158页。
② 《闽西第一次工农兵代表大会宣言及决议案·文化问题决议案》,1930年3月25日。
③ 当时福建革命根据地的出版物大多采用油印,也有部分采用铅印和石印,如1930年成立于龙岩的闽西工农银行印刷所,有石印机一架;闽西红报印刷所的石印设备也比较完整,主要印刷闽西苏维埃政府机关报《红报》,也承印各种布告、文件、宣传材料、课本等。

中共闽北分区委创办的《红旗周报》和闽北分区苏维埃政府创办的《红色闽北》、中共闽东特委机关报《闽东红旗》、中共福州中心市委创办的《铁锤》和《工农报》、中共福建省委在厦门创办的《厦门工人》月刊和《烈火》周刊、中共厦门中心市委创办的《群众周报》和《战斗》月刊等。

一、闽西列宁书局与苏区的图书出版活动

1927年9月6日,周恩来、朱德、贺龙、刘伯承等率领南昌起义革命队伍来到汀州城(今长汀县)后,对出版印刷业十分重视。当时,设在汀州城内的毛铭新印刷所和碧春楼印务局,经党的思想政治工作,为起义军赶印了大量的标语、传单,如《告民众书》《告绿林兄弟书》和《告商人和知识分子书》等。

1929年3月至翌年6月,由毛泽东、朱德、陈毅等率领的中国工农红军第四军,先后4次攻克汀州,毛铭新印刷所都予以积极的支持,夜以继日地赶印各种文告,如《红四军布告》《十大政纲》和中国共产党的《六大决议案》等。毛泽东同志在百忙中亲自写稿、校对,甚至安排印刷和发行事务。

1930年3月,闽西第一次工农兵代表大会在龙岩县召开,正式宣布成立了闽西苏维埃政府,选举邓子恢为主席。当时龙岩县城有家印刷所,名为龙岩尚文印刷所,有石印和铅印设备。新成立的闽西苏维埃政府利用该印刷所出版了《闽西第一次工农兵代表大会宣言及决议案》一书。4月,《中国共产党红军第四军第九次代表大会决议案》一书,在汀州毛铭新印刷所排字出版,这是古田会议决议的最早版本。

为了加强革命的宣传鼓动工作和适应根据地文化教育的需要,闽西苏维埃政府于1931年春在龙岩创建了闽西列宁书局,这是中央革命根据地的第一家出版发行机构。书局下设编辑室、会计科、印刷所、发行部等,编、印、发统一经营。但由于战争年代出版活动极为困难,闽西列宁书局在成立后的数月里并未出版过书刊。同年11月,红四军再次攻克汀州,闽西苏维埃政府也迁至汀州城。之后不久,随迁的闽西列宁书局便开始进行革命书刊的出版工作了。其主要业务,不仅出版革命所需的图书和印制传单,而且还负责书籍报刊和传单的包装、发行工作。书局先设在城区十家街毛铭新印刷所内,后又迁到水东街大井头汤锦发货店。由中共党员詹孝光担任主席,工作人员有雷元等三四人,后随着事业的发展,工作人员最多时达30余人。出版物内容包括党政军机关文告、学习材料、苏区识字课

本、红军用的医学图书,如《社会主义浅说》《革命歌曲选集》《纪念我们的马克斯》《看图识字课本》《识字课本》《土地问题讲授大纲》等等。所有出版物均由毛铭新印刷所负责印制,闽西列宁书局负责发行。此外,闽西列宁书局还印制了大量的马克思、恩格斯、列宁、斯大林等革命导师的肖像,采用宣纸印制,白纸红墨,线条清晰,形象逼真,现仍有部分肖像收藏于长汀县革命历史博物馆。据不完全统计,闽西列宁书局自成立到1934年红军长征,先后出版300多种图书,并出版发行《红旗报》《战线报》《闽西红旗》等多种革命报刊和马克思、列宁等伟人画像。[①]

　　1931年冬,闽西列宁书局按照上级指令,负责出版共青团中央苏区的机关报《青年实话》,由陆定一、魏挺群先后担任主编,宋任穷、陈丕显、何凯丰、王盛荣、冯文彬等经常为之撰写稿件。该报为32开本,玉扣纸线装,用彩色封面印制,正文间有插图,内容丰富多彩,在苏区的影响很大,每期的发行量达3万余份,甚至流传到国统区,被民众称为"射向敌人的精神炮弹",对苏区建设和瓦解敌军起到很大的作用。闽西列宁书局受到苏区中央领导人的极大重视,邓颖超、陆定一、魏挺群、罗明、冯文彬等同志经常进行实地指导出版工作。书局工作人员同心同德,埋头苦干,克服种种困难,保质保量地按时完成各项出版发行任务,曾受到《红色中华》报的赞扬。

　　1932年,闽西列宁书局设立永定分局,出版了一批文化教育图书。1934年红军主力北上后,书局将印刷设备转移到山区,仍坚持出版了一些报刊,后因形势恶化而停办。

　　作为红色福建唯一的专业化图书出版发行机构,闽西列宁书局的存在意义不仅在于出版活动所产生的积极影响,还在于其经营运作过程中的制度创新。

　　经济学家常以"公地的悲剧"作为产权不明晰的典型案例进行分析。[②] 制度经济学认为,在标准的经济分析中,通常把产权状况视为既定的分析前提。这种产权安排主要是以界定私有财产为约束竞争行为的规则。它具有专门的使用权、收益权以及将财产转让给所有者认为合适的任何人的排他性权利。在中国近代出版史上,出版业得以发展的一个关键因素,就是政府当局以出版机构成立的登记制来确立民间出版行为的合法地位,建立了出版业的产权制度,从而促进了民

[①] 李瑞良编著:《中国出版编年史》,福建人民出版社2004年版,838页。

[②] "公地的悲剧"是经济学中说明产权制度重要性的一个经典案例,指在没有界定产权归属的"公地"上放牧,其后果必然是由于过度放牧而导致土地沙化。

间资本进入出版业的积极性。比如以商务印书馆、中华书局、世界书局、开明书局等为代表的近代出版机构,无不在其初创之时,便以股份制或独资形式明确产权地位,从而在激烈的出版竞争中胜出。

闽西列宁书局存在于战争时期,这给产权制度的完善带来很大的影响。战争作为一种不可抗力因素作用于文化出版经营活动,其收益率的生成与增长必然受到抑制,即使在股份制十分完善的商务印书馆、中华书局等大型出版机构,资产损益表也有战争损失的列支,遑论出版主体与出版宗旨均和国民党政府尖锐对抗的闽西列宁书局了。同时,苏维埃政权对苏俄社会主义生产关系中企业组织形式的观摩与借鉴,使得闽西列宁书局在成立一开始就具有集体及合作社模式的产权关系。这是一种接近于纯粹公有制,带有战时动员性质的组织形式,但它仍以明晰的产权安排为红色政权的出版活动开了个好头。

闽西列宁书局是在毛铭新印刷所的基础上成立的。当时,印刷所主要创办者毛钟鸣将石印、铅印两套设备无偿地捐献给闽西苏维埃政权。苏维埃政府为了维护业者的合法利益,未将闽西列宁书局办成自己的附属工厂,而是按照股份制形式组织运作。这也就确保了书局的产权明晰并承认书局在出版活动中的独立地位。列宁书局建立股份制的方法是发行"闽西列宁书局股票",每股一元。股票印制考究,彩色票面,印有马克思、列宁头像;有编号、收执人的姓名地址及书局主任章。书局通过这种融资方法募集到约1万元资金购置新设备,扩大了生产规模,以满足苏区红色书刊的印刷出版需要。对于持股群众,书局给予两项优惠:一是以优惠价购书,二是年终按股分红。为此,书局定期向社会公布收支账目,如1932年9月20日的《红色中华》报上发表了《书局第二期会计预决算书启事》。

当然,由于闽西列宁书局生存于国民党政府强大军事压力下的红色地区,其创办的缘由也是基于苏维埃政权的宣传工作,而不是单纯为了市场盈利。恶劣的政治环境和狭小的文化空间,使得书局的股息收益自然是微薄的,它的本质还是一种合作社形式的经济组织。但作为红色福建的第一家出版发行机构,闽西列宁书局即按经济规律办事的做法是具有很强的象征意义的。

除了闽西列宁书局,闽西革命根据地的许多政府部门与教育机构也出版了一批进步图书(包括小册子、画像等)。笔者现将收集到的图书目录胪列于表3-3,计38种。

表3-3 闽西苏区出版的图书一览表①

名称	著译者	出版地或出版者	出版年	备注
苏维埃组织法		闽西(苏区)特委	1929.9	
闽西第一次工农兵代表大会宣言及决议案		闽西苏维埃政府	1930	
十月革命纪念简史		闽西苏维埃政府	1930	
共产主义初步		闽西(苏区)特委发行科	1930	
红军军事学摘要		闽西苏维埃政府	1930	
闽西列宁师范暑期学校讲义:教育学讲义	施松林	龙岩尚文印刷所	1930	
宣传大纲:纪念广州公社拥护苏维埃大运动		上杭 C.Y. 县委宣传科	1930	
我们胜利了		全苏大会闽西准备委员会编辑委员会	1930	三幕话剧
农民协会组织法		上杭农民协会组织部翻印	1930	
罢工		闽西苏维埃政府文化部	1930	宣传剧本之二,古田会议纪念馆收藏。
教育学讲义		闽西苏维埃政府文化部	1930	龙岩尚文印刷厂印制。
暂用常识课本		长汀苏维埃政府	1930	
劳动课本(1-4册)		永定县(苏区)文化委员会	1930	
社会主义浅说		闽西列宁书局	1931	
看图识字课本		闽西列宁书局	1931	
识字课本		闽西列宁书局	1931	第二册有插图。
苏区新歌集		闽西列宁书局	1932	
武装拥护苏联		上杭第一列宁高级学校	1932	

---

① 本表资料来源于福建省图书馆、福建省档案馆、福建师大图书馆和叶再生、陈林等学者的统计资料。

续表

名称	著译者	出版地或出版者	出版年	备注
目前少共国际之情形及任务	莫达夫	共产青年团福建省委	1932	54页。
宣传大纲:反对十九路军进攻闽西苏区		工农红军福建军区政治部	1932	
政党与派别		闽西列宁师范学校	1932	
土地问题	苏区中央局宣传队编	闽西列宁书局	1932	共24页。
革命歌曲(第一集)		福建省苏维埃政府文化部	1932	
共产儿童读本(第一册)	闽西苏维埃政府文化部	闽西列宁书局	1932	长汀博物馆藏。
红军识字课本		闽西列宁书局	1932	古田会议纪念馆藏。
纪念我们的马克斯		闽西列宁书局	1932	
名词释义		上杭第一列宁高级学校	1932	
共产党青年团儿童团讲授大纲	苏区政府教育人民委员部编	在长汀出版	1933	
群众课本		闽西列宁书局	1933	
士兵识字课本		闽西列宁书局		古田会议纪念馆藏。
列宁小学读本		闽西列宁书局		
世界革命导师马克斯像		闽西列宁书局		
列宁画像		闽西列宁书局		
关心群众生活,注意工作方法	毛泽东	闽西列宁书局		小册子。
红军军事概要		闽西列宁书局		
才溪乡调查	毛泽东	闽西列宁书局		小册子。
土地问题讲授大纲		闽西列宁书局		
革命歌曲选集		闽西列宁书局		

二、闽西苏区出版的革命报刊

福建苏区创办的报刊,分布在闽西、闽赣、闽东等革命根据地。从1927年8月至1937年6月,全省各根据地创办的刊物估计有上百种,多数因为存在时间短、发行量小而在战争年代未能留下史料,现已无从查考。仅是据笔者初步调查知见的报刊,就达60多种。其中,闽西革命根据地是红色报刊的出版中心,知见红色报刊51种(详见表3-4)。无论从报刊的数量上还是影响力上,闽西苏区都远远超出了其他革命根据地。这些红色报刊,影响较大者有中共闽西特委创办的《闽西红旗》、共青团闽西特委的《闽西列宁青年》和《前进》、中共闽粤赣特委创办的《红旗》、闽西苏维埃政府创办的《红报》、闽粤赣团省委主办的《列宁青年》、福建军区政治部主办的《红色战线》《军区通讯》和《战线报》等等。此外,各县还编印了一批小型刊物,如永定县委的《赤花》和《老实话》、永定少共县委的《永定列宁青年》、杭武县委的《列宁青年》、龙岩县苏文委会的《斗争》以及闽西总行委文化委员会创办的油印刊物《我们的生活》等。在红军主力长征后的三年游击战争艰苦岁月里,中共闽粤赣省委还坚持出版《红旗》、《捷报》和《抗日战讯》等。

表3-4 闽西苏区出版的报刊一览表①

刊名	出版地	周期	主办者	创刊时间	备注
赤花	永定县		中共永定县委	1928春	油印小刊物。
虹痕	上杭县		上杭文艺研究社	1928	纯文艺刊物。
永定红报	永定县		永定县苏维埃政府	1929.10	仅出2期。
火山	上杭县		共青团上杭县委	1929	
老实话	永定县	旬刊	中共永定县委	1929	综合性刊物。
老实话	武平县		中共武平临时县委	1929	
赤潮			闽西赤潮壁报社	1929	
梭标				1929	闽西苏区青年刊物。
锋芒	龙岩县		共青团龙岩县委	1929冬	油印16开。

① 本表根据笔者知见刊物原件,以及《福建革命根据地文学史料》《福建省志·新闻志》等资料整理而成。

续表

刊名	出版地	周期	主办者	创刊时间	备注
画报	龙岩县		闽西画报社	1930春	在闽西苏维埃指导下出版。
晨光	龙岩县		闽西列宁师范	1930春	油印16开。
红报	龙岩县	二日刊	闽西苏维埃政府	1930.4	闽西苏维埃政府机关报。
永定县第三次工农兵代表大会日刊	永定县	日刊		1930.5.21	
闽西红旗	龙岩		中共闽西特委	1930.8	
赤色青年	龙岩	半月刊	共青团龙岩县执委会	1930.8	
前进		半月刊	共青团闽西特委	1930.9	
闽西青年	龙岩县	旬刊	共青团闽西特委	1930.9	
我们的生活			闽西总行委文化委员会	1930.9	
永定画报	永定县		永定县苏维埃政府	1930秋	石印8开。
红旗	龙岩县	日刊	中共闽粤赣苏区特委、省委	1930	
消息汇报	上杭县		共青团上杭县委	1930	
法庭	龙岩县		闽西苏维埃政府	1930	
赤塔周刊	上杭县	周刊	共青团上杭县委	1930	
反帝周刊		周刊	闽西省反帝拥苏同盟	1931.2.1	石印8开小报。
闽西列宁青年	龙岩县	旬刊	共青团闽西特委	1931.3.4	原名《闽西青年》。
列宁青年	长汀县	半月刊	共青团闽粤赣特委、省委	1931.3	原名《闽西列宁青年》。
永定列宁青年	永定县	月刊	共青团永定县委	1931春	油印16开。
列宁青年	长汀县	半月刊	共青团闽粤赣苏区省委	1931.9	由共青团闽西特别委员会主办的《闽西列宁青年》改成。
闽西三日刊		三日刊	闽西总复选会	1931.10	
红旗	永定县		中共闽粤赣苏区特委	1931	中共闽粤赣苏区特委机关报。

续表

刊名	出版地	周期	主办者	创刊时间	备注
前线	永定县		中共永定县委与共青团永定县委合办	1931	
战线报			中共闽粤赣苏区特委	1931	
红五月纪念特刊			汀连区红五月筹备委员会	1931	
干部报	长汀县			约1931	
苏区工人	长汀县	半月刊	中华全国总工会苏区执行局	1932.5	铅印4开。
少年先锋	长汀县	半月刊	中央苏区少先队总队部	1932.8.1	铅印32开。
突击			中共闽粤赣省委、少共闽粤赣省委	1932	
上杭红旗	上杭县		中共上杭中心县委	1933春	
斗争	上杭县		中共上杭中心县委	1933	
红色东北	闽西		闽浙赣省委等	1933	
战线	龙岩	不定期	中国工农红军福建省军区政治部	1934.4.3	
列宁青年		半月刊	共青团杭武县委	1934.4.10	
战斗报	长汀县	不定期	中共福建省委	1934.8	
红色福建	长汀县		中共福建省委	1934.10.21	由《战斗报》和《战线》合并而成。
捷报			闽西南军政委员会	1936	重视抗战宣传文章的刊载。
龙岩苏维埃小报	龙岩县		龙岩军政委员会	1936	
红球报	上杭县		杭代县军政委员会	1936	
列宁青年			共青团汀连县委		原名《镰斧青年》。
苏区筹备会周刊		周刊	闽西苏维埃代表大会筹备会		油印。
斗争	龙岩县		龙岩县苏维埃文委会		
军区通讯			福建军区政治部		16开刻印本。

笔者撷取《列宁青年》和《赤花》这两种比较有代表性的刊物作一介绍，以求对闽西革命报刊出版业窥一斑而知全豹。①

《列宁青年》半月刊，1930年9月创办于龙岩，由闽粤赣苏区团省委主办，编辑部由张爱萍、魏挺群等人负责，列宁青年社编辑出版。32开，8页，先后出油印本和铅印本。每期印数达600多份，除本发行部出售外，各地代售处均有销售。为了做好发行工作，编辑部还在江西瑞金青年实话书店设总发行部。该刊刊载的《健全发行工作》一文，强调了发行工作的重要性。

《列宁青年》的前身是共青团闽西特委的机关刊物《闽西青年》旬刊。1930年10月该刊出版至第5期后，由于革命形势发生变化，12月15日龙岩失守，编辑部被迫于翌年1月随闽西苏维埃政府迁至永定虎岗，并改刊名为《闽西列宁青年》，期数另起，于3月4日出版第一期。办刊的宗旨为"阐明青年运动的理论，与实际指导青年斗争策略，成为闽西劳动青年的大众读物"，"坚决的使团无产阶级化、群众化、青年化"②。封面为石印套画，美术字刊头。其内容也较之前成熟得多，张爱萍曾在该刊发表《说一定要说的话》一文，要求"由空洞的文章，带小资产阶级意识的文章，转变到实际的具体的对实际工作者帮助的文章。"辟有理论讲坛、纪念论文、理论与实际、斗争纪述、经验与教训、青年运动消息、批评与建议、批评与介绍、小战士作品、文化建设零讯等栏目。8月，永定虎岗被围，列宁青年社随之迁往上杭白沙，9月11日又迁往汀州。至此，《闽西列宁青年》共出版20期，并改刊名为《列宁青年》，以半月刊出版，由中共闽粤赣苏区团省委接办，成为苏区一份颇有影响的刊物。福建省档案馆现存1931年3月1日第1期原件，其刊头表明是"传达共青团闽粤赣苏区特委会的路线、策略、实际工作的指示，号召青年起来争取自己的利益，参加革命斗争"的一份刊物。1931年10月6日出版的"三次革命战争全部胜利专号"，刊发了陆定一的《骇人听闻的日本帝国主义强暴侵略》一文，敏锐洞悉日本侵略者的狼子野心并率先予以揭露；《三次革命战争全部胜利与闽西青年》一文则对闽西青年的革命斗志予以热情赞扬，产生了广泛的影响。此外，该刊比较重要的文章还有陈荣撰《恢复与发展闽西苏维埃区域》、殷英撰《三次战争中的花花絮絮》、孔子辉与

---

① 关于闽西革命根据地的报刊出版活动，可参见郑霄阳、吴娟：《土地革命时期闽西苏区红色出版物述略》，载《出版广场》，2001年第4期。

② 《闽西列宁青年》第1期，1931年3月4日。

黄善标撰《击溃卢新铭的经过》、荣传与含珍撰《老十二军出发的经过》等文章。在改名出版第6期后,为了集中力量帮助中央局办《青年实话》,《列宁青年》按少共苏区中央局的指示停刊。

《赤花》月刊,1928年春中共永定县委创办,油印小刊物,终期不详,是福建革命根据地目前所见最早的一份革命刊物。1927年大革命失败后,党的工作重心从城市转入农村,斗争形式也从公开转入地下。为了贯彻党的"八七"会议精神,各地党组织利用半公开式内部刊物,宣传土地革命和武装斗争的纲领。为配合创建革命根据地的斗争,中共闽南特委指示永定县委创办了该刊。革命政权县级机关出版的这种油印小刊物,是当时闽西革命根据地报刊的主体部分。它们虽然发行量小,印制粗糙,但更了解普通民众的信息需求,贴近生活,是当地民众的主流媒体,因此,对革命宣传的贡献不容小视。《赤花》作为这些油印小刊物的代表,其内容包括政论、指示和民歌民谣等。一方面,该刊承担着在普通民众中揭露国民党反动本质,宣传我党方针政策的重任。比如,其"三月号"针对国民党背叛革命,发表了省委紧急扩大会议后的第一号通告《关于国民党问题》、瞿秋白的《三民主义倒还没有什么》以及《反革命的国民党政纲和混战》等文章,对发动广大农民举行武装暴动,反击国民党的屠杀政策起过重大宣传鼓动作用。另一方面,该刊还以民歌、民谣这种人民群众喜闻乐见的形式发表文学作品。革命根据地的民众生活极其贫困,受教育程度很低,文学创作的条件极为简陋,内容与形式也比较简单。但是这些地区的人民群众在长期的生活与劳动中,很早就创造了自己认同和普及的文学,这就是民歌与民谣。

第四节 十九路军驻闽期间的出版活动

"一·二八"事变后,在上海抗击日军的十九路军被蒋介石调到福建进行反共内战。在中国共产党和全国人民的抗日主张影响下,十九路军开始挑战蒋介石"攘外必先安内"的反动政策。1933年11月20日,十九路军将领蔡廷锴、陈铭枢、蒋光鼐等联合国民党内李济深等反蒋力量发动事变,在福州成立了"中华共和国人民革命政府"(通称福建人民政府),并与中华苏维埃共和国临时中央政府和中国工农红军签订了十九路军与红军的防线和划界协定。1934年1月,福建人民政府在孤立无援的情况下,在蒋介石的政治分化手段和优势兵力进攻之下宣告失败。

十九路军驻闽时间并不长,福建人民政府存在的时间更是不足两月,但是在文化事业尤其是在报刊出版方面,还是颇有建树的。各师都办有定期刊物,提供官兵"发表与探讨"的言论空间。十九路军所创办的报刊,影响最大的是《国光日报》《挺进》杂志和《人民日报》。这3种报刊从其存在的时间上看,前后尚不到一年,在福建近代出版史上众多的报刊中是微不足道的。但是,十九路军在民国时期是一支地位特殊的队伍,"福建事变"也是福建乃至中国近代史上的一件大事,福建人民政府的成立,在国内外产生了重大的影响。这些报刊直接反映的是十九路军政治立场的嬗变历程以及反蒋方针政策的形成过程,在当时因事变的发生而在省内外得到广泛的传播,同时也是后人研究这段历史的重要史料。再者,十九路军是土地革命时期除了国民党政府、中共苏维埃政权和民间力量之外的又一福建近代出版主体。它的书报刊出版活动,体现了处于发展阶段的福建近代出版业之出版主体多元化的特征,因此不能不为之书上一笔。

一、《国光日报》

《国光日报》为十九路军入闽主政时期的机关报,创办于1933年1月28日,社长为任特因,总编辑为章振乾。创刊之初,该报日出对开两大张,星期一无报,6月6日起改出三大张,星期一出8开4版一张,报头由蒋光鼐所题。社址初在福州三牧坊,后迁至西湖宁庐。

《国光日报》报道的重点是进行抗日宣传,体现出十九路军坚定抗日决心、反对对日妥协的精神。比如,该报刊载了《壮哉,翁将军出关杀敌》《喜峰口之胜利》等文章,对前线将士的英勇杀敌致以热烈的赞扬。《黄花节》一文则指出:"黄花岗烈士的牺牲精神,比任何事物为崇高伟大","拿先烈的牺牲精神去建设本省,参加抗日","要救国只有师法烈士不怕死的精神,不怕死,拼死对日"。[①] 我们通过《国光日报》各类文章可以读出,此时的十九路军在抗日的态度上与国民党政府当局已经表现出不同的立场。该报于5月26日突出刊载了蒋光鼐、蔡廷锴反对对日

---

① 载《国光日报》,1933年3月29日。

妥协致国民党中央的联名通电,6月16日的社论《如此和平》谴责5月31日签订的中日停战协定是"灰人之志,坠士之气,许多卖国之罪恶必假汝之名而行也"。

由于当时十九路军尚未脱离蒋介石国民党政权的控制,《国光日报》也刊载了一些反共文章,如《处共献议》《告中国共产党——中共路线之错误》等,并且对蒋介石仍有较多顾忌。比如,电讯编辑童冰三曾采用西南通讯社的一则新闻稿,加上《蒋中正卖国通敌罪无可逭》的标题,并经总编辑章振乾签字付印。但蔡廷锴看到报纸后,即令收回已发出的报纸,并勒令停刊3天。

11月20日,《国光日报》为福建人民政府文化委员会接管,后来并入《人民日报》。

二、《挺进》杂志

1933年5月,十九路军为了开辟"本军同人发挥三民主义,考求军事改进"之新场所,在各师创办刊物的基础上,又由总部成立了挺进杂志社,筹备出版《挺进》杂志。

5月15日,《挺进》杂志在当时十九路军的总部漳州首次出刊,大32开本,双月刊,逢单月出版,停刊时间不详,目前仅见3期。

十九路军在先前的淞沪抗战中闻名于国,因此,它创办的《挺进》自然也颇受关注,蔡元培、林森、于右任、黄绍竑、阎锡山、邵元冲、冯玉祥、蒋介石、汪精卫等人均为之题词。它的创办宗旨为"发表中国民众的呼声,发挥民族斗争的意志,唤醒中国人民的革命情绪,和充实我们向前奋斗的力量,准备和仇敌的决斗"①。事实上,作为由军队创办的报刊,读者对象自然是全体将士,这一点,《挺进》的意图是非常明确的。其努力的方向,一是增加官兵的军事知识,二是提高将士的政治文化,三是剖析世界形势,四是指导中国革命的途径,五是报道国内社会经济状况及政治形势。在栏目上,《挺进》辟有论说、学术、文艺、杂俎、特载等,刊发内容以抗日救国、"剿赤剿匪"、改革军队、整治福建为四大主题。随着十九路军酝酿福建事变日程的推进,《挺进》对四大主题的刊载重点以及论述的深度与广度上也不断发生变化。

《挺进》对"剿匪"文章的刊载,主要集中在办刊之初,其发刊词即对共产党和

---

① 蔡廷锴:《发刊词》,载《挺进》创刊号。

红色进行攻击,还陆续公布了一些"剿匪"和处理"匪案"的条例和办法。这样的报道取向,既是十九路军入闽之初的创刊本意,但同时也有屈从于蒋氏政权而迫不得已之举。比如,在1933年蒋介石下令八省总动员"剿匪"时,派出督战官蔡某坐镇监视。而对红军作战方面的报道,《挺进》实际上是比较客观的。当十九路军"剿匪"屡战屡败后,认识到"剿共"没有前途。这种政治转变我们也可以从《挺进》逐渐对"剿共"消息的淡化处理上看出。

抗战救亡则是《挺进》自始至终予以坚持的主题。它刊载了大量的抗战宣传文章,比如,《尽职与救国》《亡国将军》《告归国效力的华侨》《团结救亡》《日本军人之淞沪战役记》《从戎》《刽子手》《今日战争》《国家总动员准备》《抗日声中的粮食问题》《派队北上抗日的情形》等等。这些文章的内容除了激励将士勇于抗战,研究与日军作战的军事战术外,还有一部分则是对国民党中央政府现行的对日政策和备战中存在的种种不正常现象予以揭露与抨击。在发刊词中,蔡廷锴指出:"自二十年'九·一八'事变发生以来,中国无日不在日本帝国威胁下,亦无日不在亡国的危险之中,东北三省失地已复无期,而热河及长城各要隘又相继沦陷。就目前的景况看来,中国实陷入了一个最悲惨的命运。"①在《团结救亡》一文中,蔡廷锴继续指出:"我国朝野,徒有抵抗之呼声,国联大会,只作纸上之空谈,坐视日军阀之恣睢横行,挥斥自如,有无数恶劣之现象","关外的健儿,方浴血以抗劲敌,关内军人,竟奋臂以争地盘,动后灾鸿,正□□于寒风凄厉之中,走马王孙,乃婆婆于酣歌曼舞之场",并暗示南京政府"攘外必先安内"政策的错误,"现在朝野,皆应痛自反省,万不宜蹈覆辙,务须精诚团结,刎除成念,开诚布公,即时奋起抗战。"②

十九路军因率先抗击日军侵略而获誉,后虽入闽"剿匪",但将士不仅抗日斗志未减,而且随着抗战形势的继续严峻,对民族的前途有了更深刻的认识。同时,蔡廷锴等将领也需要利用抗战这一主题与蒋氏政权竞争,以期获取更多的舆论支持,为继之而来的福建事变营造更好的外部政治环境。那么,《挺进》杂志对抗战宣传不遗余力的坚持,就再也正常不过了。

此外,《挺进》杂志对军事理论的研究,也是很有特色的。它所开辟的"学术"

---

① 蔡廷锴:《发刊词》,载《挺进》创刊号。
② 蔡廷锴:《团结救亡》,载《挺进》创刊号。

栏目,刊载了诸如《阵地战的研究》《遭遇战指挥的要领》《在东北作战时兵器使用上的注意》《对敌飞机部队行动的研究》《飞机与地上部队的联络》《野战炮兵超越友军射击之研究》《论作战地域》等军事理论文章。关于部队的政治工作,《挺进》也不偏废,在尚存的3期中可见《军人与政治》、《关于军队中政治工作的诸问题》等两篇这方面的文章。后者在行文中表达了对第一次国共合作和北伐时期,中国共产党在军队中做过的思想政治工作的肯定与怀念,同时也流露出对蒋介石把军队视作独裁工具、轻视军队政治工作的不满。①

另外,《挺进》在"闽政革新"方面也给予一定的版面,尤其是关于农村问题的文章,见解还是相当深刻的:"中国的根本问题是民生问题,而民生问题的重要部分,或者可以说是中心部分,就是农村问题。从辛亥革命到现在,时间不可谓不长,而革命的根本问题尚未得到相当的解决,而且不肯努力去解决,甚或不知道去解决,这实在是中国目前大大的危机!这种危机如果不想方法去挽救,中国的前途,仍然是无望的。"②

传播学原理告诉我们,基于传播效果的强弱考虑,战时宣传这样的传播实例是不宜使用专深、理性的研究文章的,对普通士兵这一教育程度不高的受众群体的组织传播也不宜有正反之"两面之词"。而事实上,《挺进》不仅刊载了大量的军事研究论文,而且对中共和红军的报道也多有客观正面的消息。这样做的原因只能是,十九路军并没有多少斗志与红军作战,或者,十九路军将领早存联共抗日的意图,只是起初对蒋氏政权有所顾忌而不敢公开声明罢了。

三、福建人民政府与《人民日报》的创办

大凡新政权的出现,必是舆论先行,以宣告主张,争取各方面的支持,福建人民政府的成立也是如此。这主要体现在《人民日报》《人民晚报》和人民通讯社的创办及其宣传的内容上。其中以《人民日报》所产生的影响最大,本书主要就此作一叙述。

1933年下半年,十九路军总部已迁至福州,蔡廷锴、陈铭枢、蒋光鼐等人在中国共产党的"停止内战,一致对外"政策的影响下,开始与红军进行谈判,并于

---

① 刘民范撰文,载《挺进》创刊号。
② 张炎:《到农村去》,载《挺进》创刊号。

10月23日签订抗日反蒋的协定,正式走上联共反蒋抗日的道路。同年11月20日,"中华共和国人民革命政府",即福建人民政府在福州宣告成立,而《人民日报》作为其机关报也同时诞生。这在中外报业史上,是甚为奇特的。① 新政府成立后,原由蒋介石任命的国民党福建省党部也就自然被解散了,其创办的《民国日报》也同时停刊,全部财产被《人民日报》接收,"过去民国日报一切手续诸与本社接洽,报价与民国日报相同,民国日报定户,本报仍照常寄送"。② 1933年11月21日,《人民日报》创刊,从该月23日起将公元纪年1933年改称"中华共和国元年",每日出版对开三大张12版。社长初为胡秋原,12月13日后由王亚南继任,总编辑为彭芳草,总经理为刘志南。社址在贡院路,分社设于南台大桥右畔。

  《人民日报》的栏目分为短评、大众测验、国内通讯、地方新闻、社论、来论、特约专载、闽政实际、小说、诗歌、专论、译文、教育消息、经济新闻、大众世界等。其内容除了各类新闻外,广告也占有很大的版面。当然,该报的宣传重点是福建人民政府的各种政治主张和证明新政府合法性的各类言论,比如《宣布政府的今后使命》《人民政府的重要任务》《人民权利宣言》《忠告国民党同志》《中国国民党复兴问题》《粉碎蒋中正的阴谋》《论人民革命》等文章。其中《人民革命政府成立》一文矛头直指蒋氏反动政权:"人民革命政府所负的使命是打倒人民公敌的蒋介石及其走狗南京政府蓝衣党,把中国民族从危难中挽救出来,同时建设新的中国,保护人民的利益,我们敢于相信,这革命政府在全国人民一致拥护之下,必能完成她的责任。"③

  通过《人民日报》,福建人民政府宣布政府的今后使命是:一、求中华民族之解放,形成真正独立自由之国家;二、消灭反革命之南京政府,建立生产人民之政权;三、实现国内各民族之平等权利;四、保障一切生产人民之绝对自由平等权;五、排除帝国主义在华势力,打倒军阀,铲除封建残余制度,发展国民经济,解放工农劳苦群众。对外宣言则阐明政府外交政策,警告列强勿与蒋介石

---

① 吴国安、钟健英:《十九路军驻闽期间的报刊活动及其特色》,载《党史研究与教学》,1988年第4期。
② 《人民日报创刊启事》,载《人民日报》,中华共和国元年11月24日。
③ 载《人民日报》,中华共和国元年11月23日。

合作。①

除了上述的宣传重心,《人民日报》的内容还在如下几个方面给予特别关注。一是抗战救亡之宣传,如《日商仗政府援助,谋夺在华经济霸权》《日货在世界市场的概况》《日货侵略世界市场》《日人在东北实行亡我民族》等文章。二是新政府土地政策之解释与宣传。福建人民政府实行"土地国有,计口授田"的政策,这是其施政纲领的重要组成部分。对此,《人民日报》发表了《闽西解决土地问题之实况》一文,列出闽西实施"计口授田"的具体步骤,并发表《西班牙的土地革命》等文章旁证新土地政策的可行性。三是反蒋军事行动之宣传。福建人民政府的成立,使之面临蒋氏政权的高压军事威胁,战争随时均有可能爆发。《人民日报》在这样的形势下发表了《前进杀贼救国家》《要对准蒋逆扫射》《有十九路军无蒋中正,有蒋中正无十九路军》等大量文章。开战后,该报几乎每日都以头版头条对前方作战情况进行正面的宣传报道,以鼓舞士气。

《人民日报》也和当时大多数报纸一样辟有副刊。其副刊名为《大众世界》,除了每期固定的"短评"外,内容均为文艺作品。12月20日起另辟副刊,改以刊载篇幅较长的学术性文章,如王亚南著作《生产经济学》的连载、雪华的《什么是中国现阶段革命的核心》、礼锡的《末由之何室随笔》、陈尔康的《托罗茨基的俄国革命史》、贾新民的《中国农村问题的解决》等。

福建事变引起南京政府的极度恐慌。蒋介石采用军事进攻和政治分化瓦解双管齐下的手段进行围剿,加上十九路军内部矛盾重重,红军又错失支援良机,福建事变最终失败,福建人民政府于1934年1月13日被迫停止办公,蔡廷锴等人率军退出福州。《人民日报》在缺乏政治支持的情况下也就于福建事变失败的同一天停刊了。

四、福建人民政府出版的图书

福建人民政府存在的时间尚不足两月,因而出版的图书数量不多,主要是为了稳固新生政权而出版的政治宣传和反蒋类图书。其负有图书出版职能的文化委员会文化宣传处曾出版一套"人民革命小丛书",已经出版的有《革命文献》(第

---

① 《宣布政府的今后使命》,载《人民日报》,中华共和国元年11月25日。

一集)、《革命之声》(第一集)、《人民权利宣言浅释》《人民革命宣传大纲》等。该丛书计划出版的其他分册还有《蒋中正卖国残民史》《人民革命与农民》《一个兵士的自述》《人民革命与商人》《人民革命与学生》《人民革命与理论》《革命文献》(第二、三集)、《革命之声》(第二、三集)等图书,但由于福建事变的失败,未及出版便胎死腹中。

第四章

抗日战争时期福建近代出版业的繁荣

抗日战争的全面爆发,使中国的主要社会矛盾从阶级矛盾转向民族矛盾。是时,抗战救亡宣传成为出版界的主要任务,来自不同政治经济背景的出版物,政治立场却出现前所未有的同一性。国民党政府在全国各界抗战潮流的驱动下,在抗战初期对进步出版物的检查不敢过于严厉;国民党内部矛盾重重,彼此倾轧,客观上也为福建战时出版业的发展营造出一个比以往相对宽松的政治环境。

出版业健康发展的关键,除了上述之政治环境外,还应当具备充裕的出版人才与作者资源,以及广泛的读者群体。抗战时期,"益自今年浙东战事发生,浙赣边境文化教育机构纷纷迁移闽北",福建内地山区"因所受战事影响尚微,并基于地理环境之错合,猝然遽成东南文化荟萃中枢"。①福建各地,尤其是战时省会永安一时成为人才荟萃的地方,其中多数为具有丰富出版经验和先进出版理念的知识分子。他们以自身在文化界的影响力,团结了一大批国内优秀的作者群,为战时福建出版业的发展提供前所未有的人才支持。此外,在中国共产党的努力下,抗日民族统一战线逐渐形成,抗战宣传成为当时福建出版业的共同宗旨,进步出版力量的生存空间大为改善。国民党当局也要求无报纸杂志的县政府,与国民党县党部合办时事周报,经费由省政府列入预算。于是,天时地利人和促成了福建近代出版业的鼎盛时期,八闽大地掀起抗战出版活动的热潮,全省有35个县在抗战期间新办了报刊,建瓯、连城、长汀等偏远山区创办的报刊甚至影响全省。而战时省会永安,更是迅速崛起一大批以抗战救亡宣传为主旨的进步出版机构与进步

---

① 《福建文化界鸟瞰》,见邱文生主编:《永安抗战进步文化活动》,海峡文艺出版社1994年版,第176页。

报刊,出版活动前后持续7年之久,成为中国东南半壁江山的出版中心。其出版物之多,作者阵容之大,作品战斗性之强与影响力之广,在当时的国统区仅次于重庆和桂林,为抗日战争的最终胜利和福建山区的文化普及做出了巨大贡献。

第一节 战时省会永安的抗战出版业

一、战时永安的出版环境分析

1937年,日本侵华战争全面爆发。地处沿海、与日占台湾隔岸相望的福建,很快成为日军的主要攻击目标。不久,厦门沦陷。1938年5月,国民党省政府机关迁至永安,许多中学、大专院校和文化机构也同时纷纷内迁,散布在北自建瓯、南平,南至龙岩、长汀的内地公路两侧。永安位于这条公路的中枢地位,作为战时省会,很快就成为全省的政治与文化中心。此时的福建政务,掌握在省主席陈仪手中。抗战期间,国共两党再次合作,陈仪对宣传抗日的进步出版活动也给予一定的宽松政策。他是鲁迅的留日同学,曾出资支持出版《鲁迅全集》,还先后延聘郁达夫、黎烈文、侯宗濂等知名人士在文化教育部门任职。1940年夏,中共东南文委负责人邵荃麟及其夫人葛琴因浙江金衢党组织遭破坏,被敌通缉,辗转来到永安。经黎烈文的推荐,邵荃麟夫妇得到了陈仪的特别批准而留在改进出版社工作。陈仪的这些开明举措,客观上有利于永安进步出版业的生存和发展。

1941年9月,陈仪去职,刘建绪继任福建省政府主席。刘建绪,字恢先,湖南醴陵人,他原是湖南军阀何健部队的一个军长,后被委任为国民党四路军总指挥,兼任闽浙赣边区绥靖公署主任。刘建绪因自己的嫡系部队被调离而对蒋介石心存不满,与蒋氏所依赖的CC系、黄埔系之间也素有矛盾,"他考虑到福建可能与大后方隔绝,希望联络一些进步力量,创造一个安定自保的环境。"[①]省政府秘书长程星龄、刘建绪的随从秘书谌震也是进步爱国人士。程星龄曾在太行山区会见过朱德、刘伯承等八路军高层领导,对解放区的"风纪肃然,军民团结,朝气蓬勃"印象深刻。他曾对刘建绪说:"共产党的必胜也决不是恢公所能阻挡的。抗日战争

---

① 蔡力行:《我在永安从事新闻出版工作的回忆》,载福建省政协文史资料委员会编:《文史资料选编·文化编》,福建人民出版社2001年版,第341页。

前,你们曾统率湖南子弟兵,同共军较量过,结果怎样？现在恢公只手空拳,消灭您的部队的并不是共产党而是蒋介石","为国家民族积蓄一点力量,爱护青年,爱护革命人士,犯不着与共产党为敌"。① 刘建绪出于政治上的需要,对地下党员和其他进步人士的出版活动也采取比较宽松的政策,并出资支持创办《建设导报》和东南出版社,为抗战时期永安进步出版业的兴起提供了必要的政治环境。

  显然,上述因素仍不是永安成为战时中国东南出版中心的充要条件,出版人才、作者资源与必要的读者群,也是出版业得以发展的重要因素。抗战初期,省内许多文人学者不断西迁,但随着战事的转移,逐渐集中在以永安为中心的"小后方"。"单是十多个专科以上学校的教授讲师就有数百人之多,加上分散在各种文化机关服务的文化工作者,力量是不容忽视的。"②除了省内学校,还有许多东南沿海沦陷区的大专院校,如苏皖临时政治学院、暨南大学、东南联合大学等也先后迁到福建内地,不仅推动了原本文化并不发达的福建内地山区的文化发展,而且也为永安进步出版业提供了必要的出版人才、作者资源和读者群。此外,还有为数众多的国内知名作家、学者、教授以及其他文化人士纷纷来到永安,他们大多具有丰富的编辑出版经验和先进的出版理念,如黎烈文、邵荃麟、王西彦、沈炼之、葛琴、钟尚文(骆何民)、羊枣(杨潮)、赵家欣、王亚南、章振乾等。一个优秀的出版家往往能团结一批优秀的作者资源,这在近代商务印书馆和中华书局的发展历程中可以清楚地看出,永安的进步出版活动也不例外。正是由于上述众多的出版人才的汇集,永安进步出版活动得到了国内众多名家的支持。据不完全统计,在永安各种进步刊物上发表作品和出版专著的著名作家、学者,先后有100多人。③ 他们当中有郭沫若、马寅初、冯雪峰、巴金、老舍、张天翼、王亚南、许广平、张光年、范长江、曹靖华、茅盾、冯友兰、何其芳、施蛰存、陈白尘、柳亚子、胡愈、胡风、臧克家等等。

  福建内地多山,造纸材料丰富,历来是造纸业发达之地。湘桂战事爆发后,闽纸销往西南的通道受阻,造成纸张供应过剩,本地出版印刷的用纸成本大为降低。"印刷机件的设备也很完全,目前各地的印刷所,都还没有发挥最高的生产力,甚

---

  ① 程星龄:《刘建绪主闽的片断回忆》,载《福建文史资料》,1990年总第9辑。
  ② 邱文生主编:《永安抗战进步文化活动》,海峡文艺出版社1994年版,第189页。
  ③ 邱文生主编:《永安抗战进步文化活动》,海峡文艺出版社1994年版,第8页。

至有许多印刷机件尚搁置不用,只要事实需要,印刷条件的适应是绰绰有余的。"①这些是战时永安出版业发达的物质与技术基础。

二、战时图书出版业

1938年,著名进步作家黎烈文应福建省教育厅郑贞文之邀来闽,先任教育厅视导员,不久受省主席陈仪之托,组建改进出版社。1939年3月9日,改进出版社由福建省政府出资创立,黎烈文任社长兼发行人,社址设于永安,内设编辑部、总务部、发行部、会计室等,1940年开始自办印刷所。黎烈文大力组织作者,一方面创办了《改进》《现代文艺》《现代青年》《现代儿童》《战时民众》《战时木刻》等6种刊物,另一方面先后出版了图书近200种。改进出版社不仅在永安、南平、长汀、连城、沙县等地设立门市部,而且还在晋江、浙江金华、江西上饶、广东梅县等地设代理处,联系省内外同业300余家,图书运销大后方各地,是国统区第一流的出版机构。②

在改进出版社的影响和带动下,战时省会永安以及南平、沙县、连城等周边地区先后创办或迁入一批影响较大的出版机构。

国民出版社,为国民党东南各省军政机关共同创办,原成立于浙江金华,1942年9月迁入福建南平,直属国民党中央出版事业委员会,主要出版宣传抗战建国书刊、教科书和教学补充读物。

建国出版社,1939年9月由国民党福建省党部文化事业委员会创办于连城。1941年分别在永安、福州设立分社,主要出版国民党政治宣传读物,也出版福建乡土教材和少数文史著作。

教育图书出版社,福建省立沙县师范学校教员陈位烨于1941年创办,并与省军管区洽议,以铅印、石印工场为基础,添置设备,合作创办了教育图书出版社印刷所。该社主要出版师范学校用书、小学教学参考书,以及《大学丛书》《英文文法纲要》等图书30多种,受到各校的欢迎。抗战胜利后,于1945年秋迁入福州,继续出版教育图书及其他书刊。

胜利出版社福建分社,1932年创办于上海的国民党官办出版社,抗战爆发不

---

① 赵家欣:《东南文化工作者的新任务》,见邱文生主编:《永安抗战进步文化活动》,海峡文艺出版社1994年版,第189页。
② 福建省地方志编纂委员会编:《福建省志·出版志》,方志出版社2008年版,第20页。

久即迁入广州,后迁重庆,并在江西、福建设立分社。福建分社由国民党福建省图书杂志审查处于1942年在永安组建,周世辅兼任社长。该社先后出版《思想斗争丛书》《与中国共产党论三民主义》《马克思主义批判》《青年进行曲》等20余种,并在永安、沙县设立门市部,兼营经销业务。抗战胜利后迁至福州,继续出版丘汉平著《美国之统一与法治》等书多种,又在漳州设立胜利出版社龙溪支社,出版《龙溪新志初稿》《台湾全貌》等书。①

1943年10月,东南出版社在谌震和李达仁的努力下创办于永安,并获得刘建绪的资助。这家带有官办性质的出版社,是抗战后期永安进步图书的主要出版基地。该社虽然仅存在两年多的时间,但出版和重印了倾向进步思想和具有学术价值的图书30多种。

创办于1945年5月的经济科学出版社是一家宣传马克思主义理论的进步出版社,该社由王亚南任名誉社长,实际主持人是王亚南的助手余志宏和张来仪。经济科学出版社在短短的两年时间里出版了《中国学术丛书》和《新社会科学丛书》多种,其中不乏影响深远的学术力作。王亚南的《中国经济原论》原在东南出版社出版,在1945年秋东南出版社被迫关闭后继由经济科学出版社出版,列为《中国学术丛书》之一。他的另一力作《社会科学论纲》,原先也在东南出版社出版,1945年修订为《新社会科学论纲》在经济科学出版社出版。这些宣传马克思主义经济理论的著作,是1945年7月"永安大狱"发生后在出版环境恶化之时出版的,显示出知识分子的学术良知和对出版自由理念的追求。

至1944年前后,战时省会永安及南平、沙县、连城等周边地区先后创办了40余家出版社。除了少数几家是省外出版社在福建的分支机构外,大部分是进步人士创办于本省的独立出版机构。此外还有15家书刊发行机构和19家印刷所,这种繁荣景象在福建近代出版史上是绝无仅有的。②

(一)主要出版机构名录:

改进出版社　　　　　　　　　　　　教战导报出版社
青年战友出版社　　　　　　　　　　中华出版社(中华书局永安分局)

---

① 福建省地方志编纂委员会编:《福建省志·出版志》,方志出版社2008年版,第21页。
② 下述机构名录根据邱文生主编《永安抗战进步文化活动》等资料整理而成。

国民出版社	四维出版社
新阵地图书社	大中书社
福建青年出版社	地方自治书报社
建国出版社	战地图书出版社
胜利出版社福建分社	自然出版社
歌林出版社	人生编译社
十日谈出版社	人报周刊出版社
公余生活出版社	文选出版社
三平月刊社	英语锁钥社
前行出版社	东南出版社
战时中国出版社	中国文化服务社福建分社
总动员出版社	联合书屋出版社
南华出版社	点滴出版社
民意月刊社	人文出版社
大江出版社福建分社	大众出版社
商务印书馆永安联合编译社	农学院季刊社
龙凤月刊出版社	新禾出版社
经济科学出版社	福建联合编译社
教育图书出版社	

此外，还有福建省政府秘书处、省教育厅编审委员会、省研究院编译室、省政干团编辑委员会等20多家单位也从事图书编辑出版工作。比如，在1938年，福建省政府秘书处在永安先后出版了《闽政丛书》39种。①

(二) 主要书刊发行机构名录：

中华书局永安分局	改进出版社营业处
商务印书馆永安支馆	文明书局
立达书店	青年书店

---

① 福建省地方志编纂委员会编：《福建省志·出版志》，方志出版社2008年版，第527页。

民主报文化服务部　　　　　　力行书店
古今书店　　　　　　　　　　中国文化服务社永安县分支社
东南出版社门市部　　　　　　开明书店永安分店
正中书局永安支局　　　　　　省政干团永安茅坪服务社
国民党中宣部永安区书刊供应处

(三) 主要印刷所名录：
福建省政府秘书处印刷所　　　改进出版社印刷所
中央日报印刷所　　　　　　　民主报印刷所
省银行印刷所　　　　　　　　万有印刷所
联合印刷所　　　　　　　　　风行印刷分社
艺声印刷所　　　　　　　　　大道印刷所
南城印刷合作社　　　　　　　现代印刷局
东南出版社印刷所　　　　　　力行印刷所
良友印刷所　　　　　　　　　永光印务公司
政干团服务社印刷厂　　　　　长风印刷所
文化服务社印刷所

三、进步报刊出版活动

永安战时进步出版业的繁荣还表现在报刊的出版上。在抗战时期的前后 7 年间，创办于永安或迁往永安出版的报刊计有 142 种，其中报纸 13 种，杂志 129 种。不仅报刊数量多，而且报刊内容和报刊风格呈多样化的特点。办刊主体主要来自三个方面：国民党党部或国民党政府、中共地下组织与民间团体。在政治立场上，总体来说，坚持抗战宣传是主流。虽然国民党顽固派反共之心从未停止过，1941 年《皖南事变》后更是加紧对进步出版业的迫害，1945 年又发生震惊中外的"永安大狱"，但相对于民国其他时期的政治环境来说，无论是陈仪还是刘建绪主政期间，进步出版业的生存空间还是比较宽松的。

1938 年 10 月，时值抗战呼声日渐高涨，在省教育厅任职的中共地下党员陈培光和章振乾、林浩藩、卓克淦等人自费创办了《老百姓》五日刊，在中共南平工委（后改闽江工委）的领导下开展出版工作，章振乾为发行人，陈培光为主编。该刊积极宣传抗战，颂扬浴血奋战的前方将士，痛斥汪精卫之流的卖国行径。由于文章短小精悍，政治上倾向进步，深受读者欢迎，发行量由原先的油印数百份到后来的铅印5 000余份。国民党福建省政府出版的《民教指导》甚至把《老百姓》作为优秀的民众读物推荐给民校教师，"作战时民校的课余读物，补充教材，甚至教师的技术读本"。①1939年11月，该刊因刊载了一篇题为《拥护孙中山先生三大政策》的社论，对国民党违反孙中山先生的三大政策提出批评，被远在连城的国民党福建省党部以"亲共"之名勒令停刊。《老百姓》的创刊，标志着战时永安进步报刊出版业的兴起。

由省政府秘书处主办的《闽政月刊》和县政人员训练所主办的《公余》半月刊，原创刊于福州，在省会内迁至永安后也与之随迁，合并成《闽政与公余》旬刊，形成"非常时期合刊"。这份由上述两家机构共同编印的刊物，是抗战时期一份大型的官办期刊，合刊时正值抗日民族统一战线形成，抗日救亡运动如火如荼，因而刊登了不少反映当时抗日救亡运动的文章。其"战地写真"栏目，曾先后登载了郁达夫、董秋芳关于淞沪战役的报道，并大量转载《大公报》《群众》周刊等进步刊物的文章，如朱德的《八路军的抗战》、董必武的《群众运动诸问题》、张劲夫的《战地所见的严重问题》、薛暮桥的《抗战中的乡村政治问题》等，在当时消息闭塞的福建，产生过很大的影响。

创刊于1943年5月的《建设导报》三日刊，是刘建绪创办的报刊。刘氏办报的目的，是想建立自己的言论阵地，宣传地方自治的所谓"新县制"。谌震任该报社长，中共党员周佐严任总编辑，编辑有谢怀丹、林子力、钟尚文等，后又聘请李达仁担任主笔，王石林担任采访部主任。该报除刊登刘建绪的一些言论和摘录来自广西官方刊物的有关地方自治的文章外，主要介绍宣传进步思想，分析国内的重要政治时事。比如该报针对国民党顽固派反对第三国际的叫嚣，刊载了王石林撰写的《国际一年》的评论，对此予以驳斥。由于《建设导报》立场追求进步，受到顽固派的压制，于1945年2月4日被迫停刊。

《民主报》原在建瓯出版，前身为蒋鼎文于1936年创办的《闽北日报》，1942年元旦改为现名，同年10月与创办于连城的国民党福建省党部机关报《大成日报》合并出版，形成《大成日报民主报联合版》。1943年9月迁至永安后"联合版"

---

① 福建省地方志编纂委员会编：《福建省志·新闻志》，方志出版社2002年版，第81页。

继续出版，1944年4月1日《民主报》恢复单独发行。该报社长是国民党省党部委员朱宛邻，但社务主要由副社长兼总编辑颜学回负责。颜学回是一位主张抗日的国民党左派人士，他聘请羊枣为主笔，董秋芳为《新语》副刊主编。1944年9月起该报撰稿人主要是进步人士，包括羊枣、李达仁、郑书祥、谢怀丹、赵家欣、叶康参等人。《新语》副刊顶住来自国民党顽固派的强大政治压力，大量刊登进步文艺作品，产生了很大的影响。

羊枣是著名的国际时事评论专家，他为《民主报》撰写星期论文，评论国际时事和战局，间或对国民党的黑暗统治予以揭露。1944年8月初，羊枣在该报撰写《只有牺牲才有胜利》一文，赞颂衡阳军民困守孤城40余天的爱国壮举，给消极抗战者当头一棒。他还撰写了《人民力量是伟大的》《救救农村的危机》《增进中苏邦交》等一系列文章，宣扬抗战精神，唤醒广大民众的爱国热忱。

《国际时事研究》周刊是1944年9月1日创办于永安的一份影响广泛的报刊，由福建省政府编译室和研究院社会科学研究所联合编辑，东南出版社经售。羊枣任主编，编辑有谢怀丹、李达仁等。羊枣利用这份期刊，先后发表了54篇国际时事和军事评论文章，40余万字。其中《箭在弦上的太平洋新攻势》《锁钥地带的鏖战》《战神降临敌帝国》《返回菲律宾》《太平洋战争新局势》《从柏林到东京》《德意志的悲剧》等文章，材料翔实，剖析深刻，论述精辟，准确预见到第二次世界大战的战事进程和战争结局，引起极大反响，甚至美国的新闻机构也将他的文章转载到国外报刊上。

战时永安还创办了不少学术报刊与行业报刊，其创办者包括政府管理部门、金融机构、各类学校和民间团体等。比如，教育类刊物有《民教指导》《福建教育通讯》《闽师通讯》《福建教育》《福建大学周刊》《国民教育指导月刊》《福建师专校刊》《中等教育》《国立音乐专科学校校刊》《教学资料》《福建教育界》等；经济金融类刊物有《福建省银行通讯》《经济导报》《福建银行季刊》《物价金融月报》《福建经济建设》《会计知识》《福建统计通讯》《福建物价指数》等；农业类刊物有《福建省立农学院院刊》《福建农报》《福建农业》《福建农业统计资料》《农村通讯》《福建省农事试验场场报》《农林通讯》《农业通讯》《福建渔业》《闽东八县渔业报告》《茶叶研究》《农业经济研究丛刊》《福建省研究院农林研究所研究专报》等；气象类刊物有《福建气象月刊》《气象通讯》《气象论丛》《福建气象年报》《气象月讯》《福建气象简报》《福建天象》《天气》等；地质类刊物有《福建省地质土壤调查所年报》等。这些刊物虽然不是以抗战宣传为创刊主旨,但是直接服务于抗战后方的政治、经济和文化教育事业的建设,为抗战的最后胜利同样做出了重要贡献。

第二节 改进出版社与东南出版社

在永安进步出版业所历 7 年时间里,按其起落特征,可分为两个阶段。

第一阶段的进步出版业的起点是 1938 年 10 月《老百姓》五日刊的创办。此后,进步爱国人士以改进出版社为主要据点,积极从事进步报刊与图书出版工作,形成永安战时进步出版活动的繁荣局面。直至 1941 年,国民党顽固派发动"皖南事变"后,永安进步出版业也随之进入低谷。

第二阶段以 1943 年 5 月《建设导报》三日刊的创办为起点。在经历低潮期一段时间的酝酿,永安进步出版业再度兴起,又呈现出一片繁荣景象。这期间创办的重要报刊除了《建设导报》,还有《联合周报》《国际时事研究》等。除了这些直接反映现实的综合性刊物外,这一阶段的永安还创办了多份有影响力的学术刊物,其中的代表性刊物是《台湾研究季刊》和《社会科学》季刊。前者由国民党中央直属台湾党部创刊于 1944 年 11 月,为近代最早的台湾研究刊物;后者为福建省社会科学研究所于 1945 年创办,王亚南主持出版工作,以马克思主义观点考察社会问题,做到学术性与现实性相结合,具有较高的学术水平。新成立的图书出版机构则有东南出版社、经济科学出版社、福建联合编译社等。尤其是东南出版社,以出版名家著作见长,并得到广大进步作家的支持,在国内具有广泛的影响,成为这一阶段永安进步出版业的代表。1945 年 7 月,"永安大狱"发生,进步出版业横遭摧残。同年底,省政府机构回迁福州,永安失去了战时福建文化中心的地位,繁荣一时的战时进步出版业终于落下了帷幕。

改进出版社与东南出版社,作为永安进步出版活动前后两个阶段的领导者,在战时进步出版业中很具有代表性。其出版物的数量及影响、出版导向的先进性在永安无出其右者。实际上,二者的创办与出版历程,是当时各方力量进行政治博弈的结果,表明出版活动作为精神产品的生产所特有的意识形态特征。

一、改进出版社

改进出版社与一个人的名字始终联系在一起,这就是左翼作家黎烈文。黎烈文,1904年出生于湖南湘潭,曾任商务印书馆助理编辑。1932年12月他出任《申报》副刊《自由谈》主编,1934年5月辞职后与鲁迅等人组织译文社,出版《译文丛书》。1936年任半月刊《中流》主编,同年10月与鲁迅、郭沫若、茅盾、巴金等21人共同发表《文艺界同仁团结御侮与言论自由宣言》。1938年春,他应福建省教育厅厅长郑贞文邀请到福州工作,同年5月随同省政府迁至永安。1939年2月,经郑贞文推荐,陈仪任命黎烈文组建改进出版社,并任社长兼发行人。

丰富的出版经验,加上作为一名作家对文字的天然敏感,使得黎烈文在改进出版社的组建与出版工作中显得游刃有余。他大力组织作者,一面办刊物,一面出版图书,改进出版社呈现出一派生气蓬勃的景象。从1939年3月起,在几个月里先后编辑出版《改进》《现代文艺》《现代青年》《现代儿童》《战时民众》《战时木刻画报》等6种刊物;出版8种丛书和一些单行本,计100多种,多数畅销全国。

(一)改进出版社创办的报刊

《改进》半月刊,1939年4月1日创刊,1941年5月改为月刊,由黎烈文、沈炼之先后任主编,1945年迁往福州后的主编是林天兰。该刊是一份综合性刊物,内容涵盖政治、经济、教育、社会、科学、文艺等各方面。作为社刊,《改进》是反映改进出版社的政治立场和出版宗旨的刊物。黎烈文在发刊词中指出:"创办刊物犹如推重车上峻坡,在永安这个万山重叠,交通不便,风气闭塞,不单外省人不知的贫瘠山城,连福建本省人,说起它来也只是一个模糊的轮廓,出版刊物何等困难。我们是抱着涸辙之鲋相濡以沫的苦心,不顾人力物力困难,创办这个内容比较广泛的刊物,盼望刊物出世后,能引起各处文化界人士,对这地方的注意,能够有更多的人到这里耕耘、垦拓,慢慢地成为一个推动内地文化的据点。刊物内容是想对抗战和建国两重工作,都有些许贡献。"①

刊物的成功,首先需要获得优秀作者的支持,其中,主编对作者的感召力至关重要。具有作家与出版家双重身份而又思想追求进步的黎烈文,获得国内文化界的广泛支持。国内为数众多的知名作家、学者都曾在《改进》上发表文章,如钱端升、蒋百里、陈岱孙、马寅初、章乃器、胡愈之、巴金、老舍、黄药眠、聂绀弩、章靳以等等。对"倾注全部心血"的《改进》,黎烈文的审稿是坚持原则的,"他时刻不忘要为推动福建战时文化事业作些贡献,要登些对抗战和建国两重工作都有些贡献

---

① 黎烈文:《我们的希望》,载《改进》第1期,1941年4月1日。

的文章。"①在他的努力下,《改进》刊发了一系列具有相当分量的文章,如郭沫若的《两年来敌国的社会状况和反战潮流》、刘思慕的《法兰西的恶梦》、萧乾的《欧洲往哪里去》、马寅初的《中国之国际贸易》、胡风的《民族革命战争与文艺》、蒲风的《九一八后的新诗运动》等。此外,《改进》还重视对译稿的选用,前后刊发译作640多篇,占全部作品的47.5%。这对开阔读者的视野,繁荣文学创作产生过积极的作用。良好的质量使《改进》深受读者欢迎,发行量达10 000多份,远销全国各地。

《现代文艺》月刊,1940年4月25日创刊,著名作家王西彦、章靳以先后担任主编。该刊是一份战斗性很强的纯文艺刊物。王西彦由邵荃麟推荐来永安开辟进步文艺阵地。《现代文艺》的创刊号和最初几期稿件,部分由邵荃麟亲自组稿后从浙江寄来,并得到他的具体指导。② 1940年6月前后,浙江金衢特委遭破坏,邵荃麟与夫人葛琴辗转来到永安,直接参与该刊的编务工作。

《现代文艺》除了刊载众多名家的小说、散文、新诗、通讯报告等文学作品外,在文艺理论建设上的成就也很突出,前后发表60多篇战斗性很强的论文,踊跃参加当时整个国统区关于文艺"民族形式""大众化"、"暴露与讽刺"等思想论争,还批判了"与抗战无关"论和"战国派"文学,抨击了国民党的反动文艺政策。发行量最高时达10 000多份,是当时国内最有影响的文学刊物之一。

《现代青年》月刊,1938年创刊于福州,原是福建省教育厅编审委员会的刊物,1939年11月由改进出版社接办,是一份综合性通俗刊物。陈东帆、卢茅居、卓如、陈培光、赵家欣等先后任主编。其创办的目标"是想在各方面供给青年朋友一点知识","以满足其旺盛的求知欲望","补学校教育的不足,或给失学青年的业余的进益"。③除了名家作品,该刊也注意培育青年作者,专门辟有"青年园地"栏目,还通过征文竞赛等形式活泼的方法,向青年传播新知识。

《现代儿童》月刊,1939年9月由改进出版社接办。张文郁、葛琴、柯咏仙、许粤华等先后任主编,是一份面向儿童的通俗刊物,栏目众多,内容广泛、文章短小、

---

① 郑庭椿:《怀念黎烈文》,见邱文生主编:《永安抗战进步文化活动》,海峡文艺出版社1994年版,第325页。
② 比如邵荃麟在写给黎烈文、王西彦的一封信中强调要加强理论文章包括西洋理论的介绍,对东南地区的作品的批评与介绍也要予以倾斜,还要注意提拔新作者等。此信载《现代文艺》第一卷第2期,1940年5月25日。
③ 邱文生主编:《永安抗战进步文化活动》,海峡文艺出版社1994年版,第636页。

形式活泼,很适合儿童阅读,是当时国内为数不多的儿童刊物之一。

《战时民众》旬刊,创办于 1939 年 3 月,姚勇来、沈嫄璋任主编,是一份宣传抗战救国的通俗刊物。

《战时木刻画报》,半月刊,创办于 1939 年 3 月,由著名木刻画家萨一佛等任主编。这是一份颇具特色的通俗画刊,以抗战为主要题材,有故事画、漫画、连环画、木刻画等。内容通俗生动,形象逼真可人,深受读者喜爱。以普通民众喜闻乐见的形式宣传抗战,是该刊最值得称道之处。

(二)改进出版社出版的图书

改进出版社是福建近代出版史上出版图书最多、影响范围最广的一家图书出版机构。与当时国内其他许多出版社一样,改进出版社特别重视系列丛书的出版,这样做的目的主要是出于扩大出版物影响的考虑。在永安期间,改进出版社共出版 8 大丛书和一些单行本,其中不少图书为名家名著,畅销全国。

1.《改进文库》

这是集纳图书数量最多的一套丛书,共出 20 多种,加上单行本,计有 40 多种。其内容包括社会、经济、政治、哲学、历史、自然科学、文艺等,"且注重目前有关抗战建国诸问题的研究,以取材严谨及定价低廉为第一义。"①兼收著作和译作,既重学术专著也不偏废普及读物,其重要者包括:

　　许天虹译《希特勒与国社党》
　　黎烈文、周学普等编译《苏联的建设》
　　邵荃麟等著《风尘》
　　王亚南著《中国经济思想评论》
　　吴锡章著《中国国民党史略》
　　罗素等著、郑庭椿译《英国与美国》
　　黄秉心著《中国刑法史》
　　高时良著《第二次世界大战中的近东与远东》
　　沈炼之译《生命之谜》
　　邝震鸣著《现代政治概论》

---

① 《改进出版社编辑丛书启事》,载《改进》第四卷第 6 期,1941 年 2 月 15 日。

周宪文著《中外古今谈》等

2.《现代文艺丛刊》，共出版4辑，前3辑每辑6种，第4辑8种。作品体裁包括小说、散文、诗歌、剧本等，一部分是文学译作。作者既有名家如唐弢、聂绀弩、王西彦、艾芜、蹇先艾等，也有郭风这样的青年作者。其中第1辑包括聂绀弩的短篇小说集《夜戏》、葛琴的短篇小说集《生命》、王西彦的短篇小说集《报复》、邵荃麟的剧本《麒麟寨》、艾芜的散文集《杂草集》和唐弢的杂文集《劳薪辑》等。

3.《世界大思想家丛书》，计出6种。改进出版社在其"编辑丛书启事"中推介，"'世界大思想家丛书'所介绍的思想家都在世界文化史上有着崇高的地位，担任选择和介绍的又是现代第一流的学者名家，翻译的人也极能胜任。"①这6种图书是赫胥黎著《达尔文》、褚威格著《托尔斯泰》、罗曼·罗兰著《卢梭》、西洛尼著《玛志尼》、托马斯著《叔本华》和德莱塞著《梭罗》等。改进出版社原计划陆续出版其他思想家的丛书，但由于其后期出版困难而搁浅。

4.《现代青年丛刊》，计出5种。现已知见的有陈占元译《红海的秘密》、沈炼之著《法国革命史话》、蒋建策著《中华民族光荣史》、刘诚著《天·地·人》等，第五种书名不详。

5.《现代儿童小丛书》，共出6种，面向少儿，文学体裁多样，表现手法生动活泼。小说有《榕树伯伯的话》；童话有《孩儿桥》《白透迦的秘密》和《麻鸡婆脱险记》等；歌曲有《儿童歌音》和《儿童歌曲》等。

6.《战时民众丛刊》，共出6种，面向普通民众。小说有《战车队长的哥哥》；自修读本有《抗战地理读本》和《国父遗教》等；散文有《生活报告》；评话有《活关公张自忠》和《卖"油炸卫"》等。

7.《世界名著译丛》，仅出2种，包括罗素著、沈炼之译《权力》和吴尔夫著、陈范予译《科学方法精华》。

8.《建设丛刊》，仅出2种，包括项衡方编纂《总理实业计划》和《总理实业计划（表解分图）》等。

此外，改进出版社还出版"木刻连环图画"5种，分别是王琏等著《阿吉复仇记》、林筱等著《女英雄双枪王八妹》、丁明等画《长城谣》、张昭华等著《张寡妇仗

---

① 《改进出版社编辑丛书启事》，载《改进》第四卷第6期，1941年2月15日。

义殉身》和张刃著《小菱姑娘》等。

  1941年以后，改进出版社开始转入低潮。其标志之一是社办报刊的萎缩。在1941－1942年间，改进出版社所办的6种刊物中，《现代文艺》《现代青年》《战时民众》和《战时木刻画报》相继停刊，只剩《改进》和《现代儿童》两刊仍在艰难求生存。特别是《现代文艺》这份大型文艺刊物的停刊，严重削弱了改进出版社的影响力。由于稿源日渐枯竭，《改进》半月刊也改为月刊出版。在内容上，《改进》开始越来越向官方立场靠拢，几乎每期都刊登省政府各厅、处宣传所谓"政绩"的文章。在图书出版方面，改进出版社出版的图书数量和内容思想性上也大不如前。"在这个时期里，黎烈文的情绪显得很消沉。出版社已经名存实亡，陷于苟延残喘的境地。他无所作为，得过且过。"①改进出版社的衰落，多数学者认为是1941年皖南事变后国民党顽固派加剧对进步文化事业的迫害所致。② 也有学者认为其中一个重要原因是黎烈文因反对苏联和日本签订《苏日中立条约》，发表了一篇措辞激烈的《我们的抗议》，从而"无可挽回地损伤了长期以来改进出版社在人们心目中的形象"。③

  事实上，除了上述原因外，改进出版社的衰落与陈仪的去职也有很大的关系。改进出版社是在陈仪的支持下创办的，其目的是企图以文化事业巩固其政治权威。陈仪明知黎烈文是左翼作家，仍让他主持改进出版社的社务工作。在工作中，黎烈文甚至被国民党特务和顽固派骂为"上海有名的左翼作家""共产党"。陈仪对这些指责均不顾政治风险加以抵制，甚至邵荃麟、葛琴这样身份明白无误的中共党员均在他的首肯下进社工作，表明改进出版社在他心目中的重要性。陈仪去职后，改进出版社自然得不到他的继任者刘建绪的全力支持，也就失去了从事进步出版活动的政治支持，在顽固派的攻击下最终走向衰败。

二、东南出版社

  1941年9月，刘建绪继任福建省主席之职。他原非蒋介石的亲信，身边又有

---

① 王西彦：《我所认识的黎烈文》，载《新文学史料》，1981年第4期。
② 参见李瑞良著：《抗日战争时期福建永安的进步出版活动》，载《编辑学刊》，1994年第2期；又见官大梁著《黎烈文与改进出版社》，载中国近代现代出版史编纂组编：《新民主主义革命时期出版史学术讨论会文集》，中国书籍出版社1993年版。
③ 史习培先生的观点。见蒋伯英主编：《福建革命史》，福建人民出版社1991年版，第833－834页。

思想倾向进步的程星龄和谌震，对进步文化事业自然心存宽容。在这样的政治小环境下，永安进步出版活动经过短暂的沉寂后，积蓄的力量终于再度爆发而出，出版业呈现一片繁荣景象，东南出版社的出版活动就是这一阶段的标志。

1943年10月，谌震和李达仁集资创办了东南出版社，刘建绪出于在文化界树立开明形象的需要，也出资给予赞助。这家带有官方性质的出版机构，由巨商江子豪任董事长，谌震任常务董事兼发行人，李达仁、李力行和王石林先后任经理。化名钟尚文的骆何民也曾协助该社做过筹划工作。①

东南出版社出版的第一批图书，是1943年秋谌震从重庆一家出版社带来纸型的3部译著：美国共和党总统候选人威尔基的《天下一家》、美国战前驻日大使格鲁的《东京归来》和中外出版社翻译的《联合国概观》。谌震把它们带到永安东南出版社出版，为被日寇封锁的东南读者带来了新鲜的精神食粮，出版后深受欢迎。以此为起点，东南出版社在其存在两年时间里，先后出版或重印了30多种图书，总印数达6万－7万册，并接办了蔡力行编辑的《联合周报》，同时创办门市部，除销售本版图书外，还负责其他革命进步书刊的销售工作。

重视出版物的选题与学术质量，是东南出版社的成功之处。其所出图书，数量上虽不及改进出版社，但在质量及社会影响上却丝毫不逊色，其中更有一些可称得上是传世名著，比如：

歌德著、郭沫若译《浮士德》和《少年维特之烦恼》

郭沫若著《先秦学说述林》

夏衍著《水乡吟》

茅盾、于潮等著《方生未死之间》

骆宾基著《一个倔强的人》

王亚南著《中国经济原论》和《社会科学论纲》

王西彦著《静水里的鱼》

张天翼等著《贾宝玉的出家》

裴多菲著、孙用译《勇敢的约翰》等

---

① 骆何民离闽后到上海参加《文萃》杂志的编辑工作，被国民党杀害，为"《文萃》三烈士"之一。

据东南出版社重庆分社负责人林一青回忆说:"当我把几本《少年维特之烦恼》及《浮士德》,特别是绸面烫金的《浮士德》送给郭沫若同志时,他非常高兴,将书把玩,爱不释手,一再说:'印得很好,很好!校对、装帧都好。'并要把花了十五年心血研究,那时才编好的《先秦学说述林》托我送东南出版社印行……"①

富有现实性与战斗性的选题、学术水准的厚重,使得东南出版社的图书深受读者欢迎,发行范围不仅包括东南各省,而且远及重庆、桂林等大后方城市。《方生未死之间》这本文集尖锐地批评了国民党政权的腐败和国统区的黑暗,指出旧制度的灭亡和新事物的成长是必然的,呼唤发展的必然阶段的到来,号召民众去摧毁"未死",促进"方生""缩短诞生的苦痛"。其立场鲜明,文笔犀利,内容深刻。出版后在很短的时间里便风行各地,并重印数次,1947年春印行上海版,同年又印行厦门版。东南出版社门市部曾因此书而门庭若市。

重视图书的编校和装帧设计工作是东南出版社又一成功之处。它所编辑的图书,都是几经编校的,差错率极低。《浮士德》出版后寄到重庆,郭沫若只发现一个错字,即书的末尾一个人名"亨利"被错印成"享利",其他毫无差错。郭沫若还就此写信给李达仁,赞扬东南出版社的编校工作。在装帧及版式设计上,东南出版社也非常考究。在出版工作中,每一种图书都被视为艺术品对待,规定书的扉页前面及版权页后面均要留有空白,天头地脚要保持一定的宽度,行前不能留有标点等等。此外,每种书都留有毛边本,以增加图书的收藏价值。采用的纸张,是闽西姑田出产的土造道林纸,光泽虽不如舶来品,而洁白则有过之。

东南出版社建有完整的编辑部、印刷厂和发行部。它的门市部不仅销售本版书,而且还经售大批来自广东、桂林、重庆等地的进步书刊,如生活书店出版的《青年自学丛书》、华岗著《社会发展史纲》、沈志远著《政治经济学教程》、胡绳著《辩证唯物主义入门》、艾思奇著《大众哲学》、郭沫若著《甲申三百年祭》,以及鲁迅、茅盾、巴金、曹禺等人的作品及外国名著等。

在东南出版社的带动下,永安其他规模较小的出版社也积极参与进步图书的出版,有些图书甚至声誉远播全国,比如,文选出版社于1943年出版了沈炼之的《世界文化史》上下册;南华出版社于1944年出版了千家驹的《中国法币史之发

---

① 李振林:《关于东南出版社》,见邱文生主编:《永安抗战进步文化活动》,海峡文艺出版社1994年版,第424页。

展》,中华出版社(中华书局永安分局)出版了关稼农的《战后之世界》;立达书店于1945年以歌林出版社的名义出版了王西彦的小说《村野恋人》和许杰的《现代小说过眼录》,十日谈出版社出版了施蛰存翻译的《丈夫与情人》和《战胜者巴尔扎克》等。

1945年7月,"永安大狱"发生,东南出版社被国民党反动势力视为"中共地下党的联络机关"而横遭查禁,谌震、李达仁、李力行、王石林等进步人士被捕入狱,程星龄被软禁。这家积极从事抗战出版活动的机构,却在抗战即将胜利之际,过早地结束了它的历史使命,存在时间前后不到两年。

第三节 知识分子与永安进步报刊出版业

知识分子作为社会群体中的一个特殊的阶层,是知识、思想、价值观念与意识形态的构造者、阐释者与传播者。在中外历史上,每一次的社会变革,知识分子总是承担起思想启蒙的社会责任。传统上,在相对缺乏科学精神的国度里,中国的知识分子往往具有浓厚的政治情结,民国时期更是知识分子政治参与度较高的时期。在直接参与政治活动的机会不多的情况下,知识分子表达政治立场的途径,就需要通过出版活动得以实现。抗战爆发后,国难当头使得知识分子淡化了原有的党派立场和意识形态偏见,而代之以对抗战救亡这一基本主题的共同遵循。福建永安,因其相对稳定的政局和相对宽松的出版环境,聚集了一大批不同政治背景的爱国知识分子,使得这个闽中山区小县一时成为知识分子释放政治能量与爱国热情的地方。知识分子的聚散,成为永安进步出版活动兴衰的内在动因,而知识分子天然富有的对现实的批判精神和理想主义情怀,造成与专制政体的必然冲突——这种冲突始终贯穿于永安进步出版活动的整个过程,并充当着社会舆论与先进思想代言人的角色。可以肯定,没有知识分子的积极参与,战时福建出版业不可能有如此广泛的影响力,也不可能在思想领域对国民党的反动宣传产生如此强大的反击力量。

一、董秋芳与《新语》副刊

副刊,是报纸上刊登文艺作品、学术论文或专题知识的专页或专栏。这种操作简易、成本低廉而又能借助报纸发行力量的出版形式,在民国时期曾备受推崇。鲁迅、郭沫若、胡适、林语堂、周作人等文化名流都与副刊结下不解之缘。在永安从事进步出版活动中的知识分子中,许多人就是与副刊联系在一起的,董秋芳与《新语》副刊便是具有代表性的一例。

《新语》是《民主报》的副刊。《民主报》原名《闽北日报》,1936年11月19日由驻闽绥靖公署主任蒋鼎文创办于建瓯,后由国民党福建省党部执委朱宛邻接办。1942年元旦改为《民主报》,同年10月与创办于连城的《大成日报》合并出"联合版"。当时,程星龄见刘建绪想办报又怕办报,就建议他资助《民主报》一笔钱,让它迁到永安来出版。① 于是《民主报》就在1943年9月9日迁至永安出版。1944年4月1日《民主报》摆脱《大成日报》恢复单独出版。《新语》就是《民主报》迁往永安出版后设立的副刊。

1943年,董秋芳应《民主报》总编辑颜学回之聘,负责《新语》副刊的编辑工作。董秋芳,笔名秋航、冬芬、冬奋等,浙江绍兴人,著名左翼作家。1937年4月,董秋芳应时任福建省政府公报室主任的郁达夫之邀,到福州任省政府编译室编译、省政府图书馆副馆长。1938年5月随福建省会内迁到永安,任省政府秘书处编译室编译兼省政府图书馆馆长。他主编的《新语》副刊,出刊600多期,大量刊登进步青年和文化界人士抨击时弊的文学作品和时事评论,成为当时永安进步文化运动的主要阵地。常为《新语》撰文的进步文艺青年有刘文铣(即刘金,笔名梦旦、柳无垠等)、刘焱曾(笔名晏石、晏宴等)、曾列明(戈扬)、彭传玺(笔名遗章)、陈耀民(夏侯)等,以及作家许钦文、公刘、沙场斗士、东方未明、墙外行人等。他自己也在《新语》上发表了一系列的文章。其中,《偶然与必然》《新世界观与新审美观》宣传了辩证唯物史观的文艺思想;《响应东南文艺运动》一文对东南文艺运动的"消沉""落后"提出批评;《斗争》《东北必须归还我们》等文章则激励民众积极参与抗日战争。他在《斗争》一文中写道:"我又想起我们目前在前线后方直接间接和敌人搏斗的场面——现实。不容怀疑,这是战神的化身,它不让我进去,而又不让我退回,怎么办?还在进退两难、仓惶失措的时候,我又听到另一种轻微但却很有力的声音:斗争!是的,斗争!"②

---

① 谌震:《永安杂忆》,载《福建文史资料》,1985年第11辑,第174页。
② 转引自贾瑞元:《在八闽大地上战斗:抗战期间董秋芳在福建的文艺活动》,载徐君藩等编:《福州文坛回忆录》,海潮摄影艺术出版社1993年版,第119页。

1944年冬至1945年春,在董秋芳的支持下,《新语》副刊和《中央日报》(福建版)发生了一场令人瞩目的大论战,使得知识分子和国民党政权之间固有的意识形态冲突表面化,成为后来"永安大狱"发生的序曲。

1944年11月11日和13日,《中央日报》(福建版)发表了一篇题为《白话文的危机》的文章,作者郑朝宗针对同年8月22日《东南日报》副刊《笔垒》上发表的《"男女同居"问题》中一些修辞学上的错误,对白话文提出尖锐的批评。《笔垒》则连续发表了《郑朝宗的尾巴》《白话文没有危机》《亦谈文白》和《"不通"之例》等文章,予以反批评,认为该文的实质是替八股文撑腰。《新语》从1944年11月30日起,也连续发表了怀淑的《做你的僧侣去罢》、茅塞的《郑朝宗先生的嘴脸》、修士的《文言文的前途》等文章,对《白话文的危机》的论点进行批判。

至此,论战的主题仍属于文体之争,然而事态的发展并不是想象的那么简单,这一论战很快被国民党顽固势力所利用。1945年1月7日和21日,《中央日报》(福建版)又连续发表题为《风格小论》和《从"子曰"到"鲁迅说"》的文章,不仅认为白话文是三种"伪体",而且矛头直指鲁迅和进步文化事业,认为青年是"缺乏独立思想"的"思想上的奴隶主义","这种主义是非常危险的"。同时对国民党政府大搞法西斯专政,拒不实行宪政寻找借口,并把责任推到进步文化界。这样,论战主题的升级,就把隐藏在背后的国民党顽固势力想借文体之争围剿永安进步文化事业的真实意图暴露出来了。

针对《中央日报》(福建版)上的反动言论,《新语》顶住巨大的政治压力,连续发表了柳无垠的《郑朝宗的"风格"》、茅塞的《如此伟论》、金斗节仔(张垣)的《打"落水狗"原来不是痛快的事》、公刘的《郑朝宗的"微妙之言"》等10余篇文章,予以理直气壮、义正词严的批驳。

此后,论战的主题又不断升级,转向对高尔基的评价,最后是对共产党和进步文化界的直接攻击。2月25日,《中央日报》(福建版)发表了《邱吉尔可以休矣》一文,用所谓的"微妙之言",把大英帝国的"光明面",着实赞扬了一番,并在正文之后的"附栏"里,谩骂共产党和进步文化界为"万恶的直接、间接,有形无形,出卖国家民族的猪狗之类",公然声称要"请政府明正典刑"。山雨欲来风满楼,作为国民党中央宣传部直接领导的《中央日报》(福建版),刊发这样的文章,实际上已经昭示着险恶的政治环境即将来临。

不久,该报又刊出《阿波罗欤?阿修罗欤?》和《我们的出路》两篇文章,攻击共产党搞"割据","丧心病狂","直接间接,有形无形跟中华民族为仇"。与此同时,《中央日报》(福建版)配合上述两文,刊出《肃清危害党国毒菌》和《强化本党革命的壁垒》两篇社论,谩骂进步文化人士是"潜藏在福建境内的反革命及假革命分子","以巧言令色,蒙蔽地方首长","拉拢下层社会民众","深入文化机关团体,盗用公私报纸杂志发布谬论","公然倡导其'联合政府'式的主张"。此社论要求国民党各级地方政府"立刻决定对策,并且立刻付诸执行",用"擒贼先擒王的方式,把那些混进本党的首要奸伪分子一起赶掉,使其一切阴谋归于幻灭,否则根深蒂固将成蔓草不可除之势。"①

《中央日报》(福建版)利用起初的白话文与文言文之争,攻击鲁迅与高尔基,并一步步把论题引向政治问题,直至最后撕开假面具,矛头直指共产党和永安进步文化人士。显然,这是一次精心策划、带有险恶用心的论战,目的就是要把共产党和进步文化人士置于社会舆论的反面,为接踵而至的对进步文化界的武力迫害制造舆论基础。董秋芳识破这一阴谋,他说:"人家已经把问题扯到高尔基了,接下去就要扯到莫斯科、延安了,我们如果继续争论下去,岂不是正中人家的圈套。"②于是,他断然停止争论,不再理会《中央日报》(福建版)的挑衅。

在这次论战中,《新语》和《笔垒》不畏强权,与《中央日报》(福建版)进行了有理、有利、有节的斗争,既坚守了进步知识分子的出版自由信念和爱国主义情操,又向广大民众揭露了国民党反动势力反时代潮流的真实面目。

二、羊枣与《国际时事研究》

《国际时事研究》周刊,1944年9月1日创刊于永安,是一份评论国际时事和军事动向的政治性刊物。该刊所载文章材料新颖,立论正确,观点鲜明,分析深刻,甚至在编排上也独出心裁,是当时东南地区最有影响的刊物之一。之所以能办出如此高质量的刊物,羊枣的学识与努力是其内因。

羊枣,本名杨潮,号九寰,笔名朝水、易卓、潮声、杨丹荪等,湖北沔阳县人,1900年生。1923年他毕业于上海交通大学,"九·一八"事变后,勤奋攻读《资本论》《共产党宣言》等大量马克思主义著作,立志"绝对不离开中国共产党一步"。

---

① 《强化本党革命的壁垒》,载《中央日报》(福建版),1945年3月14日。
② 陈耀民:《〈新语〉和"永安大狱"》,载《福建文史资料》,1985年第11辑,第123页。

1933年初他在上海加入"左翼作家联盟",下半年经周扬介绍加入中国共产党,曾任"左联"宣传部负责人,在《太白》《申报》《中华日报》《月牙》等报刊上发表大量文章,宣传抗日。1939年底,他任香港《星岛日报》军事记者,开始以"羊枣"的笔名发表军事评论和译文近百万字。1944年6月,他在金仲华的推荐下来到福建战时省会永安,先后被聘为省政府参事、省研究院社会科学研究所研究员、美国新闻处东南分处顾问兼中文部主任等职,主编《国际时事研究》周刊便是从此时开始。

为了避免福建省图书杂志审查处的纠缠,羊枣特地请刘建绪为《国际时事研究》题签,并以社会科学研究所和省政府编译室的名义编发。到1945年6月25日停刊止,该刊共出39期。羊枣既为主编,也是主要的撰稿人。他前后发表文章59篇,40多万字,占文章总数的37%。他利用在美国新闻处兼职和精通英文的条件,大量阅读来自各国的英文电讯资料,写出的时事军事评论文章,比一般报刊都快捷及时,而且材料翔实,立论有据,见解独到,切中时弊。因此,《国际时事研究》对第二次世界大战中同盟国和轴心国双方的历史和现状,对战争全局及欧亚各个战场的战略战役态势,都有详尽的刊载。剖析之深刻、预见之科学为当时所罕见,成为永安进步报刊中的一朵奇葩。

羊枣对太平洋战争的分析与预见非常精确。1944年9月,他预计盟军对西南太平洋的新攻势部署已近就绪,而且认定麦克阿瑟在登陆菲律宾的民答那峨岛和其他岛屿之前,必先攻占哈尔马里拉或帛琉群岛,或者是更近一点的摩洛台等岛。① 文章发表后两天,盟军果然先后在摩洛台岛和帛琉群岛登陆。1945年5月,他精辟地分析了希特勒德国垮台后的世界政治军事局势,准确地预测出对日战争最后胜利的时间。他指出:"如果苏联参战,如果美空军对敌国本部的战略轰炸特别有效,如果我军反攻有力","至多三四个月,日本便可能完全崩溃"。② 结果正如羊枣所料,文章发表不到3个月,日本就宣布无条件投降了。

对于国内的战争局势,羊枣也有清醒的认识。他认为,"尽管闻盟友大胜而欣喜,我们却仍无绝对乐观的理由",因为"敌人越是在海上失败,他必越拼命在陆上

---

① 羊枣:《箭在弦上的太平洋新攻势》,载《国际时事研究》,第3期。
② 羊枣:《从柏林到东京》,载《国际时事研究》,第35期。

挣扎",必然"企图巩固大陆基地","打通陆上交通线,并且把西南中国与中印半岛占领区打成一片。"①他呼吁政府当局要认清今日危机的严重性,"不能再谈什么诱敌深入",而要"靠自己的努力","实现政治的统一团结,实施民主宪政","改善一切行政上、财政经济上及军事上的缺点。"②事实正是如此,日军发动了空前规模的豫湘桂战役,造成国民党部队的节节败退。

羊枣对欧洲的政治格局也有独到见解。他先后在《国际时事研究》上发表了《方兴未艾的欧洲政争》《欧洲现实政治与英国》《从莫斯科看欧洲》《德意志的悲剧》《黎明的欧洲》等一系文章,对欧洲错综复杂的政治局势与发展趋势进行准确的分析,指出决定欧洲和世界局势的形成不是取决于一个强国的军事和外交行为,而是绝大多数的人民。

羊枣的政治军事评论,得到进步爱国人士的极大重视,《国际时事研究》也因此而广为流传,有的文章甚至被美国新闻处发往国外进行转载。他有关太平洋战争的文章,当时被赵家欣编成《太平洋战争新局势》一书,由永安战时中国出版社出版;关于欧洲政治的分析文章,则被金仲华编成《欧洲纵横谈》一书,由世界知识出版社印行。然而,国民党顽固势力却视之为洪水猛兽,伺机对包括《国际时事研究》在内的永安进步出版业进行迫害。1945 年 7 月,"永安大狱"便发生了,而羊枣正是这次事件中首当其冲的牺牲者。

第四节 国民党政府的战时出版检查与"永安大狱"

抗战爆发之初,国民党福建当局即设立了一个组织严密、网络健全的福建省图书杂志审查委员会(后改称福建省图书杂志审查处),对进步书刊进行严厉的查禁,其活动延续 8 年之久。1945 年 7 月,永安发生了震惊中外的"永安大狱",羊枣、谌震、王石林、李力行、李达仁等 30 多名进步文化人士被捕入狱,上演了国民党反动势力迫害进步出版业登峰造极的一幕。

---

① 羊枣:《太平洋战争新局势》,载《国际时事研究》,第 10 期。
② 羊枣:《粉碎敌寇的救命攻势》,载《国际时事研究》,第 5 期。

一、福建省图书杂志审查处

抗战前,国民党中央政府及福建地方政府就颁布了一系列的出版法规和行政命令,对出版业予以严格控制。比如,1930年12月,国民党政府颁布《出版法》,规定由政府和国民党中央宣传部为负责办理出版品的登记和审查机关,并规定"有关政治之传单或标语,非经该管警察机关许可,不得印刷或发行"。翌年,福建省政府和国民党福建省党部制定了有关福建书刊出版管理的地方法规,并授权省民政厅主管报刊登记工作。① 此后,内政部又先后公布《取缔发售业经查禁出版品办法》和《修正出版法实施细则》等行政法规,对出版物内容严加审查。

抗战爆发不久,上海、南京相继沦陷,武汉成为当时国内出版物集散地。国民政府对武汉的各种出版物进行了一次大规模的秘密调查,调查结果认为:"无论书籍与刊物,皆共党及左倾色彩占绝大多数,类多诋毁本党之词,尤以书籍为最,计共审查二百五十八册,有关共党者有一百一十一册,若将左倾及人民阵线者加在一起,则有一百六十一册。已超过总出版量二分之一以上,影响所及亦殊骇人。"② 为了进一步加强对出版物的控制和迫害,国民政府于1938年7月21日的第五届中央常委会第八次会议上通过了《战时图书杂志原稿审查办法》及《修正抗战时期图书杂志审查标准》,并于同年10月1日正式成立了"中央图书杂志审查委员会",业务上受国民党中央宣传部领导。同时,在国统区15个省市建立了地方图书杂志审查委员会。1940年5月,中央图书杂志审查委员会名义上改为隶属行政院,但实质上仍由国民党中宣部暗中操纵,原各省市地方审委会则改称为各省市图书杂志审查处,二者存在直接的隶属关系。

中央图书杂志审查委员会成立后,福建省也随即于1938年10月成立了福建省图书杂志审查委员会,由党、政、军、警机关派出固定职员,专司图书杂志的审查工作,一改此前事权不一,相互推诿或因兼职审查而无暇顾及的局面,反映出国民党当局对出版控制的进一步强化,"在运用指挥上极为便利,执行时自然较为彻

---

① 福建省地方志编纂委员会编:《福建省志·出版志》,方志出版社2008年版,第422页。
② 《审查书籍刊物总报告》,国民政府军令部战史会档案,中国第二历史档案馆藏。

底。"①1941年7月1日,按照国民党中央执行委员会的规定,福建省图书杂志审查处在原委员会的基础上正式成立,编制为乙级单位,周世辅任处长,同时在福州、南平、龙溪、晋江等设立分处,在20余个重要县级机关设立图书杂志审查专员办公室。翌年,周世辅深感永安进步出版活动之活跃,于是向行政院报称"浙赣文化事业,纷纷移闽,事务增繁,本处员额经费,均觉不易应付,拟请准予将编制改列甲级,俾利工作"。② 该呈请得到行政院的同意,福建省图书杂志审查处由乙级单位升格为甲级单位,强化了国民党势力对永安进步出版业的控制。同年,福建省图书杂志审查处还创办了《福建言论动向》杂志,负责搜集反映国统区及福建各地图书杂志出版发行动态,文化界动态及舆论动向,转载全国查禁书刊目录和报道本省查禁情况。这样,一个组织严密、网络健全的出版控制网络就在福建宣告形成了。

　　福建省图书杂志审查处对书刊的审查,分为经常性审查和临时性审查两种。经常性审查,在永安由该处直接派人随时提检各种书刊;各县则令其分处及各县审查专员随时对书刊进行审查,并与新闻检查处、邮电检查所联合进行书刊审查工作。临时性审查,由该处会同当地警察机关,临时突击审查。审查的内容,包括原稿和已经印行的出版物;审查的对象,包括书店、出版社、印刷所和图书馆等。如此严密的出版审查制度,使得大量的书刊因各种原因被查禁。据该处处长周世辅的统计,仅在1942年,图书杂志审查处就审查图书原稿123种,杂志原稿168种,审查已出版图书480种,外来杂志17种,因内容欠妥呈请查禁或修正的书刊25种,查获所谓的违禁书刊共129种,计268册。③《福建省志·出版志》搜集了抗战时期国民党政府在福建查禁的部分书刊目录,经笔者整理后胪列于表4-1,可供参考。

---

①《中央图书杂志审查委员会审查原稿工作报告》,国民党中央宣传部档案,中国第二历史档案馆藏。
②《福建省政府公报》,1942年第499期,第6470页。
③ 周世辅:《本省书审工作第一年》,福建省档案馆藏。

表4-1 抗战时期国民党政府在福建查禁的部分书刊目录

书刊名称	作者	出版者(出版地)	查禁理由	查禁时间
老百姓(五日刊)	陈培光等	永安	"亲共"(勒令停刊)	1939.11
修行妙法(油印品)		福清县	"鼓吹颓废思想,不合抗战要求"	1940.10
救国奇珍(油印品)		福清县	"鼓吹颓废思想,不合抗战要求"	1940.10
为扩充空军事谨呈疑问数则质蒋委员长		伪南洋福建公会	汉奸宣传品	1940.11
现代文艺(月刊)	章靳以等	改进出版社	"妨碍役政"	1940
风尘	聂绀弩	改进出版社	"暴露后方弱点,挑拨各方面之关系,足以影响抗战前途"	1941.3
生力旬刊		福建生力学社		1941.12
人味月刊(1卷1期)		福建沙县发行	"内容不妥,又不依法送审"	1942.1
日本人之支那问题		中华书局翻译出版	"内容荒谬,不合抗战要求"	1942.4
苏联文学中的男女	张鑫山		"散布偏激思想,不合抗战要求"	1942.6
茅盾自选集	茅盾	天马书店	"鼓吹偏激思想,强调阶级对立"	1942.7
民族进化的心理定律	张公表译	商务印书馆	"诋毁有色民族"	1942.8
日本人口问题	朱楼隽著	中正书局	"诬蔑政府"	1942.8
妇女教育与妇女解放	天裔著	今日出版社	"意识不正确"	1943.6
鲁迅语录	舒士心著	激流书店	"恶意诋毁政府"	1944.4
论抗战时期的文化运动	宰木著	生活书店	"以派系私利为立场"	1944.5
抢救华北	柳乃夫等著	上海杂志公司	"触犯审查标准"	1944.7
神枪太保	余西蒂著	知识书店	"触犯审查标准"	1944.7
新哲学世界观	陈唯实著	作家书屋	"违反禁载标准第一项第五款"	1944.8
国际时事研究(周刊)	羊枣	永安	"周壁事件"	1945
建设导报(三日刊)	刘建绪	永安	"周壁事件"	1945
联合周报(周刊)	蔡力行	东南出版社	"周壁事件"	1945
现代儿童(月刊)		改进出版社	"阴谋不轨"	

在福建省图书杂志审查处所查禁的书刊中,的确有一部分是汉奸文人的著作和日军的宣传品,但是更多的是中共党员及其他爱国人士的进步书刊,比如《联合周报》,这份"民主的科学的大众的刊物"①,由东南出版社出至第3卷第16期时被图书杂志审查处勒令停刊。此外,对戏剧和电影的审查,也是福建省图书杂志审查处的工作职责。

除了对书刊与戏剧、电影的查禁,福建省图书杂志审查处还有两项工作内容,那就是奖励所谓的"优良作品"和编印"思想斗争"书刊。对于符合国民党当局意识形态的出版物,国民党当局持积极扶持的态度,或予以奖励,或资助出版。仅在1942年,由福建省图书杂志审查处提出申请,要求予以奖励的书刊有项衡方的《总理实业计划表解分图》、李雄的《总理遗教研究》、蒋建策的《中华民族光荣史》等图书和谢南光的《东条内阁与太平洋战事》一文。10月29日,福建省图书杂志审查处奉令在永安组建胜利出版社,专门出版或翻印用于反动宣传的书刊。这一年,该社印行的图书就有《红色舞台》《与中国共产党论三民主义》《马克思主义批判》《港沪脱险记》和《陕北剪影》等。② 1943年5月2日,为了加强出版审查工作的纵向领导,以避免来自国民党地方力量的干扰,中央图书杂志审查委员会将福建省图书杂志审查处改为中央图书杂志审查委员会驻闽办事处,但实际上的称呼未作改变。

事实上,对出版物的查禁以及对出版人的迫害,不仅仅是福建省图书杂志审查处的职责,其他国民党党政部门也经常随意查封报馆,禁毁书刊。比如,国民党省党部下属的福建省出版品审查委员会就往往不经过图书杂志审查处直接下令查禁书刊;福建省保安司令部、三青团福建省支团部也负有报刊登记、审查的职责。1943年后,遍布全省各地的邮电检查所、新闻检查处等机构也是进行出版检查的常设机构。国民党反动势力的高压政策,给永安进步出版业造成了极大的破坏。1939年11月,《老百姓》因刊载了一篇题为《拥护孙中山先生三大政策》的社论,对国民党违反孙中山先生的三大政策提出批评,就被国民党福建省党部勒令停刊。1940年《现代文艺》刚问世,邵荃麟的小说《英雄》就被指责为"妨碍役政",省党部甚至指控改进出版社隐藏着共产党。《皖南事变》

---

① 发刊词,载《联合周报》第1期,1944年2月3日。
② 周世辅:《本省书审工作第一年》,福建省档案馆藏。

后,国民党顽固派以军事围剿和文化统制双管齐下,袭击中共福建省委机关,逮捕并杀害了共产党员卢茅居等,强迫许多刊物停刊。抗战最后两年是永安进步出版活动最为活跃的时期,福建省图书杂志审查处更是虎视眈眈,伺机镇压。它协同省党部几次认为东南出版社接办的《联合周报》"内容左倾",要立即"加以封闭"。只是碍于刘建绪和东南出版社的特殊关系而没有下手。到了1945年7月,在国民党第三战区司令长官顾祝同的直接安排下,横扫永安进步文化界的"永安大狱"终于发生了。

二、"永安大狱"

"永安大狱"的直接导火索是"周璧被捕"事件。但究其根源,则是国民党顽固派一以贯之的反动政治立场所导致的必然结果,是对进步出版业一次蓄谋已久、精心策划的大清洗。这次事件发生于1945年7月,表明国民党顽固派在抗战胜利即将到来之时,立即把矛头对准中国共产党领导下的抗战力量。对进步出版业的镇压,是必然要发生的罪恶行径。

1945年初日军面临全面崩溃前,美国盟军曾打算在我国东南海岸正面攻击日占区。当时驻永安的美国新闻处东南分处主任兰德,要谌震物色一位适合人选,代表该处前往浙东四明山联系新四军,以便联合打击日军。谌震随即把时任改进出版社助理编辑的周璧介绍给兰德。周璧便偕同未婚妻彭传玺和老家在浙江嵊县的刘文铣二人,带着美国新闻处和永安县政府的证明前往浙东。他们很快于同年3月间与新四军取得联系,但因新四军浙东纵队无权与美国新闻处直接建立联系,须由美国大使馆与延安商议,周璧等人没有完成预期任务。刘文铣原本就是进步爱国人士,曾参加过地下党组织的活动。因他是当地人,被允许留下参加新四军。而周璧与彭传玺则因是美国新闻处代表而留下的请求被新四军纵队所礼拒。他们返回时在韬奋书店买了《整风文献》《吴满有》《萍踪忆语》《新浙东报》等书刊。5月初他们行至浙江龙泉时,被国民党特务机关逮捕,并随即送至江西铅山第三战区长官部直属联络站进行秘密审讯。

此后,围绕周璧与刘文铣的人际关系,国民党顽固势力在永安进行了一次大搜捕行动。7月11日,第三战区特务少将俞嘉庸承顾祝同密令,召集省政府调查室(中统)和省党部调查统计室(军统)的头目进行策划。次日清晨,俞嘉庸带领一些武装特务至刘建绪官邸,要刘建绪以"商谈公事"为由通知谌震和羊枣。谌震先到被捕。羊枣见势不妙,随即机智脱身,躲避于美国新闻处永安分处。国民党特务迅速围住美国新闻处,相持几天后,美国大使馆竟以"不干涉中国内政"为借口,命令美国新闻处将羊枣"引渡"给第三战区。而后,羊枣被投入监狱。

就在大搜捕行动进行的当日,国民党特务先后搜查了东南出版社、省社会科学研究所、省政府编译室、图书馆、省气象局、行政干部训练团以及羊枣、谌震等人的办公室和宿舍。

在此后的几天里,在永安被捕的进步文化人士还有王石林、李达仁、李力行、叶康参、董秋芳、赵伯衡、陈耀民(夏侯)、曾列明(戈扬)、易湘文、余敦、李达中、刘作舟、姚勇来、沈嫄璋等;在连城被捕的有毕平非、杨学修等;在福安被捕的是钟尚文(骆何民);在龙岩被捕的有陈学铨、潘超;在闽北被捕的有霍劲波、林子力、陈伟顺、尤淑德等;在顺昌被捕的是陈文全。省政府秘书长程星龄被蒋介石召往重庆监视,随后被软禁;江子豪也被扣留审查。在这次震惊中外的"永安大狱"中,先后被捕、被禁、被扣的达31人。同时,东南出版社和《国际时事研究》周刊也被查封。国民党顽固派对永安进步出版业的迫害,达到了登峰造极的地步。

"永安大狱"的发生,激起所有爱国心人士的极大义愤。日本宣布无条件投降后,进步文化界通过各种渠道和形式,积极开展营救工作。福建社会科学研究所的全体同仁,联名向省政府要求保释李达仁;《民主报》总编辑颜学回要求保释董秋芳和叶康参。章振乾、余志宏和赵家欣等人也积极奔走,疏通渠道,使一些同志提前保释出狱。

在"永安大狱"中被捕的文化战士,面对国民党反动势力的威胁、利诱、折磨,毫不妥协,坚持斗争。羊枣严词拒绝了顾祝同许以少将军衔为他办报的收买,同难友一道向国民党顽固派据理力争。他还在狱中翻译了美国作家克拉伦斯·戴的长篇小说《我的爸爸》,此书后由夏衍作序,于1946年11月由生活书店出版。董秋芳在狱中积极联络难友,向当局提出抗议,并呼吁各界民主人士宋庆龄、冯玉祥、罗隆基等,监督和敦促当局根据"双十协定"的有关条款,立即释放全部政治犯。

在中共和全国人民的不懈努力下,政治协商会议于1946年1月10日开幕,当天,蒋介石在全国各界的压力下,在会上宣布将释放政治犯。然而就在第二天,也就是1月11日,羊枣,这位曾立志"绝对不离开中国共产党一步"的著名记者、国际问题专家,却因遭受虐待在杭州监狱病逝。

消息传开,国内外新闻界大为震惊。中共《解放日报》和《新华日报》连续刊登羊枣罹难狱中的消息以及社会各界的纪念文章,并发表《迅速释放政治犯》的社论。上海新闻界柯灵、金仲华、熊佛西等61人联名发表《上海新闻记者为羊枣之死向国民党当局的抗议声明》,要求"当局彻查羊枣先生在狱遭受虐待情形和致死原因,并严惩非法下令逮捕的祸首",并"一致呼吁言论自由,向政府索取新闻记者的人权保障"。① 羊枣的胞妹、香港《大公报》驻美记者杨刚,从纽约致电全国新闻界,控诉蒋介石、顾祝同构陷横加、草菅人命的滔天罪行。美国著名人士史沫特莱、华慈、爱泼斯坦、怀特等24人,也在纽约联名致电国民党政府,对特务虐死羊枣事件表示严重抗议。上海《密勒氏评论报》连续发表《论羊枣之死》《再论羊枣之死》等文章,揭露国民党顽固派的暴行。夏衍、田汉、柳亚子、于伶、恽逸群、梁漱溟、许广平等全国知名人士也以不同的方式对羊枣之死表示悲痛,陆定一撰写挽联:"新闻巨子、国际专家,落落长才惊海宇;缧绁蒙冤、囹圄殒生,重重惨痛绝人寰",以表达我党对羊枣不幸去世的哀悼和对国民党反动派的强烈愤慨。

国民党当局在强大的压力下,于1946年4月后被迫陆续释放了"永安大狱"中被捕的人士,有的拖到1948年后才被释放。

"永安大狱"并没有恐吓住中国共产党和一切爱国民主人士对出版自由的追求。经济科学出版社仍继续出版王亚南等进步人士的著作。蔡力行在《联合周报》被勒令停刊后,于1945年7月又成立福建联合编译社,出版了《联合文艺丛刊》,计有黎烈文翻译的《战斗在顿河》、彭世桢翻译的《俄罗斯的母亲》、谷斯范著《紫藤花》等;8月,在日本宣布无条件投降后,又出版了谷斯范的《新水浒》、张光鲁的《爱国老人陈嘉庚》和《自学手册》,还将斯诺所著《西行漫记》中的《毛泽东自传》翻译出版。同时,"永安大狱"也为进步出版业赢得了更多的同情与支持。人们更加清醒地认识到向一个专制政权索要出版自由是不可能的,从而大大地激发了全国人民与国民党反动政权抗争的热情与勇气。

---

① 载《新华日报》,1946年1月26日。

第五节　闽西闽北山区的战时报刊出版业

抗战时期,不仅仅是战时省会永安的进步出版业呈现出一片繁荣景象,福建其他地区也纷纷创办了各种进步报刊,出版、销售进步图书,成为福建近代出版业繁荣时期的重要组成部分。土地革命时期,福建是中国共产党进行革命斗争的主要区域。抗战爆发后,中共地方组织在福建各地创办了大量的抗战宣传报刊,成为福建抗战出版活动的主要力量之一。同时,福建青年学生秉承五四以来的爱国主义传统,借助自身的知识优势,以各种形式开展抗战宣传活动,为战时进步出版业的发展发挥了重要作用。此外,国民党内的部分进步人士和进步团体也积极投身于抗战出版业,甚至是国民党福建省党部创办的《大成日报》,在进步力量的压力下,也刊载了一些宣传抗日的文章。

一、闽西地区的抗战报刊出版活动

土地革命时期,闽西地区是我党的革命根据地,有比较好的群众基础,开展报刊出版活动的时间也比较早。抗战爆发后,厦门大学迁至闽西长汀,在青年学生的参与下,闽西地区的进步出版力量得到了加强。同时,国民党福建省党部等机构也迁至闽西连城,也创办了一批报刊,其中多数对抗战宣传持积极态度。

(一)中共抗战报刊

抗战全面爆发后,我党出版业的宣传导向也随之发生了变化,抗战宣传成为这一时期的第一要务。对此,我们从红色报刊《红旗》内容的转向中就可以看出。《红旗》是闽西地方党组织的最高机构——中共闽西南军政委员会的机关报。该刊第18期刊登了张鼎丞的《对国民党的新认识与新态度》一文,从国民党的历史和现状入手,分析了国民党转向抗日的可能性,并在党内提出我党需要转变对待国民党政府和军队的做法,停止武装斗争和其他不适应新形势的活动,为建立抗日民族统一战线创造条件。这篇文章,标志着我党在福建的报刊出版工作,开始从宣传与国民党反动势力作斗争转移到以抗战宣传为主旨的方向上来了。

1937年10月,中共闽西南军政委员会改称为中共闽粤赣边省委。11月15日,在先前机关报《红旗》的基础上,以龙岩前驱社的名义,创办了省委新的机关报

《前驱》半月刊,社长为钟骞,最初采用油印 32 开本,后来改为铅印 16 开本。此后,中共闽粤赣边省委又先后改称中共闽西南特委、中共闽西南潮梅特委,《前驱》均为特委机关报。根据吴国安、钟健英先生的查见,这是闽西地区最早的一份中共抗战宣传报刊。①

《前驱》主要刊载我党的宣言、公开文件、政论等文章,以指导闽西民众的抗日救亡运动。创办之初,该刊的宣传重点是我党对建立抗战民族统一战线的立场。其创刊号集中发表了张鼎丞的《为闽南红军请命》、邓子恢的《福建抗战的基本问题》和《邓子恢答复张专员在党政军联合纪念周的报告词》、方方的《闽西南共产党应该停止抗日活动吗?》等文章,对国民党顽固派制造"漳浦事件"②予以揭露,并表明我党不计前嫌,以民族利益为重而愿意和国民党进行合作的主张。随着统一战线的建立和抗战工作的深入开展,《前驱》后续的文章开始转向抗战救亡工作中出现的新问题的解决,比如《义务兵役制在闽西》《关于闽西治安问题》《怎样开展闽西南民众抗日救亡运动》《福建抗战面前的几个严重问题》《龙岩妇女工作的我见》等文章。这些文章立足闽西抗战工作的实际,把握战争局势的发展进程,不失时机地提出当前的工作思路和解决问题的方法,为闽西抗战工作的顺利进行提供理论支持和思想动力,体现了出版工作对于抗战救亡的重要作用。

《前驱》在闽西地区产生了很大的影响,1939 年 5 月的销量高达 4 000 多份。③但由于战时出版条件恶劣,1938 年 10 月后一度停刊。1939 年 2 月 1 日复刊,同年 5 月,因国民党省党部"秘密下令禁止"而再度停刊,改用"其他公开刊物,来传播党的影响、指示。"④

继《前驱》之后,《火线》是中共创办的又一份抗战报刊。该刊原名《抗日战讯》,于 1937 年底改名《火线》,是闽西人民抗日义勇军司令部创办的报刊,其报道

---

① 吴国安、钟健英:《论闽西抗战报刊活动的历程与特点》,载《党史研究与教学》,1990 年第 2 期。
② 国民党顽固派制造的一次旨在剿灭闽粤边红军的事件。1937 年 7 月 16 日,红三团和云和诏独立营全体指战员被国民党一五七师阴谋缴械,红军 17 名军政干部被枪杀,500 多名指战员被监禁。
③ 《中共闽西南特委报告(第 6 号)》,1939 年 5 月 20 日。转引自:吴国安、钟健英:《论闽西抗战报刊活动的历程与特点》,载《党史研究与教学》,1990 年第 2 期。
④ 《中共闽西南特委报告(第 6 号)》,1939 年 5 月 20 日。转引自:吴国安、钟健英:《论闽西抗战报刊活动的历程与特点》,载《党史研究与教学》,1990 年第 2 期。

取向为全国各地抗日斗争的消息和闽西人民抗日义勇军的抗战主张。从现存的第7期看,邓子恢、张鼎丞等闽西中共地方领导人的抗战主张是该刊的刊载重点,如《邓子恢同志在"一·二八"六周年纪念大会上的演讲词》和《张鼎丞同志在"一·二八"六周年纪念大会上的演讲词》等。

闽西中共基层组织也创办了不少刊物,成为战时进步报刊出版业的重要组成部分。中共龙岩县委下属的团结社创办了《团结》报和《世界动向》。前者于1938年5月1日油印出版,主要宣传闽西地区抗日民族统一战线;后者是一不定期刊,油印出版。中共永定县委下属的"统一社"于1938年创办了《统一》报,发表了伍洪祥、范乐春、马永昌等同志的抗战宣传文章。翌年,该社又创办了《青年战线》和《民众报》等多份报刊。

此外,中共闽西地方武装力量还创办了诸如《经工队小报》《前锋》等油印手抄报,由于发行量小、发行面窄,在普通民众中的影响不大。

(二)国民党创办的抗战报刊

国民党进步人士在闽西的报刊出版活动也颇为活跃。抗战爆发后,国民党官办报刊也开始转向对国共合作的支持。1937年7月30日,《闽西日报》发表了中共闽西南军政委员会代表邓子恢关于国共合作抗日的书面谈话,并公布了闽西国共协议的条文。这是国民党报刊对中共要求建立抗日民族统一战线的首次正面反应。翌年1月,进步作家马宁和张栋赐等人在龙岩创办《抗敌前锋》,马宁任主编。这是一份文艺和政论性的刊物。它的首期刊发了《长期抗战与闽西青年》《闽西青年目前的工作》《目前的征兵问题》等宣传抗战文章。但此刊仅出一期便告夭折。之后,长汀、连城等地便成为闽西国民党抗战报刊的出版中心。

《汀江日报》初创于1938年6月,发行人王僧如。1939年,国民党长汀县党部接办该报,改名为《中南日报》,罗翰、吴应兰、黄际蛟等先后任社长,以报道国内外及本县新闻为主。该刊辟有《经济副刊》《科学副刊》《教育副刊》《商学副刊》《厦大语言文字导刊》《闽赣话余》《中南文丛》等副刊,内容包括经济、科学、教育、商业和文学作品等。这些副刊在1941年6月合并成《世风》日刊,同年8月30日改为《谷风》日刊,至1942年1月1日又改为《人间》日刊。

《中南日报》各副刊是其魅力所在,不仅内容丰富,而且形式活泼,在读者中影响甚大。尤其是文学类副刊,曾有夏衍、秦牧、林庚、魏金枝、陈友琴、李金发等名家为其撰文,刊发以抗战救亡为主题、思想性与艺术性兼具的优秀文学作品。

抗战期间,除《中南日报》外,创办于长汀的报刊尚有《民治报》《汀州青年报》《民声报》《战声》旬刊、《前锋》月刊、《万众》半月刊等。这些报刊均为国民党进步人士创办,以抗战宣传为主旨,为闽西抗战事业的发展做出了贡献。

1938年11月,国民党福建省党部、省抗敌后援会、闽浙监察使、省农业改进处、省立师范等机构迁入连城。之后不久,省党部和省抗敌后援会在龙岩《闽西日报》的帮助下,创办了《大成日报》,总编辑为朱培璜。

在抗战救亡运动的大气候下,《大成日报》抗战宣传也持较为积极态度,不仅发表和转载了大量的抗战文章,而且对国民党内部的贪污行为予以揭露,受到全省各界的欢迎,被称为"东南权威的杂志化报纸"。[①] 其副刊《高原》勇于揭露社会阴暗面,讽刺现实,并大量刊登进步作家蒲风、雷石榆、林焕平、吴秋山、黑尼等人的文章,颇有影响,同时也招致国民党顽固势力的忌恨。1942年1月22日,《高原》副刊被勒令停刊。1942年冬,国民党省党部下令《大成日报》与闽北《民主报》合刊,1944年正式停刊。

国民党省党部还在连城创办了一份《时事》半月刊,刊载《革命建国成功的必要条件》《敌人经济侵略的现状和我们的对策》《认识我们的家乡——福建》等文章,立场倾向进步。省抗敌后援会则创办了《抗敌戏剧》,刊出《闽剧的存在与改良的再商榷》等文,立场进步,内容以戏剧研究为主。

《生力旬刊》原创办于福州,在出至19期后随国民党省党部迁至连城。该刊辟有杂俎、论著、文艺、通讯等栏目,以报道全省的抗日救亡运动为主要内容。该刊对中共领导的抗日游击战争也多次进行报道,在《日本侵略者在全国游击军队掌握中》《活跃中的山西游击队》《一幕精采的游击战》等文章中,对八路军和新四军的战术、战绩予以热情赞扬。

(三)战时学生报刊

战时闽西最早的学生刊物是龙岩城郊丰江学校学生创办于1937年10月的《丰江》半月刊。该刊抨击时弊,宣传抗日,出3期后被当局关闭。1939年3月15日,省立长汀中学战时青年后方服务团创办不定期刊《汀铎》,内容有政论、研究、文献资料、译述、文艺作品及校闻等,共出3期。与此同时,长汀县立中学学生会

---

① 参见林冷秋:《忆〈高原〉》,载福建省政协文史资料委员会编:《文史资料选编·文化编》,福建人民出版社2001年版,第335—339页。

也编印《西源》小刊物，以发表学生创作的文艺作品为主。

厦门大学学生救国服务团和旅汀厦大毕业同学会出版委员会先后于1938年3月13日和1939年1月1日在长汀创办了《唯力》《厦大通讯》两份刊物，对长汀青年的抗日救亡运动产生了较大的影响。1938年5月，省立福州工业职业学校长汀分校战时后方服务团也出版了《呼声》月刊。该刊以《血的五月》一文为代发刊词，表达其办刊宗旨是"共同讨论关于救亡实施之更有效办法，团结民众之最完要计划，而激发一般民众之爱国热诚，共同走上民族解放之斗争途径。"①栏目设有评述、短论、短评、小说、报告、诗歌等。其第2期是纪念七七抗战周年特辑，刊有《纪念七七的意义》《纪念抗战周年和我们应有的自信》，以及田汉的《卢沟桥歌》等文，以表达坚持抗战的立场。该刊仅出2期，因出版困难而停刊。

二、闽北地区的抗战报刊出版活动

闽北地区是福建主要的国统区，中共的组织力量比较薄弱，出版活动还是比较初步的，经常遭受到国民党顽固势力的袭扰。期间，抗战报刊出版活动的主体是国民党进步人士和内迁于此的学校及其他民间组织。

（一）国民党的进步报刊出版活动

《闽北日报》是民国时期闽北地区影响最大的一份综合性报纸。1936年11月，创办于建瓯的《民声报》和《晨报》被福建绥靖公署接收为机关报，并改名为《闽北日报》。抗战爆发后，绥靖公署被撤销，该报转而由国民党党部接办，朱宛邻任社长。1938年元月，朱氏聘请坚持抗战的进步人士颜学回担任总编辑。自此，《闽北日报》成为战时闽北积极宣传抗战的进步报刊。

抗战初期，《闽北日报》就积极报道抗战新闻，比如在1937年7月8日，该报用两个整版报道了卢沟桥事变的真相，对闽北山区人民了解日本侵略行为的真相起到了积极作用。对于中共的抗战主张，这份国民党刊物也在一定程度上持肯定的态度。1937年9月23日电讯版头条刊登了《中国共产党宣言》全文，对于八路军的英勇作战及平型关大捷，该报也予以报道。颜学回主持报务以后，《闽北日报》的进步立场变得更加鲜明与坚定。

颜学回曾参加过北伐战争，"九·一八"事变后在济南发动学生到南京请愿，

---

① 载《呼声》第1期，1938年5月。

要求蒋介石出兵抗日,被蒋介石下令逮捕判处死刑,经多方营救方得出狱。1936年夏,他来到福州任福建省反省院任图书管理员。在任《闽北日报》总编辑后,他制定了新的三条办报方针:一、积极宣传抗日建国理论;二、打击扫荡社会上的腐恶势力;三、如实地报道闽北地方的消息。① 该报不仅一直坚持抗战新闻的报道,而且与腐败的政府当局和社会黑恶势力进行不懈斗争,以致在1939年因触怒建瓯县长闵佛九而一度被禁停刊,1941年又因出版"三八"妇女节特刊而被迫改组编辑人员。但是,《闽北日报》的进步立场得到了广大民众的支持,印数从原先的3 000份猛增至6 000份,不仅在闽北地区深受欢迎,而且闽东、浙东、赣东等地也"踊跃订购"。②

1942年1月,《闽北日报》改名为《民主报》,颜学回任副社长,仍坚持以往的办报方针。1942年冬以后,国民党省党部为了摆脱《大成日报》的困境,强令《民主报》与《大成日报》合并,出版"联合版",并最终导致《民主报》于1943年7月停刊,完成了它在闽北地区的出版历史。后《民主报》改在永安复刊。

为了填补空白,原《民主报》留驻建瓯的办事处主任董世铨便着手筹办新报。1944年2月18日,《建报》宣告创刊,日出四开一张,董世铨自任社长,潘芳任总编辑。

《建报》仍坚持抗战宣传的进步立场,它的副刊颇具个性。《建副》和《社会服务》是两个常设副刊,此外,还经常借助社会力量编辑副刊,以广汇众人之智。社会青年陈炳岑和金锵主编的《无弦琴》周刊、协大学生施自祥主编的《燎原》周刊、陈冬星主编的《横眉》周刊、张云龙主编的《大观园》半月刊、肖代主编的《木刻版画》等都是成功之作。

《潭风》旬刊是一份国民党进步人士创办的重要报刊,由建阳县战时动员委员会宣传工作组于1940年5月30日创刊。该报以面向县政公务人员,帮助他们"研究明了"获取最后胜利,"建设年青的中国"的途径为宗旨,刊发了《纪念青年节的真正意义》《抗战时期中的青年问题》《谈谈抗战现阶段的妇运》等文章,当时的省主席陈仪也曾为之撰文,对闽北的抗战宣传产生了一定的影响。

此外,《抗敌旬刊》也是国民党进步团体创办的重要报刊。该刊为建瓯抗敌后

---

① 参见《闽北日报》1941年11月19日五周年社庆特刊。
② 《闽北日报》五周年纪念刊,1941年11月29日。

援会所办,初附于《闽北日报》每星期一第 4 版上。1938 年 6 月出至第 22 期后改为独立出刊。该刊辟有专论、战地通讯、短篇评述、诗歌、漫画、工作报告等栏目,以刊载深度分析论文见长,如《警告张伯伦现实外交》《论目前敌人作战策略》、《长期抗战与司法便民》《汉奸与日军阀》等文章,均已超越单纯的口号式宣传,表明此类进步报刊已经形成时事与理论并重的成熟办刊理念。

(二)民间与中共地方组织的报刊出版活动

1937 年 7 月 1 日,建瓯青年组织的救亡团体浪花社创办了《浪花》社刊,以探讨与研究救国的学问,鼓动抗战,由此揭开了闽北民间抗战报刊的序幕。

《健声》是创办于邵武的一份战时进步报刊,1938 年 9 月 18 日由健社创办,旨在"联络感情,砥砺学术"。该刊除刊载《榕城杂感》《平静的福州》等关乎抗战的评论外,还有《紫外线与化学之关系》这样的自然科学类文章。

1940 年后,民办报刊多由入迁闽北的学校学生所创办,如迁入邵武的福建协和大学的学生创办的《笔报》、南平剑津中学青年会的《剑中青年》、暨南大学的《暨大校刊》、福建师专的《福建师专校刊》等。

由于国民党对闽北苏区的围剿,中共地方组织曾一度中断了报刊出版活动。抗战爆发后,坚冰终被打破。先是中共地方组织协助浦城中学到汉口购得一批马克思报刊书籍充实校图书馆;在 1938 年秋冬之际,项南与平津流亡学生团在顺昌创办了《顺昌抗敌日报》,中共党员叶独青在建阳创办了《民力》周刊,等等。但是由于我党在闽北的组织机构仍不健全,加上国民党右派势力的破坏,这些报刊的影响不大,存在的时间也比较短。

第六节　沿海地区的战时报刊出版业

厦门、漳州、福州、莆田、泉州等沿海地区,是福建抗敌斗争的最前线,进步报刊出版业所面临的环境更为艰苦。然而在这样的形势下,包括中国共产党在内的进步出版力量仍然根据各自读者群的特点,坚持以各种形式开展抗战宣传工作。正因为对敌寇有着更直接的认识,沿海地区的进步报刊出版活动的针对性更强,报刊内容更偏向于短小精悍的文章,以宣传鼓动为主,而辅之以理论研究长文。厦门、福州等城市沦陷后,进步出版力量还肩负着与汉奸报刊作正面斗争的使命。

一、厦门、漳州的抗战报刊出版活动

闽南地处沿海,开发较早,文化事业向来较为发达。尤其是厦门,自晚清时期被列为通商口岸后,报刊出版活动一直甚为兴盛。抗战全面爆发,厦门主要报刊如《星光日报》《江声报》等均对抗战宣传持积极态度。政府当局也开始对日本人的出版活动采取限制措施,1937年8月22日,由日本人操控的《全闽新日报》被福建省政府勒令停刊,并将其出版印刷设备予以没收,还严惩了一批汉奸、浪人。而《抗敌导报》的创办,更是厦门抗战宣传运动发展的一个标杆。

《抗敌导报》创刊于1937年9月26日,由福建省抗敌后援会厦门分会主办,主编为洪学礼,创办中得到中共厦门工委的支持,并以"本救亡之旨,负抗敌之责"①为办刊宗旨,是一份专门刊载政论文章的报刊。

《抗敌导报》主要报道抗敌后援会的工作情况和我党全面抗战的方针政策,并对国民党政府的消极抗战予以揭露,对闽南地区抗战统一战线的形成做出很大的贡献。侨领胡文虎创办的《星光日报》还为其提供印刷所需的纸张、油墨,并承担排印事务;胡资周、黄绿萍等进步人士也积极为该报撰稿。但是随着厦门战事的吃紧,加上国民党顽固势力的干扰,在1938的1月中旬,《抗敌导报》被迫停刊。

1938年5月13日,厦门沦陷,当地出版机构纷纷停业或内迁。在当时厦门主要的两份报纸《星光日报》和《江声报》中,前者宣告暂时休刊,后者则迁往泉州出版,在1939年5月也迫于战局吃紧而一度停刊。

在厦门沦陷后,漳州成为抗日最前线,闽南地区的进步报刊出版中心也随之从厦门移至漳州。自土地革命以来,与广东接壤的闽南各县一直是我党地方组织的主要活动区域。国难当头之际,国共双方与地方进步力量都纷纷团结起来,以报刊这种灵活便捷的出版形式,开展抗战宣传活动。

(一)民办抗战报刊

民办报刊是漳州爱国进步报刊出版业的先导。早在抗战全面爆发前,当地知识分子愤于日寇的步步入侵,着手建立抗日宣传阵地。1931年"九一八"事变发生后,龙溪县立民众教育馆这一半官方的群众团体,便于同年10月4日创办《龙溪民众》旬刊,成为漳州抗日报刊出版活动的先导。

---

① 《发刊词》,载《抗敌导报》创刊号,1937年9月26日。

《龙溪民众》对国民党政府的消极抗日表示强烈的不满,"日兵暴行,到今已经两星期了,这两星期来全国民众奔走呼号,恐慌达到极点,但政府的态度,始终是若离,不死不活。一面要唤起民众,一面又怕民众捣乱;一面要打倒帝国主义,一面又求帝国主义者援助。这两星期来政府所给我们的印象,虽说是执政者别具苦心,但也未免使我们失望",并且认为"中华民族前途和命运,只有让我们全国的民众自己来解决。"①《龙溪民众》曾集中发表《从国难谈民众教育》《怎样做好一个好公民》《救国声中村妇村农的话》《民众要武装起来》等一系列文章,发动民众进行抗战。作为全面抗战爆发前的刊物,《龙溪民众》显然站在了时代的潮头。

继《龙溪民众》后,漳州又出现几份宣传战日的民办进步报刊。1937 年 1 月 1 日创办的《芗江民众》,由龙溪县立芗江民众教育馆主办,是一份以抗战时期的戏剧运动为主题的刊物。相同主旨的刊物还有《复兴报》的《戏剧》副刊,由一个名为"芗潮剧社"的民间抗日文艺团体创办。该副刊曾刊发《关于悲剧"雷雨"》《目前剧艺工作者应走的动向》《戏剧运动的任务》《非常时期的剧运》等文章,以民众易于接受的方式宣传抗战。

青年学生历来是革命活动的生力军,在漳州进步报刊出版活动中,青年报刊也起着举足轻重的作用。1936 年 10 月 1 日,被称为当时"闽南最高学府,亦即是闽南文化的发动机"的龙溪中学创办了《龙中导报》,开创漳州学生抗日报刊活动的先河。

《龙中导报》辟有计划、论著、附录、专载、民族英雄、珍闻辑要、学生园地、学校要闻、文艺、漫画等栏目,以"激励学生爱国思想,唤起民族精神"为宗旨,在青年学生中传播抗战思想。根据自身的特点,该报还专门吸纳讨论青年问题的文章,并且注意在学生中培养作者。比如,该报第 5 期刊载学生何庆祺的《国难期中的青年》一文,要求青年学生应注意体魄,加紧军事训练,努力求学,培养刻苦耐劳的精神,为国所用。

继《龙中导报》后,龙溪中学又于1937年下半年创办了《战时青年》杂志,向学生报道厦门的军事动态。该校在迁往南靖后的 1943 年 12 月 25 日,又创办了一从宣传抗日的《龙中学生》,后因三青团龙中分团的插手,该刊改为《龙中青年》,也发表一些官样文章,失去了原有的锐气。

---

① 《民众自决》,载《龙溪民众》第 1 期。转引自钟健英、吴国安撰:《漳州抗日报刊的活动和特点》,载《党史研究与教学》,1990 年第 3 期。

(二)中共地方组织创办的抗战报刊

早在土地革命战争时期,中共闽粤边特委就已经创办了《战斗》《工农报》《政治情报》等报刊以宣传抗日。但迫于国共斗争的形势,这些进步报刊主要面向党内,在秘密的状态下发行,党外影响不大。全面抗战爆发后,中共闽粤边特委被撤销,改为漳州中心县委,归中共闽西南潮梅特委领导。1938年4月,中共闽西南潮梅特委为了加强对各地党报党刊工作的指导,"责成汕、厦、梅、漳、泉各地党争取公开报纸刊物的发表地位。"①与此同时,漳州中心县委创办了机关报《前哨报》,并公开发行。

《前哨报》主要报道抗战新闻。1938年4月厦门沦陷后,该报报道了从厦门流亡出来的抗敌团体工作人员在漳州组织"厦门青年战时服务团"继续开展斗争的情况,发表了《厦门青年战时服务团宣言》,以便让民众了解斗争的进展,鼓舞斗志。对于厦门的失守,《前哨报》第13期发表了署名道友的文章《关于厦门失守的话》,对厦门沦陷的教训进行分析,指出厦门的失守应归责于当局的消极抗战与失误,未能对敌情做出准确的估计,也未能团结民众。

《前哨报》对当地匪患不断的问题也予以重视。从第6期到第11期中,《前哨报》连续报道了中共地方组织在闽南开展除匪灭霸、保障民众生活安全的活动,1938年5月16日又集中版面,发表了《大家会齐起来消灭土匪》《从土匪问题说到施政问题》等文章,呼吁政府和民众"为国家的存亡,为不做亡国奴,为咱同胞生命财产"而共同消灭土匪。

此外,《前哨报》还注重对我党的抗战主张和"五一"国际劳动节、五四运动、马克思诞辰、"五卅"惨案等重大节日纪念日的介绍,以此唤起民众的抗战热情。

除了《前哨报》,中共云和诏县委也在诏安创办了《晓角》《刀与笔》《抗战青年》和《文艺旬刊》等刊物,闽南特委则在平和县出版了《抗日画报》和《新平和报》等刊物。这些报刊对宣传我党的抗战思想,唤起民众的抗战斗志也产生了一定的作用。

(三)具有国民党背景的抗战报刊

战时的官办报刊主要有两种类型:一是国民党各派系主办的报刊,如一五七

---

① 《中共闽西南特委宣传部二月来宣传工作报告(第一号)》,1938年4月15日。转引自:钟健英、吴国安:《漳州抗日报刊的活动和特点》,载《党史研究与教学》,1990年第3期。

师黄涛部创办的《闽南新报》、军统部门创办的《大刀报》、《中央日报》（漳州版）、《南靖新报》《南报》等，以及各市县党部创办的报刊；二是各类抗敌后援会所办的报刊，如《抗敌旬刊》《抗敌前哨》《抗敌月刊》等。

《闽南新报》原是第九师李延年部进驻漳州时创办的《复兴报》。抗战全面爆发后，一五七师黄涛部入驻漳厦地区，接办《复兴报》，随后更名为《闽南新报》，并将所没收的日本人在厦门所创办的报纸《全闽新日报》的全部器材并入。此后，主办者几经变更，到1940年，军统闽南站站长陈达元接任社长，成为军统特务在闽南的最大反动宣传机构，"一方面加紧进行反共反人民的反动，一方面作与中统特务纷争的工具。"①

1943年后，进步爱国人士开始参与《闽南新报》的编辑出版工作，该报开始向进步立场靠拢。在谌震的推荐下，原在永安担任《建设导报》采访部主任兼国际版编辑的王石林出任总编辑，曾留学日本的覃子豪担任副刊主编，该报的内容与风格从此焕然一新。由王石林撰稿的《半月时事述评》专栏，每期对半月来发生的国内外重大时事进行综合分析。由于资料来源于重庆出版的《新华日报》和羊枣在永安主编的《国际时事研究》周刊，评论客观、准确。覃子豪主编的副刊，以诗歌、散文、杂文为主，特别是针砭时弊的杂文，深受读者欢迎。

《公余季刊》是福建省训练团毕业学员联络站、平和县训练所毕业学员联络站合编的刊物，创刊于1944年7月15日。该刊以"调济同学底精神生活，并加强进修，期增进工作效能"为宗旨，辟有"专载""特约讲座""政治常识""教育与心理""科学、卫生、食物""文艺"等10余个栏目，除了宣传蒋介石《中国之命运》一书外，也刊载了一些进步的文章，如马寅初的《法币》等。

漳州所属各地抗敌后援会所办的报刊，虽然处于官方控制下，但基本上属于统一战线组织，抗战宣传也比较积极。这主要有长泰县抗敌会创办的《长泰抗敌月刊》、海澄县抗敌后援会创办的《抗敌前哨》旬刊、抗敌后援会龙溪县分会创办的《抗敌旬刊》和《抗敌画刊》等。这些报刊的特点是政治立场较其他官办报刊更为进步坚定；文章短小精悍，通俗易懂；出版形式灵活多变等。但受资金与技术的限制，这些报刊往往发行量小，甚至经常脱期，印刷质量也比较差，在宣传效果上受

---

① 季永绥、陈家瑞：《解放前漳州报刊与通讯社的概况》，载《漳州文史资料选辑》，1979年第1辑，第124－129页。

到很大的影响。

二、福州、莆田、泉州等地的抗战报刊出版活动

（一）福州出版的抗战报刊

长期以来福州一直是福建近代出版活动的中心。抗战期间，在福州出版的大型报纸有《中央日报》（福州版）、《南方日报》和《建国日报》等，小型报纸有《兵友报》《青年晚报》《毅报》《福建农报》和《小民报》等。这些报纸不同程度地宣扬抗战国策，报道抗战新闻，反映全民抗战的呼声。此外，进步民间人士、中共组织和国民党进步力量创办了一批文艺类和专业性报刊，积极参与抗战宣传活动。

在卢沟桥事变前，福州的进步出版业就已经开始了抗战救亡运动的宣传。1935年，由共产党员卢懋榘（卢茅居）等人编辑的《福建民报》副刊《回声》，以文艺作品的形式宣传抗日救亡运动，向福州文化界发出在抗日旗帜下广泛联络加强团结的号召，被郁达夫誉为"复兴民族的先驱"。① 此后，《小民报》的诸多副刊，如《新村》《平凡》《瑰珨诗刊》《文座》和《南风诗刊》等相继而起，以文学承载抗战精神。创办于1937年1月的《学苑》，突破了文学体裁的单一模式，另辟有"论述""译述""通讯"等栏目，刊载《非常时期青年训练》《谈中日国交调整谈判》等时事分析文章。这些报刊，虽然影响面不广，但其率先倡言抗战救亡的精神不容否定。

1937年5月25日，魏然、蒋海容、陈若水等进步人士鉴于"世界危机尤其是中华民族的危机的紧张"，为求"对现实问题作一点浅薄的透视"，②创办了《前进》半月刊，坚持以抗战宣传和中日战局研究为主旨。卢沟桥事变发生后，《前进》立即于"8日下午不得不决定将原来的稿子压下来，并于9、10、11三日之内，集中了四五个人的力量"，③日夜加班，边撰稿边编辑，集中报道了福州各界声援华北抗战的简讯，如农工商各团体通电、妇女各团体通电，新闻记者座谈会通电、文化各团体通电等，并于7月15日出刊。为了扩大刊物在宣传抗战上的影响，《前进》半月刊还专门出版了一期"保卫华北专号"，刊出魏然的《急起保卫华北》、林启周的《请求政府立即增兵保卫华北》、陈若水的《援助华北前线抗战将士》、勉之的《卢

---

① 郁达夫在1936年9月24日的讲话。见《论郁达夫的新写实主义》，载《小民报·新村副刊》，1936年10月9日。
② 《前进》第2期，1937年6月10日。
③ 《保卫华北专号》编后话，《前进》，1937年7月15日。

沟桥事件与我们应有的自信》等，积极推动政府与民众对抗战时局的认识。

《小民报》是《福建民报》下属的一份晚报，创刊于1936年4月。抗战初期，该报设置了《新村》《小西湖》、《南风》等副刊，以刊载抗战文学作品为主。1937年10月17日，在各界爱国人士的努力下，福州文化界救亡协会成立，推举郁达夫为理事长，并将《小民报》各文艺副刊合并成《救亡文艺》，郁达夫出任主编之职，杨骚、许钦文、楼适夷等文艺界名人也参与编辑工作。郁达夫是著名左翼作家。1936年2月，他应福建省政府主席陈仪的邀请到福州，任省政府参议、公报室主任等职，1937年参加福州文化界救亡协会，被推为理事长，1938年离闽。他是抗战初期福建进步出版活动的积极参与者。

《救亡文艺》辟有评论、杂感、散文、小品、报告、通讯、新诗、小说等栏目，强调为抗战而进行文艺创作的办刊宗旨，"在长期的抗战过程中，文艺女神当然也要武装起来"，"为救亡而文艺，为抗战而文艺，为国防而文艺。"①除了文学作品外，该刊也不偏废对文艺理论的研究，比如《抗战中的戏剧》《抗战文学的条件》《抗战文学的功能》等。郁达夫既为主编，也是主要撰稿人。他写的《小剧团公演之成功》《九国公约开会》《不厌重复的一件小事情》等文章，笔锋甚锐，宣传抗战不遗余力。加上郁达夫与杨骚、许钦文、楼适夷等人的名望，《救亡文艺》很快就成为一份深受读者欢迎的进步文艺报刊，同时，也招致国民党顽固势力的忌恨。1937年底，国民党福建省党部和保安处诬陷以郁达夫、杨骚、许钦文等人领导的"福州文化界救亡协会"是"口头救亡，心存阴谋"，逮捕了该刊编辑楼适夷，使《救亡文艺》被迫于12月4日停刊。

继《救亡文艺》之后，福州的进步爱国人士李未、周龙川等人在1938年3月30日创办了《抗战知识》半月刊。在创刊号中，该刊坦言，"本刊主要的使命，便是本着'移粟于河内'的意思，把国内外杂志、报章、书籍，有关于抗战问题的精神著作，通通把他转载，这或许可以解决一部分文化粮食恐慌，抑亦表示我们为'抗战而服务的精神'。"②这确实是个好主意，福建的人才资源自然无法与国内中心城市相匹及。转载国内主要报刊的文章，不仅影响力大得多，而且还可以节省办刊经费。它所转载的文章，如朱德的《怎样学习西班牙人民抗战的教训》、冯玉祥的《争取抗

---

① 发刊词，《救亡文艺》，1937年11月15日。
② 《抗战知识》，第1卷第1期，1938年3月30日。

日战争最后胜利与责任问题》,以及钱俊瑞、李公朴、陶希圣、杨公达等人的文章,大大开阔了福建民众的视野。但这些文章毕竟不是针对福建的现实而写,一定程度上缺乏感染力,不能说不是一个缺憾。

新四军驻福州办事处是唯一被福建国民党当局允许存在的共产党公开机构。中共福建省委在该处的名义下也积极开展抗战宣传活动。1937年7月底,省委成员卢懋榘、何思贤、王一平、钱启明、郑震霆等人成立了抗战团体"战友社",并于翌年1月创办社刊《战友》周刊,成为战时中共组织在福州从事报刊出版活动的起点。

《战友》周刊(自第19期后改为旬刊)是一份综合性刊物,栏目设有墙头小说、一周时事、通讯、文艺、国内与国际、社论、工作讨论、读书指导、学术讲座等,力求编出好稿,"能够在抗战的激流上,激起细浪,在时代的熔炉里添上星星之火,在历史车轮的背后加增极小的推动力。"①除了加强对抗战时局的报道外,该刊还有两个特点:一是重视通过书评的形式深入阐述抗战理论,如在介绍《从百年来对外战争论证中国抗战必然性的胜利》时,对抗战形势、战局、前途加以深入分析,并指出,"这本书可以说是用最进步的坦诚的'自我批判'的精神,告诉了我们应该吸取的历史上的经验与教训,它打破了我们一切怀疑为什么中国不如外国,告诉了我们中国曾有许多可歌可泣的忠勇将士和民众,为腐败的政治机构和动摇妥协分子所出卖和埋没。"②二是坚持正确的政治立场,宣传我党的抗战主张。针对国民党顽固势力攻击八路军和新四军"游而不击"的谬论,《战友》周刊先后发表了《抗战中的泾县》《抗日游击战争与争取最后胜利》等战斗性很强的文章,以确凿的事实和统计数字说明共产党领导的抗日军队对抗日事业做出不可磨灭的贡献,有力地驳斥了各种谎言。1939年6月,新四军驻福州办事处迁往南平,《战友》随之而停刊,前后总计出版23期,每期发行量数千份,"成为全省抗日救亡运动中的一支强劲号角。"③

国民党进步人士也是福州抗战报刊出版业的积极参与者。他们创办的报刊,除了《福建民报》外,最有影响的当属《闽政与公余》旬刊。

《闽政与公余》由《公余》半月刊和《闽政月刊》于1937年9月合刊而成,由福

---

① 编后语,《战友》第1卷第1期。
② 《战友》,第2卷第3期。
③ 高力夫:《抗战初期福州抗日救亡运动》,载中共福建省党史资料征集编写委员会研究室编:《福建抗日救亡运动》,福建人民出版社1985年版,第20页。

建省县政人员训练所与省政府秘书处合编,是省内一份大型的战时官办报刊。它的影响力主要来自文化界知名人士的支持,其中不乏共产党员,他们的文章占了相当大的比重,比如董必武的《群众运动诸问题》、陈独秀的《怎样使有钱者出钱有力者出力》等。郁达夫是此时福州文化界最活跃的人物之一,许多政界人士均以结识他为荣。他在《闽政与公余》上所撰写的文章,不仅数量多,而且影响极大,为抗战初期福州的抗日宣传事业做出了贡献。后《闽政与公余》随省会内迁而移至永安继续出版。

  1938年5月,国民党福建省政府将省会迁到永安,省辖机关和一大批新闻出版机构也同时内迁。福州两次沦陷,失去了全省抗战出版活动中心的地位。

  福州成为抗战前线,进步出版业的生存环境渐趋恶化。但那些留守在福州坚持活动的进步人士,仍通过各种方式为抗战宣传事业努力寻求发展之路,其中主要有中共党员林涧青创办于连江的《求生存》半月刊、《福建民报》副刊《纸弹》、福州警察局创办的《警觉周刊》、福建省抗敌后援会创办的《战地通讯》等。这些报刊的影响虽不及抗战初期的进步报刊,但在极其困难的环境下求生存,还要与日本人扶植的《新福建日报》《新东南日报》等汉奸报刊进行不懈斗争,殊为难能可贵,体现了中华民族勇于反抗外来侵略的优良传统。

  (二)莆田、泉州等地以及闽东地区的抗战报刊

  莆田、泉州等地的文化氛围历来颇为浓郁,自晚清时期开始就是继福州、厦门之后传教士报刊出版活动较为活跃的地区。抗战爆发后,莆田、泉州等地的进步报刊出版业也不落后,中共地方组织、民间团体和国民党进步力量都创办了一批以抗战宣传为主的报刊。兹就其影响较大者作一述略。

  1937年12月,中共闽中工委(后改中共闽中特委)发动爱国知识分子数十人在莆田县涵江成立时事研究会,共同研究时事问题和探讨救亡理论与实践,同时出版《时论》旬刊。该刊的主要内容是结合兴化地区的实际情况,进行抗战宣传,尤其强调发动民众的重要性。众所周知,国民党政府历来害怕被发动起来的民众力量,该刊的宣传导向自然招致忌恨,"时事研究会的刊物,不能有广大读者,是莆田县恐民病者种种阻碍。"①于是,在1938年4月上旬,《时论》出版第9期后,政

---

① 《中共闽西南特委给闽中党的指示——闽中党工作上的缺点与今后工作方向》,1938年3月21日。转引自:钟健英、吴国安:《论闽中抗日报刊的发展及其特色》,载《党史研究与教学》,1989年第5期。

治当局就借口刊物没有办理登记手续和稿件未送审而封闭了。

此后,中共闽中特委又相继在莆田创办了《抗敌知识》旬刊和《总动员》三日刊。创刊的宗旨,仍是抗战宣传。黄绿萍、朱维幹、程永言、蔡拱北、陈秋泉等省内知名记者与学者常为之撰稿,曾经产生过一定的影响。

在泉州,中共地方组织则先后创办了《小拳头》《青年战友》《抗日导报》和《福建导报》等,其中以《福建导报》的影响最大。该报创刊于1939年,发行量最高时达1 000余份,除在泉州发行外,另外还出"永安版"。

《福建导报》的一个特点是在发表战时动态消息的同时,也发表研究论文。如第4期上的《抗战中闽西之地位与救亡之动态》一文,对闽西历史和救亡的现状提出独到的见解,指出正在抗战于山西的八路军前身,便是早先在赣南闽西创建根据地的红军,而在江南抗敌成绩卓著的新四军第二支队张鼎丞、邓子恢部,更是完全由闽西民众武装组织而成的。该刊鲜明的政治倾向,引起了国民党特务的注意,同年9月,《福建导报》和《青年战友》同时被查禁。

除了中共的进步报刊活动,泉州的民间进步团体和国民党进步力量也对抗战宣传持颇为积极的态度。民间进步团体创办的报刊主要有美术界创办的《抗敌画报》和《木刻画报》、泉州《崇道报》的副刊《原野》,以及中国回民抗日救国协会福建省分会创办的《正源半月刊》等。这些报刊由于没有像中共那样的政治力量作后盾,对国民党顽固势力顾忌过多,在言论上更加谨小慎微,因而缺乏锐利的锋芒,一定程度上影响了刊物的战斗力。

国民党进步力量创办的战时报刊,一是各种日报,如《莆田日报》《泉州日报》《仙游日报》《永春日报》等。这些日报的内容是综合性的,虽然也刊载部分抗战消息,但对抗战宣传的贡献毕竟有限;二是抗敌后援会及其下属组织创办的刊物,如《莆田抗倭月刊》、仙游《战地月刊》、晋江《抗敌周刊》和《抗日画报》、德化《抗敌新闻》旬刊等。这些报刊以抗战救亡为办刊宗旨,具有较强的针对性,同时还有民间进步人士的参与,但是在发行量上,不能与日报相提并论。

此外,闽东地区也创办了一批抗日宣传刊物。中共闽东特委派出一批党员到福安、霞浦、福鼎等县的抗敌后援会工作,并团结各界人士创办了《战鼓》《抗日简讯》《抗敌周刊》等救亡刊物,成为福建抗战时期进步出版业的组成部分。

抗日战争是全民族的事业,抗日民族统一战线的形成,为战时进步出版业的发展提供了必要的政治条件,所以才有中共组织、民间团体和部分国民党人三种进步力量的报刊出版活动的共同发展。虽然国民党顽固势力对进步出版业视为眼中钉、肉中刺,以严厉的手段查禁进步出版物。然而正所谓"野火烧不尽,春风吹又生",进步爱国人士不畏艰难与迫害,前仆后继地出版了大量的图书与报刊,抗战宣传不遗余力,为抗日战争的最后胜利提供了充分的思想源泉和广泛的舆论基础。

第五章

解放战争时期福建近代出版业的衰亡

解放战争时期,以福州为中心的福建出版业一度呈现出良好的发展态势。省会的回迁带来了一大批编辑与印刷力量,国民党政府出于维护其统治地位和社会重建的需要,继续出版了一些官办刊物。同时,国民党势力在策划内战阴谋的同时,也极力玩弄和谈的手段,对社会舆论一时不敢过于压制,客观上也为民间报刊出版业的发展提供了相对宽松的政治环境。出版业的物质条件相对于战时而言得到了一定的改善,民间出版业也得到了较快的发展。然而这种发展态势从一开始就明显地表现为缺乏发展后劲,很快成为强弩之末,直至最终走向衰亡。其中的原因主要来自两个方面:一是随着国民党政府对社会舆论控制的不断强化,出版环境持续恶化,大量优秀的出版与作者人才因受到政治迫害或无法实现自身价值,被迫离开福建,或转而从事其他行业,导致出版业的发展缺乏必需的人才支持;二是国民党政府的黑暗统治和国内战争的全面爆发,造成社会动荡,经济萧条,通货膨胀严重,民众生活困苦不堪,从而出版业的生存环境急剧恶化。

1949年8月17日,福州解放,标志着国民党结束了其在福建长达22年的统治。社会制度的革新,即意味着出版业破旧立新的开始。国民党政府的覆灭促成了福建出版业发展形态的整体性变迁,最终导致福建出版业在很短的时间内完成从近代向现代的转变。这种转变最明显的标志,是国民党政府官办出版业的覆灭和新生革命政权对民间出版业的成功改造,使之成为新型公有制出版业的组成部分。我们不难看出,福建近代出版业的终结,成为国共双方政治与军事斗争的必然结局。推动福建出版业破旧立新的主要力量,来自政治制度层面的变迁,而非来自社会经济发展的推动或出版技术的革新。

第一节　抗战胜利初期福建近代出版业的短暂繁荣

抗战胜利后,国民党福建省政府于1945年11月将省会回迁福州,当时主要的报刊、出版机构以及一大批印刷设备也随之回迁,福州取代永安而重新成为福建出版业的中心。战后初期,福州出版业在经历抗战时期的一度沉寂后开始复苏,并且带动了整个福建出版业一定程度的发展。据当时国民政府内政部的统计,1946年福建省已经办理登记手续的报纸达89种,在各省中仅次于湖南省的120种;至1947年8月底,福建登记注册的报纸就发展到114种,期刊计46种,居于全国前列。①

一、报刊出版业的短暂繁荣

报刊出版业的短暂繁荣主要体现于报刊数量的增加。此外,不少市民报的发行量比抗战时期也有了一定的提高。1946年,《中央日报》(福建版)、《民主报》《南方日报》《闽海正报》《粹报》《正义日报》《真理报》《福建时报》等多家报刊同时出现在福州市场上,成为当时福建的主流媒体。各家发行量以"《中央日报》"为最佳",其余也都在2 000份至5 000份之间。② 其中《粹报》《正义日报》《真理报》《福建时报》等为战后福州新创办的报刊。

《粹报》,1945年8月1日创刊于福州,属国民党福建省军统系统,发行人为王德风。该报以刊载新闻为主,政治立场倾向于军统利益。它的一些副刊则发表一些福建地方文献、民间文学研究、旧线装小说研究等方面的文章,颇具参考价值。

《正义日报》,1946年1月1日创刊于福州,由《毅报》改版而来。这是一份国民党福建省党部创办的报纸,国民党省党部宣传处处长曹挺光为社长,郑东白为主笔,黄朝仁为总编辑。总体来看,该报或极力粉饰太平,美化国民党的专制统治,或诬蔑共产党的土改政策,对解放区进行诽谤,政治立场比较反动。

《真理报》,1946年3月间创刊于福州,发行人为黄涵生,是一份民间报刊,但

---

① 叶再生著:《中国近代现代出版通史》,华文出版社2002年版,第153—154页。
② 田殷:《福州报纸副刊近况》,转引自钟健英、吴国安:《解放战争时期福州进步报刊活动的恢复与发展》,载《党史研究与教学》,1990年第1期。

政治立场倾向于国民党政府,在报道中对共产党多加捏造攻击之词。

《福建时报》,1946年11月1日创刊于福州,是国民党福建省政府机关报,李由农、赵家欣、潘仁和等先后担任社长,林天兰、叶培馨、刘诚等先后任主笔,总编辑则由赵家欣、刘以仁、郑丽生等先后担任。该报刊载的内容包括福建省政府发布的各种文件、各类新闻以及副刊等。作为国民党福建省政府的机关报,《福建时报》的政治倾向自然是反共的。但是在赵家欣等进步人士的努力下,该报也发表了一些揭露国民党统治下的各种社会黑暗面的文章,对解放军的节节胜利也予以大胆报道,比如其中有一篇题为《一年物价涨千倍》的文章,反映了国统区普通工人生活困苦的现象。1949年3月18日,一篇题为《共军百万饮马长江,京汉局势空前紧张》的文章,对解放军的胜利予以报道,结果引起当时的福建省主席朱绍良的恼怒,该报社的社长因此而被撤。由作家王西彦主编的文艺副刊《詹言》和郭风主编的综合性副刊《花园市》,主要刊载名家作品和福州风光、典故等,是该报的一个亮点。由进步作家谌震主编的《世界语》专刊,内容独创,颇具个性。

1946-1947年间,在省会福州创办的各类报刊还有很多。民间报刊主要有《福州商情》三日刊、《榕报》周刊、《东方晚报》《良心话》周刊、《儿童报》周刊、《商讯日报》《天闻报》《海滨报》《工商报》《音乐学习》月刊、《三山声报》《闽都报》《力行报》《劲报》,以及华侨报纸《星闽日报》等。其中《福州商情》《商讯日报》《工商报》是专业性的商业报刊,表明战后福建的经济状况有了一定的发展,同时也推动了商业信息的传播;《音乐学习》由国立福建音乐专科学校主办,是一份关于音乐知识的专业性刊物。在此期间创刊的官办专业性报刊,主要有福建公路管理局创办的《福建公路》、省政府财政厅主办的《财政通讯》、省政府卫生处主办的《福建卫生》、卫生部东南鼠疫防治站主编的《东南鼠疫防治简报》、行政院善后救济总署福建办事处主办的《福建善救月刊》、省政府建设厅经济研究室创办的《福建经济问题研究》、省政府统计处主办的《福建物价统计月报》等。其中大部分报刊以专业或行业知识的传播与服务为主,不直接卷入意识形态领域的斗争,对福建战后经济建设和社会发展也具有积极意义。

这一时期,各种校报校刊也开始发展起来。青年学生秉承一以贯之的爱国主义传统,创办了各种进步报刊。国民党政府的黑暗统治,使得青年学生的报刊出版活动的进步性直接表现于不与政府当局相妥协的报刊宗旨上。1946年3月,福建协和大学学生自治会学艺部成立了一个专门介绍进步书刊的"时事研究会",

"成为十分引人的帮助学生开阔视野、宣传共产党政策的阵地"。① 此后,学生自治会又陆续接办和创办了《协大校刊》《协大周报》《协大新闻》等进步报刊,宣传进步思想。福建音乐专科学校、福州中学、福建农学院、福建师范专科学校等学校的学生组织也创办了一批校报校刊和壁报。

战后厦门的报刊业也有了一定的发展。首先创办的是军统背景的《立人日报》和民办《太平洋晚报》,之后,在漳州出版的《闽南新报》《福建新闻》等也相继迁到厦门出版。1945年12月21日,停刊6年有余的《江声报》从泉州回迁厦门复刊,社长为叶清泉,主笔为陈一民,总编辑是李铁民。《江声报》此时仍本着公正的立场,拥护进步,反对内战,业务得到了发展,日销近万份,甚至远销东南亚。同样因厦门沦陷而休刊的《星光日报》,也于1945年11月10日复刊,胡资周继续担任社长兼发行人,吕敬斋为副社长,曾在香港、缅甸从事报刊出版活动的郭荫棠为主笔,朱侃为总编辑。《中央日报》(厦门版)和《厦门青年报》等也有一定的读者群。

从1945年9月至1949年,厦门新创办的大众报刊就有30多种。除上述报刊外,官办报刊还有三青团厦门组织创办的《青年日报》(1945年9月)、国民党厦门市党部创办的《厦门民报》(1947年1月)和《厦门时报》(1947年)、省保安司令部创办的周刊《建军报》(1947年4月)、闽南师管区创办的《凯声报》(1948年4月)等;民间报刊则主要有《济世报》周刊(1945年9月)、《宇宙报》(1945年10月)、《时代晚报》(1946年1月从泉州迁入)、《杏林报》(1946年3月,医务报)、《海疆日报》(1946年4月)、《南天日报》(1946年7月)、《南侨日报》(1946年10月)等。当时厦门有16万市民,平均每2500人便有一家"报社",比抗战前增加了3倍。②

此外,国民党政权为了抢占舆论阵地,强力在全省各市县推行官办报刊。1946年6月,国民党福建省执行委员会发文要求全省各县市党部都要有自己的报刊,并规定名称须包含"民报"字样。于是,《厦门民报》《柘荣民报》《明溪民报》《政和民报》等数十家"民报"创立,也有部分县市的官办报刊是不以此命名的。这样,连同抗战期间创办的报刊,在全省68个市县中,除建宁外都有了报纸。③ 这

---

① 伍益辉:《协和大学革命斗争记》,转引自钟健英、吴国安:《解放战争时期福州进步报刊活动的恢复与发展》,载《党史研究与教学》,1999年第1期。
② 江向东:《解放前厦门报刊沿革述略》,载《新闻与传播研究》,1989年第4期,第217页。
③ 徐明新编著:《福建新闻史:1645—1949》,海峡文艺出版社2009年版,第139页。

些报刊创办的宗旨虽然是为了维护国民党腐朽政权的利益,但客观上也一定程度上推进了地方社会尤其是偏远山区的文化事业发展。

二、《星闽日报》的创刊

《星闽日报》的创刊,是战后初期民间报刊出版业开始复兴的一个象征;它的政治立场,也体现了国统区民间出版业对政府当局的控制既抗争又妥协的两面性。该报于1947年7月1日在福州创办,这是继厦门《星光日报》之后胡文虎在福建创办的第二份星系报纸,也是解放战争时期省内一份大型的民间报刊。其发行人兼社长为福州永安堂经理胡梦洲,副社长兼主笔为罗忒士(罗铁贤),总编辑为进步人士、与党组织失去联系的共产党员郑书祥。社址在台江商业区中平路附近的中弓街。每日出版对开一张半,1948年11月后改出一大张。此时,《星闽日报》的发行量已跃居福州各市民报的首位,达10 000多份。① 及至福州解放前夕,由于政局动荡,物价飞涨,报刊出版业多已不景气,该报发行量降至不足千份。

福建的海外华侨众多。《星闽日报》的创办,首先是为了反映海外华侨的合法利益和爱国心声。"福建与南洋关系最形密切,而福州为福建之省会,掌握全省政治文化经济教育之重心。抗战胜利后,南洋侨胞激于爱国爱乡之热忱,纷纷发起建设福建新运动。当此时机,福州自不能无一家华侨所办之报纸。"② 关于华侨问题的宣传,该报自然不遗余力,相关的文章有《彷徨歧路的菲侨》《南洋华侨的教育问题》《印荷纷争中的华侨》《救济马来西亚被难回国侨胞》等。

《星闽日报》的社会影响力,不仅在于胡文虎有强大的经济实力作后盾,更来自于它敢于揭露国民党政府的黑暗统治。在政治立场上,该报与当时的官办报刊有很大的差异。其发刊词坦言,《星闽日报》应本着"无偏无倚大公无私之精神,作民众之喉舌,不畏强暴,不为利动,凡与社会有益人民有利之事,本报当尽力提倡,反之则当加以纠正"。③ 在国民党专制统治下的民间报刊,自然不能公开发表反政府的言论,比如《星闽日报》,也刊发了一些吹捧国民党政府、攻击共产党的消息和言论。可贵之处在于读者往往能从该报中读出不同的意味来。国民党军队在

---

① 陈鸿铿:《〈星闽日报〉自创办到停刊》,载福建省政协文史资料委员会编:《文史资料选编·文化编》,福建人民出版社2001年版,第325页。
② 胡文虎:《发刊词》,载《星闽日报》创刊号。
③ 胡文虎:《发刊词》,载《星闽日报》创刊号。

山东重镇莱芜打了败仗,却宣布"胜利转战"。该报就此发表总编辑郑书祥撰写的社论《论莱芜之战》,分析此战役对今后山东和华北战场的重大影响,让读者从中了解到解放军又打了胜仗。该报副社长罗武士(罗铁贤)曾对编辑部人员说:"中央社的稿件,把共产党的军队称为'匪军'。在文中,这字样我们不可以改,但我们有我们的看法。我们在标题上不能写'匪军',而应写'共军'",对于国民党军队的失败,"如果大标题里如实地这么写,恐当局会因此而恼羞成怒,因此标题里我们不写'国军失败撤退',而写'国军转移阵地'或'国军胜利转移'"。①1948年4月,郑书祥在"祝贺"蒋介石"当选"总统的社论中,以灰色笔调陈述总统就任后面临的军事、政治、经济各方面的难题,结语是"环顾时局,仔肩弥重,引颈北顾,不胜唏嘘"②。

《星闽日报》的"不和谐"言论,必然招致国民党政府的忌恨。1948年8月,国民党政府为了应付所面临的经济崩溃,发行金圆券。郑书祥在报上发表社论《论金圆券的发行》,指出金圆券的发行缺乏物质基础,靠行政命令限价不能长久奏效。当局大为恼怒,要以"动摇民众对金圆券信心"的罪名查封《星闽日报》,逮捕郑书祥。后在胡氏集团的周旋下,以处罚该报停刊3天了事。

《星闽日报》依靠胡氏集团强大的经济支持,罗致了一批优秀记者派驻国内外,消息来源及时,分析比较深刻,尤其是驻沪记者曹聚仁撰写的有关国内战场的通讯,很为读者注目。此外,该报还约请一批著名学者教授为之撰文,如北京大学的朱光潜、赵乃抟,清华大学的朱自清、潘光旦、吴景超、冯友兰,南开大学的陈序经等,纵论政治、经济、文化等问题,受到读者的欢迎。它的副刊也办得不错。经常性的副刊是《星翰》和《满天星》。前者刊载文艺作品,曾发表了王西彦的《进窄门的人》、郭风的《豌豆仙子》、孙用翻译的小说《塔杜须先生》等;后者刊登综合性小品文学,曾连载发表"岁寒居士"的笔记小品《海宾谈屑》、程力夫的诗歌和林樾的木刻作品《浮生相》等。

三、图书出版业的概况

长期以来,福建图书出版业在国内图书市场中仍处于边缘化的地位,居于主

---

① 罗铁贤:《在星系十二年》,载福建省政协文史资料委员会编:《文史资料选编·文化编》,福建人民出版社2001年版。
② 《星闽日报》,1948年4月20日,第1版。

<<< 第五章　解放战争时期福建近代出版业的衰亡

导地位的主要是商务印书馆、中华书局等国内大型图书出版机构。抗日战争时期，永安历史性地成为东南半壁江山的出版中心，改进出版社、东南出版社等图书出版机构出版了大量的图书，影响波及海内外。抗战胜利后，一批出版机构迁至福州，同时也新创办了一些出版机构，福建图书出版业有了一定的起色，其中比较有影响的出版机构有教育图书出版社、经济科学出版社、改进出版社等。商务印书馆福州分馆、中华书局福州分局则主要在闽从事图书的发行工作，以销售本版图书为主。此外，一些非专业出版机构也出版了一些图书，如福建企业特种股份有限公司出版了一套"工业丛书"、福建省研究院出版了一套"福建社会经济丛书"。①

改进出版社迁入福州后设址于鼓东路，继续执行在永安期间制定的出版计划，完成"改进文库"等丛书的出版任务，同时还出版了《闽政论丛》《美国教育的改进》《新工业会计及管理纲要》《社会行政概论》《儿童歌曲》等数种图书，创办于抗战时期的期刊《改进》、《现代儿童》等也仍在出版之中，但发表的主要是官样文章。

经济科学出版社迁入福州后设址于仓前山岭后街18号，出版了"中国学术丛书""社会科学丛书""时代知识丛书"等系列丛书。其中，"中国学术丛书"主要包括王亚南著《中国经济原论》、郭大力著《生产建设论》等；"中国社会科学丛书"主要包括王亚南著《新社会科学论纲》和《经济理论与经济现实》等。

教育图书出版社入迁后设址于福州南后路120号。该社出版的图书数量颇多，以教育类图书为主，同时也经销国内其他出版社出版的各种图书。据叶再生先生的记叙，该社曾出版"福建省文化运动委员会甲种文化丛书"和"公民教育丛书"，现二者各仅见1种。② 笔者根据当时刊载于省内主要报刊的图书广告和从国内各大型图书馆收集到的藏本目录，将教育图书出版社所出版的部分图书胪列于下。

周学旦编著《体育教学法及教材图解》
陈位烨编著《注音符号教本》

---

① 叶再生著：《中国近代现代出版通史》（第四卷），华文出版社2002年版，第640页。
② 叶再生著：《中国近代现代出版通史》（第四卷），华文出版社2002年版，第640页。

陈位烨编著《农村经济及合作》
陈位烨编著《应用文》
徐君海编著,叶松坡校订《教育通论》
徐君梅编著《社会教育》
戴景曦编著《教育行政》
戴景曦编著《教育心理》
戴景曦编著《教材及教学法》
于炳文编著,李雄校订《三民主义之理论与实际》
陈守冶编《作文材料》
司琦编著《升学指导之理论与实际》
司琦编著《实习指导》
高持良、曾克同合制《实足年龄计算卡》
黄炳玎编《中学歌曲选》
英文版《茵梦湖》
黄曼欧编著《病理学》
陈陇生编《教育测验与统计》
叶春编著《地方自治》
沈嵩华编著《传记学概论》
庄传升编著《大学初级英文选》
方扬编著《地方自治新论》
张贻惠编著《庄子讲解》
许永绥著《化学药品制造法》
陈新民编著《篮球训练术》
张荫椿、徐君梅合编《小学教师必携》
干炳文编著《中华民国宪法释义》
方兴亚编著《大战英字集林》
陈杰编著《小学卫生训练标准实施法》
庄孟伦编著《台湾全貌》
周世辅、周召南合编《青年军进行曲》
周世辅著《中国青年与中国命运》

李云峰著《做人与做事》
于听海选编《戏剧精选》
萧尹言、杨庆合编《中国命运提要附问答百条》
朱一灵著《青春曲》（剧本）
吴铁著《河山春晓》（剧本）
陈百尘著《胜利号》（剧本）
冯清文著《在西北原野》
冯洪著《个性与择业》
高时良著《非洲风云》
仇章著《遭遇了支那间谍网》

福建本土图书出版机构与国内大型出版机构如商务印书馆、中华书局、世界书局等相比，存在很大的差距，特别是拥有的作者资源和发行网络的健全程度上存在先天不足。但是，福建本土出版机构利用抗战胜利后短暂的和平时期，采取偏离政治旋涡的出版策略，在经营中扬长避短，也得到了一定的发展。比如教育图书出版社，着重在教育类图书上下功夫，以专业化的出版策略克服了出版社规模小的缺点，从而获得了一定的市场机会。现在国内许多大型图书馆仍收藏有该社出版的图书，表明当时教育图书出版社出版的图书还是颇有市场的。

第二节　革命出版力量的持续壮大

战后初期，不仅国统区的出版业得到了暂时的复苏，革命出版力量也得到了持续的壮大。从某种意义上说，正是由于革命出版力量的不断发展，最终导致战后福建近代出版业由盛而衰，直至消亡，因为这与国共双方实力转换具有直接的关联。

早在抗战胜利之初，省内的中共地下组织就迅速地发展起来了，各行各业都先后建立起地下支部，革命出版活动的发展得到了更好的组织保证。先是，中共闽江工委筹集到数千元资金，专门兴办了一个"六艺书店"，秘密发售《毛泽东到重庆》《访问延安》《论联合政府》《论解放区战场》《解放区工商业政策》《解放区的教育》《在延安文艺座谈会上的讲话》《文萃》《民主》《群众》《解放》等书刊。随着革命事业的不断发展,中共地下组织的出版活动逐渐从秘密转向半公开,规模由小到大。尤其是革命报刊的出版,种类不断增加,影响越来越大。

一、革命出版事业的发展

解放战争时期,全省各地的中共地下党组织通过小规模、多布点的方式从事革命出版事业。他们大多以公开的身份作掩护,秘密出版、翻印各种革命图书、报刊、传单以及我党的重要文件。1949年2月,由中共地下党员陈耀民等人创办的"协记印刷所",在福州中平路担水弄12号开业。在公开营业的掩护下,大量翻印中共党内文件、进步书刊、中国人民解放军布告和传单等,并将布告、传单广为邮寄给福州市国民党军政人员,以配合中国人民解放军解放福州。5月底,协记印刷所因担心暴露而主动停业。

在厦门,中共闽江工委特派员黄猷在启新印刷馆工人的协助下在鼓浪屿开办了"启新书店",秘密翻印《新民主主义论》《论东北问题》《和平民主团结统一》等革命图书,其中《新民主主义论》的印数达1000多册。书店虽然仅存在4个月的时间,但传播了革命的火种,为此后厦门城工部地下党工作的开展打下了基础。

在报刊出版方面,由于斗争的需要,各游击根据地的报刊在解放战争初期几乎匿迹。从1947年开始,革命报刊出版活动迅速活跃起来,中共各级组织借助于人民解放军在战场上的胜利和国民党政府社会控制能力的衰竭,创办了大量的革命报刊,革命出版事业的发展达到了顶峰。据《福建省志·新闻志》的不完全统计,在1949年,全省新创办的各类报刊计27种,其中属于中共各地方组织创办的就达18种。[①]

革命报刊积极宣传我党的政策和解放军在战场上的胜利,揭露国统区社会的黑暗与腐败,以对抗国民党御用出版机构的反动宣传,从而鼓舞了士气,也唤起了人民大众的觉醒,推动了国民党政权的瓦解,为革命胜利的早日到来做出了卓有成效的贡献。

1947年初,在中共闽浙赣区委城工部部长李铁主持下,油印小报《火炬》创

---

① 福建省地方志编纂委员会编:《福建省志·新闻志》,方志出版社2002年版,第137页。

刊,以64开本出版。该刊主要刊载党的方针、政策和上级党组织的决议指示,以及表扬党内好人好事等,通过秘密渠道发送给有关组织和党员阅读。《火炬》的创办,标志着新时期革命报刊出版活动的兴起。不久,中共地下组织宣传小册子《红五月》和油印小报《人民》相继出版。就在这一年的冬天,地下党福州中学支部也创办了一份刊名同为《人民》的不定期刊物,其内容主要是转载毛泽东著作和介绍全国战局,刊登的文章包括《中国社会各阶级的分析》《新民主主义论》《论联合政府》《关于纠正党内的错误思想》《目前形势和我们的任务》《在晋绥干部会议上的讲话》等。《人民》的印刷地点设在福州城内灯笼巷魏世恩的家里,64开油印,秘密发行,从创办到1948年夏,共出版约20期。此后,革命报刊出版业得到迅速发展。在福州,《协大新闻》《大众报》《种子报》《骆驼月刊》《拂晓报》《人民半月刊》等革命报刊相继创办。仅福州一地,由中共地下党组织在解放前夕创办的革命刊物就达24种,详见表5-1。省城之外,1948年之后创办的革命报刊则有中共闽南地委在平和创办的《前哨报》、中共闽西地委在长汀创办的《汀潮报》、闽粤赣边区党委在闽西南创办的《大众报》、中共安溪中心县委创办的《解放快报》、中共泉州工委创办的《尖兵》、闽西南联合政治部在龙岩创办的《战斗》等。

表5-1 解放前夕中共地下党组织在福州创办的刊物①

刊名	创刊时间	周期	主办单位	负责人(备注)
火炬	1947初	不定期	中共闽浙赣区委城工部	李铁
红五月	1947.5		中共闽浙赣区委	林元照等
人民	1947.10		中共闽浙赣区委城工部	林萱治、李楚濂
人民	1947冬	不定期	中共福州中学支部	石美沂、魏世恩
协大新闻	1948.4		中共协大支部	林世芳
大众报	1948.11	不定期	中共福州中学支部	薛谋略、游德馨等
火花报	1948.12		中共福长林县委	林道周等
种子报	1948	五日刊	中共太平山支部	陈功濂等
骆驼月刊	1949.1	月刊	中共省高级工业职业学校支部	卢诗润

---

① 此表根据《福建省志·新闻志》《福州新闻志·报业志》和《福建省志·出版志》等相关资料整理而成。

续表

刊名	创刊时间	周期	主办单位	负责人（备注）
解放报（拂晓报）	1949.1	不定期	中共马尾工委	林元照
边区战报	1949.1	不定期	中共连江工委	叶世水
解放之声	1949.1	不定期	中共福州中学支部	
《人民报》简刊	1949.2	不定期	中共福州市委	孙道华、庄弃疾
解放报	1949.2	不定期	中共英华高商支部	潘从民等
师专学生	1949.3	不定期	中共福建师专支部	
人民半月刊	1949.4	半月刊	中共闽古林罗连中心县委	黄培熙
消息报	1949.5	不定期	中共太平山支部	宋子云等
高工生活	1949.5		中共省高级工业职业学校支部	
小火星	1949.6	不定期	中共福州中学支部	唐文光
灯塔报	1949.6		中共英华中学核心小组	
洪流报	1949.6		中共英华中学核心小组	
挺进报	1949.6		中共英华中学核心小组	
民声报	1949	不定期	中共福马特支	林元照
战报			几个中共支部合办	1949.5停刊。

由于出版环境恶劣，这些革命报刊多数发行量不大，但也有部分报刊依靠其他社会进步力量的支持，以半公开的形式发行，在国民党政府严厉的出版钳制政策的夹缝中求生存，产生了比较大的影响。笔者兹将《大众报》和《骆驼月刊》这两份具有代表性的革命报刊作一介绍。

二、《大众报》

《大众报》创刊于1948年11月，是中共福州中学地下党支部所属的一个党小组编印的一份地下油印报刊，第1期16开版，第2期开始改为8开版，不定期发行，先后共出12期，每期印发数百份。其具体承办人员有薛谋略、游德馨、张任生等，创办宗旨在于"传播解放军胜利消息，介绍解放区情况，宣传党的工商政策，以鼓舞斗争,揭露敌人的谣言,安定民心。"①

《大众报》内容以刊载解放区新华广播电台口语广播及转载香港《华商报》《文汇报》等报刊文章为主。电讯稿系张任生通过被当局关押狱中的上海《申报》驻闽记者、《星闽日报》记者黄重庆的联系,取得《星闽日报》报务员郑福祥的支持而由其提供的。在当时国民党反动派白色恐怖统治下,《大众报》把解放军胜利南下的消息,迅速传播到福州城内的地下党员和进步群众中去,以及传播到坚持战斗在偏远山区的闽东、闽中、浙南游击队指战员手中,对揭露敌人的谣言、鼓舞士气起到很大的作用。②

在如此险恶的政治环境下从事革命出版活动,困难是可想而知的。办刊经费全部由党员自筹,游德馨卖掉自己的半钱黄金,其他同志则卖了生活用大米,买来油印机、纸张、钢板、铁笔等印刷材料。出于安全考虑,印刷地点多次迁移,曾在大营房58号,后又分别移至津门路一处民房、近郊义序的吴山村一户农家、台江区一家华侨旅社等。期间,《大众报》还先后翻印了《解放军为何胜利》《中国革命与中国共产党》《三大纪律八项注意》《党中央关于成立新民主主义青年团的决定》《新民主主义论》等小册子。

1949年2月,郑福祥为了更好地抄收新华社电讯稿,转移出一部《星闽日报》社的收报机,招致国民党福建省保安司令部的多次追查。3月,郑福祥撤往香港,电讯来源中断,《大众报》也就被迫停刊了。

三、《骆驼月刊》

1948年10月,福建高级工业职业学校的一些地下党员组建起名为"骆驼社"的群众组织,旨在"通过这个组织形式把进步青年组织起来,团结起来,形成一个共同学习,共同战争的集体"。③ 该社在组建之初,成员仅20余人,随后迅速发展到福中、光复、格致、高农、福商、闽侯师范、女中等学校,并向社会各行业甚至外省渗透。至1949年初,成员已达70多人。在开展活动的同时,骆驼社创办了一份颇

---

① 薛谋略等:《党的秘密报刊——〈大众报〉》,转引自钟健英、吴国安:《解放战争时期福州进步报刊活动的恢复与发展》,载《党史研究与教学》,1990年第1期。
② 王植伦主编:《福州新闻志·报业志》,福建人民出版社1997年版,第165页。
③ 林士锋:《忆"骆驼社"》,转引自钟健英、吴国安:《解放战争时期福州进步报刊活动的恢复与发展》,载《党史研究与教学》,1999年第1期。

有影响的刊物《骆驼月刊》。

《骆驼月刊》于1949年元旦正式创刊,至4-5月间共出版4期,每期印行数百份,16开,蜡纸油印。社长为卢诗润,总编辑为唐文光,编辑由林士锋、高鲁、梁超浩等组成,经理部由陈良正、吴秉周、林法中负责。该刊的取名,意在"当时蒋管区的生活是年青人的沙漠",办刊者"愿作坚韧不拔的骆驼,穿越荒漠险阻,走向绿洲"。①

《骆驼月刊》辟有社论、时事评述、征文特辑、各地通讯、世界知识、青年生活、文摘、金字塔、瀚海、骆驼园地等栏目,内容以时政文章和文艺作品为主,立场鲜明、行文锐利,表现出强烈的革命意识。尤其是"时事评述"栏目中的文章,更似一把刺向敌人心脏的尖刀。比如其中《一起一伏的南北战局》《南京兵临城下》《万木无声待渡江》等,形象地描述出国民党反动统治的穷途末路和解放军的胜利在望。"征文特辑"栏目则通过"我喜欢的一本书",介绍进步书刊,如《李有才板话》《新人生观讲话》《马凡陀的山歌》等;通过"我不喜欢的一本书",驳斥蒋介石的《中国之命运》等反动图书的谬论。"金字塔"是一个综合性文艺栏目,刊载各类文艺作品,如杂文《战犯》《真和伪》和独幕剧《奸匪》等。"瀚海"也是一个文学栏目,它所刊载的文学作品有比较高的文学价值和很强的战斗性,如新诗《沉默》写道:"沉默/是无言的反叛/是潜在的暗流/……当人们不再沉默时/力量跟火山一样/谁也不能抗拒!"《骆驼月刊》的第2期和第3期还全文发表了毛泽东对和平的声明和中共中央《人民日报》的发刊词。

《骆驼月刊》在福州半公开出版后,影响迅速扩大到闽东、闽北乃至省外,受到青年学生的欢迎。当试刊号出版时,福州商业学校的读者即来信说:"读了《骆驼》,使我们激动得落泪,想不到在这寂寞的环境里,竟有一群充满着蓬勃朝气的青年人,用坚强使这本刊物,变成了白金、二氧化锰,通过这黑暗时代,加速光明的时代的产生。"②该刊的革命性质,同时也引起了敌人的注意和搜捕行动。为了避免不必要的损失,《骆驼月刊》在刊出第4期后停刊。骆驼社继而在1949年5月改出新刊,名为《高工生活》,每周1期,8开铅印,公开发行,同样以青年学生对读者对象,虽然隐藏了锋芒,仍继续传播革命思想。

---

① 庄可庭主编:《福州期刊志》,铅印本,第155页。
② 林士锋:《忆"骆驼社"》,转引自钟健英、吴国安:《解放战争时期福州进步报刊活动的恢复与发展》,载《党史研究与教学》,1990年第1期。

第三节 福建近代出版业的衰亡

福建近代出版业的衰亡，事实上并非出版业自身发展的必然结果，或者是来自技术层面的革新所致，而是政治局势的推动和政治制度的变迁促成的。政治因素作用于出版业，在民国末期的福建，首先表现在战争对文化市场的直接冲击，致使大量出版人才与作者资源的流失。尽管，这种迹象在抗战胜利之际就已经显露出来了，但战后局势缓和、国共和谈，还是带给了福建出版业短暂的繁荣。然而随着国共谈判破裂，解放战争拉开序幕，及至国民政府的覆灭，福建近代出版业的衰亡和现代出版业的确立，就成为必然的趋势了。

一、众多出版与作者人才的流失

抗日战争结束不到一年，国民党政府不顾全国人民要求和平民主的呼声，于1946年6-7月间大规模向解放区进攻。为了配合军事进攻，国民党政府强化专制独裁统治，疯狂地查封、禁售进步出版机构和图书、报刊，反映在出版物上的两种意识形态的冲突变得高度尖锐。在福建，由于作为政治宣传工具的报刊是主要的出版形态，使得这种尖锐冲突在报刊出版领域表现尤为突出。自1945年7月的"永安大狱"后，进步出版活动就明显地变得更为艰难了。进步出版环境的恶化，导致在永安进步出版活动中做出突出贡献的大量出版人才和作者群体纷纷离开福建或转行，曾经在战时繁荣一时的福建出版业开始衰落。

在这些人士中，有的是著名的作家、学者，有的是社会联系广泛、深孚众望的出版发行专业人士，他们大多思想追求进步，或深谙出版经营之道，或具有广泛的社会影响力，是永安进步出版业的中坚力量。为了说明战后福建出版界人才流失问题的普遍性，兹不避烦琐，详加叙述。

王石林，原名王一帆，四川中江县人，1932年加入地下共青团组织。他于1943年10月应福建省《建设导报》社长谌震的邀请，与李品珍同到永安，任《建设导报》采访部主任兼国际版编辑，1944年3月到漳州，任《闽南新报》总编辑。在两报工作期间，他撰写了大量国际时事评述文章，积极参与永安及漳州的进步出版活动。1945年3月他任东南出版社第三任经理，同年7月在"永安大狱"中被捕,在获释不久的 1946 年 7 月离开福建,绕到香港转入粤东一所中学任教。

王亚南,湖北黄冈人,著名经济学家。1944 年他应福建省政府秘书长程星龄之邀到战时省会永安,任福建省研究院社会科学研究所所长,并兼任厦门大学、暨南大学教授。同时,他还在永安创办了《社会科学》季刊、《研究汇报》学刊和经济科学出版社,其代表作《中国经济原论》《社会科学论纲》等著作也是首次在永安出版的,为永安进步出版业的繁荣做出了重要贡献。1945 年"永安大狱"后他愤然辞职,离开永安,后专职任教于厦门大学。

王毅林,福建南安人,1941 年在南安集美中学加入中国共产党,1944 年 9 月到永安,在东南出版社发行部工作,其间他经常向各地读者输送进步书刊。"永安大狱"后,他把一大批东南出版社出版的书刊用赊购形式转移到厦门东方出版社。1945 年,他离开永安后不再从事出版工作。

叶康参,福建建瓯人,1938 年任《老百姓》报专职编辑。1943 年他任福建省政府编译室编译,为《民主报》《建设导报》等撰写了大量宣传抗战、争取民主的社论和其他文章。在"永安大狱"中被捕,1946 年 2 月被保释出狱后到福州接任《民主报》副刊"新语"主编。1947 年 3 月他因《民主报》社被国民党特务捣毁而失业。

许钦文,浙江绍兴人,著名作家。1938 年任永安师范教员,是《民主报》副刊"新语"的重要撰稿人之一,抗战胜利后离开福建返回浙江。

李力行,湖南新化人,中共党员。1944 年 5 月他来到永安,不久出任东南出版社第二任经理兼门市部主任,第二年转入改进出版社工作,1945 年 7 月 14 日被捕,后保外就医。1946 年夏,他离开福建到苏北解放区参加新四军。

李达仁,原名李品珍,湖南宁乡人,中共党员,1934 年 10 月到永安任《建设导报》主笔兼东南出版社首任经理,1944 年 7 月任福建省研究院社会科学研究所助理研究员,先后为《民主报》撰写社论数十篇,并协助羊枣编辑《国际时事研究》。1945 年 7 月他被捕入狱,出狱后随即离开福建去上海。

余志宏,湖南醴陵人,中共地下党员。1944 年 12 月他到永安任福建省研究院社会科学研究所助理研究员,积极为《民主报》《国际时事研究》《社会科学》撰写社论和专论,对东南出版社的创办做出过贡献。1947 年离开福建回湖南。

骆何民,化名钟尚文,江苏扬州人,中共党员,1942 年秋经香港到永安,协助筹办《建设导报》和东南出版社,1945 年 8 月被捕,次年获释后赴上海,参加《文萃》周刊编辑工作,后被杀害,为《文萃》三烈士之一。

姚勇来，福建莆田人，抗战时任《老百姓》《战时民众》编辑，《中央日报》（福建版）记者和副刊编辑，以"姚隼"的笔名发表了大量的进步文艺作品，1945年7月被捕，出狱后于1946年离闽赴台湾。

萨一佛，福建福州人，中共党员，著名木刻画家。他30年代起从事漫画木刻创作，曾在福州创办过"十日漫画社"，在《小民报》主编过《十日漫画》。1939年底赴永安，入改进出版社工作，1940年任《战时木刻画报》主编，后又参与《联合周报》的编辑工作。1945年7月，他离开永安去广州。

谌震，湖南长沙人，1941年到永安，任国民党福建省政府主席刘建绪的随从秘书、《建设导报》社长、东南出版社党务董事，为永安进步出版业的发展做出重要贡献。1945年7月他被捕入狱，1946年3月获释，后随即到福州主编《福建时报》的《世界语》副刊，1948年离开福建。

董秋芳，浙江绍兴人，30年代著名左翼作家。1938年4月他应省政府公报室主任郁达夫之邀到福州，任省政府编译室编译、省政府图书馆副馆长，1938年5月随迁至永安，1943年9月任《民主报》副刊"新语"主编，大量刊登进步青年和文化界人士抨击时弊的杂文及其他文学作品。1945年7月，他为"永安大狱"发表《沉默之美》一文，对国民党顽固派摧残进步出版人士的暴行进行了辛辣的讽刺，同年7月被捕，获保释后于1946年4月到福州任《改进》月刊编辑，因发表《新世纪观与新审美观》一文，被迫于8月离闽回绍兴教书。

程星龄，湖南醴陵人，1942年任福建省政府秘书长，支持《民主报》和东南出版社的创办，是为永安进步出版活动的开展提供政治保障的一个重要人物。1945年7月他被国民党当局软禁，1948年解除软禁后离开福建回到湖南。

黎烈文，湖南湘潭人，著名作家。1938年春他应福建省教育厅厅长郑贞文之邀到福州，任郁达夫主持的福建省公报室编辑，后随迁至永安，负责组建改进出版社，并出任社长之职。他以"推重车上峻坡"的精神，先后创办和出版了《改进》《现代儿童》《现代青年》《战时民众》《战时木刻画报》《现代文艺》等六大进步报刊，还创作和翻译了大量进步文学作品，是永安进步出版活动的核心人物，1946年春离开福建去台湾。

颜学回，浙江绍兴人，1936年夏到福州，任福建省反省院图书馆员，1937年到建瓯参与创办《闽北日报》(《民主报》前身)。1943年他随《民主报》迁至永安，任该报社长兼总编辑。1945年10月他随《民主报》迁至福州，继续担任该报社长之职。1947年春《民主报》社被国民党驻福州部队的军官捣毁后,他被迫携家眷避往苏州。

抗战时期,永安进步出版活动之所以能影响全国,成就福建近代出版史上最为繁荣的一幕,与进步出版人士的努力是紧密相关的。然而"永安大狱"后,国民党政府的迫害不仅使得这些进步出版人士纷纷离开福建,而且也使一些坚持客观报道的民间报刊被迫关闭,即使是一些具有国民党人背景的报刊也不例外。例如,1947年3月29日,叶康参在征得颜学回的同意后,以"细民"的笔名在《民主报》副刊"新语"上发表了题为《一个伟大的青年军官》的杂文,文中说一个青年军官整天在家里抱小孩,因而产生反内战的思想。文中有"对希特勒之类的战争罪犯,最好的处分办法是让他抱小孩"等字句。当日,驻福州军官大队20余人到报社挑衅,并捣毁报社,事后省内报纸均未声援。《民主报》被捣毁后损失惨重,经董事会决定后停刊。

二、国民党政府的覆灭与福建近代出版业的消亡

国民党政府对进步出版业的残酷迫害,使之越来越失去民心。它的穷兵黩武与腐败统治,导致国统区的经济状况急剧恶化,也为出版业的衰败埋下了伏笔。及至国民党政权覆灭后,福建近代出版业失去了其生存的政治基础,也就迅速结束了其历经百年的发展历程。

国民党政府的腐败和反动的经济政策,使国统区的经济危机空前严重。福建是国民党在东南的一个重要战略地区,国统区出版业的政治立场必然直接服从于国民党政府的战争需要,出版物受到严格的监控。加上国民党政府军费支出急剧上升,造成严重的财政赤字,随之而来的则是居高不下的通货膨胀,物价飞涨,民众生活苦不堪言。单以福州的米价为例,便可了解社会经济状况的恶化程度。1946年10月初,福州每石米的价格为7.3万元,①1947年11月底,便涨到80万元;②1948年8月,竟达4 000万元。③ 1949年4月间,《福建时报》上登载的一首打油诗生动地反映了当时民众的生活状况:"未曾发薪望发薪,发薪真觉可怜生,街头货尽连城璧,几个钱儿买不成。"出版印刷业的经营也因印刷用纸价格飞涨、

---

① 《中央日报》(福建版),1946年10月3日,第4版。
② 《泉州日报》,1947年11月27日,第2版。
③ 《中央日报》(福建版),1948年8月7日,第4版。

第五章 解放战争时期福建近代出版业的衰亡

印刷成本高昂而举步维艰。

经济状况的急剧恶化,迫使广大民众群起而进行各种形式的抗争。1946年11月11日,福州印刷行业工人300多人在井楼门通天境集会,要求改善生活条件,并于14日开始罢工,使福州6家报纸无法正常出版。全面内战爆发后,国统区的经济危机更为严重,而国民党政府却于1947年2月16日颁布了以冻结生活为主要内容的"经济紧急措施方案",公然把工人的工资冻结在1月份的生活费指数上。这一反动法令,激起包括印刷出版工人在内的广大民众的强烈反对。同年4月17日,福州印刷工人500多人再次举行罢工,福州5家报刊连续4天无法正常出版。《中央日报》(福建版)和《福建时报》不得不减少版面,改出临时版,一些小型报刊则完全停刊。

1948年以后,随着国民党军队在战场上的节节溃败,福建政局已是相当混乱,国民党内部各种势力相互倾轧,政府更迭频繁。在刘建绪之后,李良荣、朱绍良、汤恩伯等相继接任国民党福建省政府主席之职。政局的不确定性大增,福建省保安司令部为了加强此时的出版控制能力,在1949年1月间在福州成立了"福建省新闻图书审查委员会"和"邮电检查所",出版业面临着越来越严厉的检查与控制,生存环境更加恶劣。此外,民间出版业还经常遭受各种方式的排挤。例如,当时进口的印刷用纸,官价、市价相差悬殊,官价纸张由政府当局分配。这样,官办出版业可以分配到足额的官价纸张,而民间出版业往往在用纸上受到压制。《江声报》每天的发行量在10 000份左右,却只能获取4 000份的官价白报纸,其余6000份是用高出官价5倍的市价白报纸印行的。[①] 在这种生存环境下,福州又有一批报刊相继停刊,其中包括发行量比较大的市民报如《正义日报》《南方日报》等。像《星闽日报》这样的大型民间报刊,虽然发行量仍居各大报之首,但经营状况已经是一落千丈,印数不满千份,毫无生机可言。[②] 在厦门,首先宣告停刊的是《太平洋晚报》,不久,《福建新闻》也停刊了,一些小报甚至只生存了一两周的时间。

1949年4月间,上海、南京相继解放后,福建的解放已指日可待。中共华东局在讨论组建福建省委时,决定在福建创办党报。8月17日,福州解放,国民党在福

---

① 许祖义:《民办〈江声报〉》,载福建省政协文史资料委员会编:《文史资料选编·文化编》,福建人民出版社2001年版,第305页。
② 赵家欣:《福建的两家星字报:厦门〈星光日报〉与福州〈星闽日报〉》,载《福建文史资料》,1990年第23辑,第87页。

建长达 22 年的统治宣告结束,《福建时报》《中央日报》(福建版)等国民党官办报刊随之停刊。与此同时,中共福建省军管会文教部先后接管了原国民党省政府印务局印刷所、福建时报社印刷所、已经停办的粹报印刷所和谈丛出版社印刷所等,以这些印刷所的设备和工人为基础,于 8 月 26 日正式成立福建新华印刷厂,归福建新华书店领导。中共福建省委机关报《福建日报》则于 8 月 25 日创刊,杨西光任社长,何若人任总编辑。

《星闽日报》出版至 8 月 16 日。随即,省军管会文教部将《星闽日报》改名为《新闻日报》,于 9 月 21 日起继续出版。时因总编辑郑书祥在香港未回,赵家欣便暂时担任《新闻日报》总编辑,并先后调进叶康参、吴修平、陈炳岑、徐千里等人,黄小岑和徐千里先后担任采通部主任,经营权仍由当时滞留香港的原社长胡梦洲执掌。对于这一段历史,当事人赵家欣有如下的记述:①

> 福州解放后,市军管会文教部即着手研究《星闽日报》是否继续出版,就在这时,中共福建省委宣传部长兼军管会文教部长陈辛仁通过省委宣传部副部长杨西光,要我介绍星字报情况,我就所知写了一份报告。之后,文教部决定这家民营报纸改组后继续出版,报名改为《新闻日报》,经、编两部人员全部留用。当时我正协助杨西光同志筹备成立中苏友好协会福建分会,因该报社长、总编赴港,不知是否回来或何时回来,所以派我去任总编辑,并派黄小岑和我一起入该报工作。经组织同意,我介绍叶康参任编辑。为了扶植这家民营报纸,杨西光副部长和当时任《福建日报》总编辑的何若人同志作了多方面支持。《新闻日报》记者可以和《福建日报》记者一样,到各机关单位采访;原要在《福建日报》刊登的广告,很多被介绍到《新闻日报》刊登;《新闻日报》收不到的新华社电讯,由《福建日报》抄送,我经常和何若人同志联系并向他请示。在中共福建省委宣传部和党报的大力支持下,改组后的《新闻日报》面貌一新。

1950 年 1 月,胡梦洲、郑书祥返闽,总编辑一职便由郑书祥担任。不久,胡梦

---

① 赵家欣:《福建的两家星字报:厦门〈星光日报〉与福州〈星闽日报〉》,载《福建文史资料》,1990 年第 23 辑,第 87 页。

洲要求将《新闻日报》恢复为《星闽日报》，未被接受。胡梦洲便借口再去香港向胡文虎请示，一去不返。郑书祥便改任社长，叶康参任总编辑。1950年10月，《新闻日报》停刊。

1949年8月底，莆田解放，由美国传教士创办于清末、福建近代报刊出版史上历时最长的报纸《奋兴报》停刊。随后，解放军势如破竹，泉州宣告解放，由国民党晋江县党部创办的《泉州日报》停刊。9月，龙岩解放，由国民党军第十师师长兼福建第二绥靖区司令李默庵在1935年元旦创办的《闽西日报》也随之停刊。

厦门解放前夕，厦门市军事管制委员会和中共厦门市委在泉州成立，决定进城后只保留《江声报》一家民办报纸，同时创办党报《厦门日报》。① 1949年10月17日，厦门解放。《江声报》出版"号外"，报道厦门解放的特大喜讯。当日，《星光日报》停止出版。18日，厦门全市无报。19日，《江声报》获准继续出报，是厦门此后三日唯一出刊的报纸。

10月22日，《厦门日报》创刊，其创刊号在《江声报》的支持下印刷出版，与读者见面。1952年元旦，《江声报》并入《厦门日报》出版。当日，在《厦门日报》上刊登的《厦门日报、江声报合并联合启事》说：②

> 适应目前形势需要，避免两报宣传上的重复，减少浪费，集中人力物力，共同办好人民的报纸《厦门日报》，《江声报》自动提出，互相讨论协商，经双方同意，上级批准，于今日起正式合并，集中力量办好一个大型的报纸，名为《厦门日报》，面向城市并兼向闽南侨乡侨眷，进行宣传；办好一个小型的报纸，名为《江声报》，面向南洋华侨进行宣传。

50年代后期，《江声报》为新创办的《鹭风报》所取代，最终停刊。《新闻日报》《江声报》等报刊的停刊，标志着福建近代民间报刊从此退出历史的舞台，福建近代出版业在历经百年兴衰之后终于落下帷幕，一个新的时代开始了。

---

① 成戎：《笔枪纸弹：许祖义在〈江声报〉的最后几年》，载《厦门日报》，2003年6月11日。
② 《厦门日报》，1952年1月1日，第1版。

余 论

对历史经验的两点思考

一、政治变迁是决定福建近代出版业兴衰的首要因素

福建近代出版业的发展历程,从其创始、调整、发展、繁荣乃至衰亡,体现出事物发展的一般性规律,验证了唯物史观的一贯正确性。它的兴衰规律,既受制于全国性的出版大环境,尤其与政府当局的出版政策及其实践紧密相关,也受近代福建的政治、经济、文化发展形态的直接影响。

诚然,没有近代印刷技术和先进出版理念的输入,出版近代化就无从谈起。然而此因素一旦形成,并不成为影响出版业发展的主要"变量",政治、经济、文化等因素变得尤为重要。在近代中国,无论是晚清政府、北洋军阀政府或国民党政府,均由政府控制着绝大部分的社会资源,广大人民群众处于被剥削、被压迫的地位。在无法通过经济手段实现资源有效配置的社会环境下,广大人民群众首先需要通过谋求政治上的平等来获取社会资源的公平分配。这种努力方式必然引起专制政权的强烈反应。政治矛盾高度尖锐化的结果就是注定需要通过战争这种"零和博弈"实现新的平衡,从而在近代中国,影响社会发展的首要"变量"是政治与军事斗争。不幸的是,出版业往往成为这种斗争的附属品,出版物首先是统治阶级进行正统意识形态传播和开展政治斗争的工具。由此而导致的结果是,出版业的兴衰强烈地表现为政治环境乃至政治人物个人的决定性影响。这一点,福建近代出版业表现得尤其明显。

与北京、上海、江浙等国内出版业发达地区相比,近代福建的经济发展相对滞后,内地山区开发进程缓慢,民众文化普及程度不高,而政治斗争与军事斗争却相当频繁,这进一步强化了作为意识形态宣传工具的出版业与政治之间的关系。此外,福建近代出版业以报刊出版业为主,图书出版业了无生机,甚至连学校的教科书也基本上由商务印书馆、中华书局、世界书局等省外大型出版机构供应。① 报刊以时事政治信息传播为主要内容的特点注定了各种政治力量对它的高度敏感。这种状况导致的一种必然结果就是,福建近代出版业的兴衰很关键地取决于它所依存的政治空间的大小,其兴衰规律的独特性,也与此有着直接的关系。比如在抗日战争时期,国共合作,福建出版业面临着相对宽松的政治环境,在全国出版业面临凋敝之际,却成就了福建近代出版史上最为繁荣的景象。由是观之,决定福建近代出版业兴衰的首要因素,是政治格局而非经济发展或出版技术的革新。这正是笔者以政治变迁为视角研究福建近代出版业兴衰的原因。在本书的叙述过程中,这样的分析框架也是显见的。

我们对于历史发展的内在规律的陈述与评价,需要一个分析的框架,而"分期"便是一种相当重要的分析框架。许多其他内容的分析都要基于这种框架,所以如何确定这个分析框架,就显得十分重要。这种框架应该是客观的,它必须是对史实的客观准确的描述,否则就背离了学术研究的初衷。但是,"分期"又是主观的,它包含着"评价"的成分,因为历史事件并不能自我呈现出一种阶段性,也就是说,学术研究自身并不含有一种自觉性。所以,自觉性是由"学术史"生成的,研究者总是根据某些事件来确定历史分期的。哪些"事件"能成为历史分期的依据自然是众说纷纭,所以关于历史分期便很难有唯一的定论。可以这样认为,笔者对于福建"近代出版业"这一概念的解读,是基于出版业自身的发展规律作出的;同时,对于如何把握福建近代出版业的不同发展阶段,笔者又把政治变迁作为述论的依据和研究的视角,这也是基于客观历史事实的一种主观认识。

二、民间出版主体的存在是福建近代出版业得以发展的前提条件

福建近代出版业兴衰历程表明,民间出版主体在其中扮演着重要的角色。广义上的民间出版业,实际上应当包括所有独立于政府当局之外的出版主体,如教会出版机构、民间团体出版机构和革命出版机构等。革命出版业在意识形态上与政府当局尖锐冲突,是近代各专制政权严厉查禁的对象,这毫无疑义。那么,对于在意识形态上未与政府当局产生直接冲突的民间出版业,近代各专制政权又是如

---

① 值得注意的是,出版业这种重报刊轻图书的产业结构,也是与近代福建的社会形态相适应的。报刊的社会信息传播具有短、轻、快的特点,容易被普通民众阶层所接受,因此普遍为政府当局视为进行政治宣传和塑造主流意识形态的主要工具。

何对待的呢？对这个问题的阐述,我们首先需要认识政府当局的出版政策与近代出版业的关系。而其关键环节,在于中国近代各专制政权所颁布的出版法规对民间出版机构主体地位的相关规定。这些规定直接关系着"出版自由"(Liberty of the Press)的近代实践及其对出版业的影响。

　　出版自由是人类争取自身解放的一项重要内容,在法律赋予公民的各项基本权利中居于首要地位,"没有出版自由,其他一切自由都是泡影"。① 关于出版自由,国人并不陌生。近代以来,"出版自由"这一字眼已然出现于一些维新人士的著作中。② 即使在近代各专制政权所颁布的法规律令中,也有关于"出版自由"的种种规定。光绪三十四年(1908年)颁布的《宪法大纲》和宣统三年(1911年)颁布的《十九信条》规定:"臣民于法律范围以内,所有言论、著作、出版及集会、结社等事,均准其自由"。民国时期所颁布的各部出版法规均有"人民有言论、著作、刊行及集会、结社的自由,非依法律不受限制"等之类的字眼,如1913年的《天坛宪草》、1914年的《民国约法》、1930年的《约法草案》、1931年的《训政约法》、1934年的《宪法草案》等均是如此。众所周知,这些关于"出版自由"的规定,在近代中国只是一种体现于文字上的"权利"而已,本书的叙述虽然只限于近代福建之出版业,但我们仍然可以以小见大,管窥全国之一斑。晚清时期,民众既是"臣民",又岂能获得言论出版之真正自由;民国时期各政府当局进行出版迫害的案例,即使在福建也是屡见不鲜,上文多次述及。

　　尽管如此,在近代出版史上,与政府当局不合拍的声音还是在大量的出版物中发出。虽然这些声音的发出,不是政府当局可以容忍的,更不是它所"恩赐"的,但是与政府当局所颁布的出版法规的确存在着直接的关系,这集中地体现在民间出版主体的合法性上。

　　应当承认,在包括福建在内的中国近代出版史上,民间出版主体的合法地位得到了法律文本中形式上的确认,民间出版活动具有一定程度的生存空间,也是客观存在的历史事实。虽然出版自由理念未曾在近代中国真正实践过,民间出版活动不但法律允许的生存空间非常狭小,而且还要经常遭受来自政府部门乃至政

---

① 马克思:《第六届莱茵省议会的辩论》,1842年4月。见《马克思恩格斯全集》(第一卷),人民出版社1956年版,第94页。

② 清光绪二十五年(1889年),梁启超在其著作《汗漫录·二十世纪太平洋歌》中首次提出"出版"的概念,并认为"出版自由"为"四大自由"之一。

府官员个人随意性的出版查禁,但是民间出版主体的合法地位得到了确认,是近代福建乃至近代中国出版业得以发展不可忽视的重要因素,甚至是前提条件。在某种意义上说,这种合法地位的确认才能为出版业的市场竞争提供产权制度的保障,才使得民间出版主体具备了自由从事出版活动的可能性,才能营造出近代中国这种狭小、脆弱的"出版自由",从而为民间出版业聚集了巨大的发展动力。在福建,自宋代以降的古代民间出版业曾经极为繁荣,出版物远播全国各地,历经数百年而不衰,客观上也与民间出版机构得到历代封建政权的允许存在有直接的关系;及至近代,这种传统也未曾完全中断过,民间出版活动一直是近代出版业的重要组成部分甚至是主导力量。

中国近代各专制政权允许民间出版主体存在的依据,我们可在有关的律令法规中找到。无论是晚清政府颁布的《大清印刷物专律》《大清报律》和《钦定报律》,还是北洋军阀政府和国民党政府颁布的一系列报刊、出版、印刷法规,对民间出版主体均实行一种近似于出版登记制的准入制度,即民间个人或团体在向政府备案后可从事出版活动。① 出版市场的准入制度包括审批制与登记制。在审批制下,出版主体的合法性被严格审核,政府甚至可以以法律方式否定民间出版主体的合法地位。相对于出版审批制而言,出版登记制更能确保民间出版主体的合法地位,更能促进出版竞争的自由度与充分性。从本书的叙述中我们可以看出,近代民间出版主体的合法性不仅得到了确认,而且在意识形态上未与政府当局产生对抗的民间出版活动,在实践中也的确没有受到晚清政府、北洋军阀政府或国民党政府过多的限制。

中国近代各专制政权允许民间出版主体的存在,的确是一种反常的现象。究其原因,大致有三:其一,近代以来的各专制政权沿袭古代出版业的管理模式,以期通过民间出版活动建立维护其专制统治的意识形态。在官刻、家刻和坊刻这三大古代出版系统中,属于民间出版主体的家刻和坊刻,一直被封建统治阶级视为宣扬封建礼教的重要力量而允许存在甚至得到鼓励,近代以来这种传统得到了继承。其二,在此起彼伏的政治和军事斗争中,各专制政权的社会控制力受到削弱。

---

① 中国近代各专制政权实行的并不是严格意义上的出版登记制,民间出版主体的合法地位虽然得到了确认,但政府拥有不予登记的最终裁决权。参见刘哲民编:《近现代出版新闻法规汇编》,上海学林出版社 1992 年版。关于民国时期的出版政策,也可参阅江沛、纪亚光著《国民政府时期意识形态管理研究》,陕西人民教育出版社 2000 年版。

晚清时期,西方列强的"治外法权"与公共租界的设立致使传教士的出版活动可以不受晚清政府的制约,而清末维新和革命力量的壮大保障了维新报刊和革命报刊免遭反动当局的迫害。民国时期,地方军阀之间的矛盾、进步民主人士的抗争、中共革命根据地的开辟等均为进步出版活动营造了较为宽松的政治环境。其三,五四运动带来的民主与科学思想启蒙深入人心,也巩固了民间出版业存在的合法性。这使得言论出版自由,在民国时期所颁布的各部出版法规中得到了形式上的体现,政府当局迫于法律的约束和舆论的压力,在实施出版控制时必然有所顾忌,从而客观上一定程度地保障了民间出版活动的自由竞争,促进了出版物质量的提高和出版业的发展。可见,民间出版主体的存在,不仅在一定程度上推进了"出版自由"的近代实践,而且也巩固了出版业产权制度的建立,从而成为推动近代出版业发展的必要条件。

然而,从福建近代出版业的兴衰历程中我们可以看出,民间出版业之所以依然受到政府当局的随意迫害,与出版业首先被视为意识形态的传播工具而不是一种产业有关。政治与出版之间过于紧密的关系导致各种出版检查制度的泛滥。历史经验告诉我们,出版检查制度虽然是封建专制主义的产物,但它并不随着封建社会的结束而马上退出历史的舞台,英国 1695 年—19 世纪中期、法国 1814—1881 年、德国 1848—1914 年、俄国 1905～1914 年的检查制度史都说明了这一点。[①] 中国在 1911 年就结束了封建专制主义的统治,然而在新中国成立之前,出版检查制度之严厉却依然如故,不少革命志士甚至因为出版活动而付出了生命的代价。只有在新中国成立后,人民获得当家做主的权利,真正成为出版活动的主体,出版自由这一基本权利不仅得到了法律上的明确规定,而且在执行中得到了具体的落实。

---

① 沈固朝:《欧洲书报检查制度的兴衰》,南京大学出版社 1999 年版,第 220 页。

附录一

福建近代出版大事记

晚清时期

1840年（道光二十年） 鸦片战争爆发。战争的失利迫使清政府于1842年签订《南京条约》，该条约将福州、厦门定为通商口岸。此后，西方传教士开始成规模地来到福建。他们在宣教的同时，率先创办近代报刊，出版了一批宗教与西学图书，并引进近代印刷技术与设备，开启了福建出版近代化的进程。

1846年（道光二十六年） 英国传教士施敦力撰写的《善终志传》在厦门出版，这是鸦片战争后外国传教士在福建出版的第一部中文图书。

1850年5月（道光三十年） 美部会传教士卢公明来华。此后，他大部分时间在福州传教，同时也致力于当地教育和出版事业，是近代早期在福州出版图书最多的一位西方传教士。

1858年10月12日（咸丰八年） 英文报刊《福州府差报》在福州创办，这是西方传教士在福建境内创办的第一份近代报刊。

1861年（咸丰十一年） 美以美会创办福州美华印书局，引入近代机械印刷技术与设备，培养印刷工人，并出版了大量的宗教与西学图书。后书局主体部分迁往上海，成立华美书局。福州美华印书局仍被保留下来，成为华美书局的分局，其出版活动持续至1915年为止。

1862年1月（咸丰十一年） 福州美华印书局引进石印技术，开始使用活字印书，开创了福建印刷史上的新纪元。

1866年6月25日(同治五年)　闽浙总督左宗棠上奏折,请于福建创办造船厂,并附设学校。同年十二月,福州船政学堂开办,教授英文、法文、数学、化学、地质学、天文学等西文与西学知识。学堂在教学过程中,除采用江南制造局出版的译书外,还自行翻译出版西学教科书。

同年　左宗棠设立正谊堂书局,以校刊张伯行的《正谊堂遗书》,并出版养蚕和种桑、种棉等方面的书籍多种,教民种桑、植棉、育蚕、织布。

1868年(同治七年)　《中国读者》在福州创刊,这是传教士在福建地区创办最早的综合性中文报刊。

1872年(同治十一年)　厦门第一份英文报刊《厦门航运报道》创办,阿·阿·马卡尔和吉·弗·马卡尔曾先后任主编,后该报更名为《厦门公报和航运报道》。

1874年(同治十三年)　美以美会传教士李承恩在福州创办《郇山使者报》,闽清人黄乃裳任主笔。这是由西方传教士创办的福建第一份中文报刊。

同年　普洛姆夫人和胡巴尔夫人在福州创办《小孩月报》,这是我国最早的一份儿童报刊。

1876年6月(光绪二年)　《郇山使者报》更名为《闽省会报》,施美德任主理,中国教徒谢锡恩任副理。该报的办报宗旨倾向进步思想,反映了当时要求变法图强的社会潮流。

约1884年(光绪十年)　英国牧师傅氏创办《厦门报》,但"阅者寥寥,未久而废"。

1886年6月(光绪十二年)　英国传教士在厦门创办《厦门新报》,这是厦门第一份中文报刊。

1888年(光绪十四年)　厦门基督教会会长许文岩创办厦门倍文斋,采用先进西方印刷设备,初期以出版宗教类书籍为主。这是福建首家国人自行创办的新式图书出版机构。

1889年(光绪十五年)　红衣主教团出版社在福州成立,这是由福建红衣主教团的实业部门扩充而成,属海外传教委员会领导,其主要出版物是宗教类图书。

1892年(光绪十八年)　伦敦圣教书会在福州创办闽北圣教会,出版宗教类书籍。

1893年(光绪十九年)　美国传教士蒲鲁士在兴化(莆田)创办书局,主要出版宗教类图书。至 1905 年,该书局正式定名为"美兴印书局"。

1894 年(光绪二十年) 林纾翻译的法国作家小仲马的名著《巴黎茶花女遗事》在福州出版,但几近无人问津。后改在上海出版,大受欢迎。

1896 年 4 月(光绪二十二年) 黄乃裳在福州创办《福报》。黄乃裳自任主笔,每 4 天发行 1 期,每期销售数量数百份,至次年四月停刊。这是福建国人自办第一份报刊。

1897 年 12 月(光绪二十三年) 日本台湾总督府收购黄乃裳主办的《福报》,改名为《闽报》,具体创办人为宗方小太郎、井手三郎和前田彪等人,成为日本殖民者的侵华工具。

1898 年(光绪二十四年) 美国传教士蒲鲁士在兴化(莆田)创办《奋兴报》,这是传教士首次在莆田创办的报刊,也是莆田乃至福建出版时间最长的一份近代报刊。

1899 年 4 月(光绪二十五年) 严复译《天演论》由湖北沔阳卢氏慎始基斋雕印出版。10 月,由侯官嗜奇精舍石印出版。1905 年由商务印书馆出版。

1902 年(光绪二十八年) 英国传教士山雅各创办《鹭江报》,旬刊,出至第 86 期,因刊载金门教案而被封禁。

1903 年(光绪二十九年) 《鹭江日报》在厦门创刊,主办黄亮臣。这是一份资产阶级革命报刊。

1904 年(光绪三十年) 福建首份白话文报刊《福建白话报》在福州创刊。

1905 年(光绪三十一年) 黄乃裳应厦门人士之邀,接办《福建日日新闻》。

1906 年(光绪三十二年) 《福建新闻》周三刊在福州创刊。

同年 商务印书馆设立福州分馆。

1907 年(光绪三十三年) 日本驻厦领事馆创办《全闽新日报》,为厦门出版时间最长的报纸,是日本势力在闽代言工具。

1908 年 8 月(光绪三十四年) 《福建教育官报》在福州创刊,由福建提学使署出版。

同年 《福建法政杂志》在福州创刊,由福建法政学堂发行,何琇先任编辑,内容以古今中外之政治、法律研究为主。

同年 伦敦圣教书会在厦门创办闽南圣教书会,出版宗教类书籍。

1909 年 1 月(光绪三十四年) 《闽省商业杂志》创刊,由福建省商业研究所杂志社编辑出版。

同年12月(宣统元年)　《福建农工商官报》在福州创刊,由福州农工商局编辑出版。

1910年春(宣统二年)　《福建官报》在福州创刊,由福建官报局编辑出版,福建督部堂印行。

同年10月　《福建商业公报》在福州创刊,旬刊,由福州商务总会和闽省商业研究所共同发行。

1911年1月10日(宣统二年)　中国同盟会福建支部在内部刊物《调查录》的基础上创办《建言报》,由张海珊、刘通、林斯琛、黄光弼等先后任主编,发行量达六七百份。

同年3月1日(宣统三年)　《左海公道报》在福州创刊,由福州安立甘会、美以美会和美部会联合创办,黄乃裳任主笔。

同年3月　《民心》月刊在福州创刊。该刊为革命派报刊,林刚任主编,鼓吹革命不遗余力。发行6个月后停刊。

同年6月　《福州医学报》创刊,由福州医学研究会会长郑奋扬创办,发行人为林荫垣,编辑为刘通,主要刊载医学、药物学、生理学、心理学等方面的研究文章。

同年10月　革命报刊《南声日报》在厦门创刊,张海珊任主编,为光复厦门而呼吁。

同年11月6日　漳州同盟会会员创办了革命报刊《录各报要闻》,这是漳州地区首份近代报刊。该报出版两周后改名为《漳报》。

同年　张海珊在厦门创办革命报刊《南兴报》,发行量最高时达到1 300份,打破当时厦门报刊发行量的最高纪录。10月,《南兴报》更名为《南声日报》,并成为厦门同盟会的机关报。

同年　福建实业协会在福州创办《福建实业杂志》,以发展闽省实业为办刊宗旨。

北洋军阀统治时期

1912年1月1日　中华民国成立,福建近代出版业面临新的政治环境。

同年3月4日　南京临时政府内务部匆匆出台《民国暂行报律》,遭到报界的一致反对。

同年 3 月 11 日　南京临时政府颁布了具有宪法性质的《中华民国临时约法》,规定"人民有言论、著作、刊行及集会、结社之自由",对民国初年福建出版业的发展形态产生了深刻的影响。

同年初　《群报》创办,主笔为苏郁文(眇公),为国民党人创办的报纸。是时,《福建民报》《民心报》《民听报》《民言报》《舆论日报》《民生日报》《共和报》等报刊纷纷创办。

同年 5 月　警醒社创办人之一、《民心报》经理黄家宸因指责福建都督府政务院长彭寿松暗杀同盟会员蒋筠,遭彭氏暗杀身亡。

同年 7 月 31 日　《群报》因揭露蒋筠、黄家宸二人遭暗杀而被彭寿松查封,主笔苏郁文、黄光弼、陈群等被捕受刑,林斯琛、郑祖荫、彭荫淖、黄展云、刘通等人也同时被捕,"是为福建报界文字狱之始"。

1913 年 3 月　吴济美等人将《南声日报》改名为《闽南日报》,继续宣传民主革命思想,翌年被北洋军政府查封,1916 年冬复刊,翌年又被查封。

同年 8 月 19 日　北洋政府国务院密电福建都督孙道仁,要求封禁《福建民报》《群报》《共和》等"乱党"报刊。孙道仁随即于次日查封了国民党方面主办的《群报》《福建民报》《共和》等 3 份报刊,《群报》主笔陈群、《福建民报》主笔黄展云、《共和》主笔祝茂村等 3 人被捕。

同年 11 月　李厚基入闽,反袁世凯政府的出版物全遭查禁,出版界顿时沉寂,一片萧条。

同年　《求是报》创刊,创办者王文耀等人,持论公允,后被北洋政府查禁。1916 年复刊,被北洋军阀政府收买。

1914 年　商务印书馆设立厦门分馆;中华书局设立福州分局和厦门分店。

1916 年 1 月　高琛在福州创办《商业杂志》。

同年 3 月 15 日　福建劝业会创办会刊《福建劝业杂志》,仅出 3 期。这是福建第一份民办经济类专业报刊。

同年 5 月　福建盐运使署在福州创办《福建盐政公报》。

同年 6 月　袁世凯在全国人民唾骂中死去,李厚基失去了稳固其福建政局的靠山,不得不软化其出版政策以平社会各界的普遍不满情绪,福建报刊出版业始得复苏。

同年 6 月　黄乃裳在革命党人的支持下创办《伸报》于福州，但不久即被迫停刊。

同年 7 月　《健报》创刊于福州，是为进步党在闽机关报。

同年 10 月 1 日　厦门《民钟日报》创刊，由菲律宾华侨林翰仙与革命党人许卓然等人共同创办，这是闽南地区第一份华侨创办的报刊。

1917 年 2 月　《财政经济周报》在福州创刊。

同年　《政治日报》创刊，为福建督军李厚基任内的福建督军公署机关报，发行量不大，刊载内容有启事、本省新闻、社论、本市消息和各类副刊等，以拥护李氏政权为其要务。

1918 年 5 月　《福建时报》创刊，这是国民党人所办报纸。李文滨任经理，李遂先、陈考文等任编辑，得到北军师长姚建屏的资助。该报后因刊载连江驻军索饷哗变一事，被李厚基查禁。

同年 11 月 21 日　厦门《江声报》创刊，创办人为许卓然、周彬川等人，主笔为陈三郎，经理为杨廷秀，初设址于厦门泰山口，不久迁至思明东路。该报是厦门影响最大、办报时间最长的近代报刊。

同年　《福建日报》创刊，为教育界人士王修、梁志和、林元乔等创办，立场接近安福系，在政治和教育方面的消息较为灵通。

1919 年 5 月 4 日　五四运动爆发。此后，"民主"与"科学"理念极大地鼓舞了福建出版业的发展，马克思主义开始成为出版物的传播内容。

同年 5 月　王献臣创办《新闽报》，以吹捧李厚基为能事。

同年 6 月 16 日　福建督军兼省长李厚基因学生请愿而封禁学联会刊物《全闽学生日刊》，并发布公告诬蔑学生为匪，激起民愤。

同年 12 月 1 日　《闽星》半周刊创刊于漳州，主办者为陈炯明，编辑有梁冰弦、陈秋霖、谢婴白等人，是福建最早宣传马克思主义思想的刊物。后因陈炯明率部开赴广东而停刊。

1920 年 1 月 1 日　《闽星》日刊在漳州创刊，此为陈炯明为推行新文化运动而创办的。该刊宣传孙中山的革命思想，大量介绍俄国十月革命的情况，传播马克思主义学说。1922 年初停办。

同年 6 月 1 日　福建省立第二师范学校自治会在漳州创办《自治》半月刊，这是继《闽星》之后又一份在漳州创办的宣传马克思主义的报刊。

同年　《厦声日报》《思明日报》和《信报》等在厦门创刊，一批老同盟会会员参与其中。

同年　《科学通俗谈》《通俗卫生月刊》《教育行政月刊》等专业报刊在福州创办。

1921年1月1日　厦门商务总会创办《厦门商报》。

同年春　邓子恢与陈少微等知识青年在龙岩组织"奇山书社"，为福建省最早学习、研究和传播马克思主义的进步团体。

同年10月1日　集美学校在厦门创办《集美周刊》。

1922年3月　《浦城新闻》三日刊在闽北山区小县浦城创刊，由该县学生联合会创办，这是福建非沿海县创办的第一份报刊。

同年秋　许崇智率领粤军入闽，李厚基兵败被逐，福建又迎来较为宽松的出版环境，一时新创办的报刊达10余家，其中有代表性的是福州国民党机关报《新福建报》和福州青年界创办的《闽光日报》。

同年12月　民社领导人陈任民、方尔灏等在福州创办《冲决》周刊，陈任民任主编。该刊以抨击军阀统治，提倡民治为宗旨，成为福州最早宣传马克思主义和中国革命主张的阵地。

同年　《厦大周刊》《厦门大学旬刊》相继创刊。此后，厦门大学先后创办了大量的报刊，出版了一批学术著作，成为近代福建学校出版活动的重镇。

1923年春　孙传芳入闽，福建再次进入北洋军阀统治之下，创刊不到一年的国民党机关报《新福建报》被迫停刊。

同年春　陈聚奎、郑松谷等人在福州创办"青年学社福州支社"，发展社员30余人，组织学习马列主义，并于1925年1月出版《福建青年》月刊，后因警厅干涉而仅出第1期即告停刊。

同年春　陈任民在福州创办《尖兵》半月刊。

同年夏　陈任民等人在福州二中发起组织"福建工学社"，并出版《工学报》周刊。

同年9月1日　龙岩《岩声报》创刊。该刊为邓子恢等人主持的奇山书社所办，以"改造旧社会""宣传新文化"为目的，至1926年底国民革命军入闽后停刊。

同年11月　集美学校师范学生李觉民联络师范部学生罗善培、罗扬才、刘端生等人组织"星火社"，并出版《星火周报》，宣传马克思主义，研究社会实际问题和国际政治状况,倡导青年学生到民间去宣传。

同年12月　永定进步青年卢肇西等人在龙岩创办《钟声》杂志。

1924年4月　集美学校龙岩籍学生杨世宁、陈俊昌、谢景德和归国华侨李联星等发起组织新龙岩季刊社。5月,创办《新龙岩季刊》,抨击旧势力,宣传新文化,号召国民革命,提倡扶持农工。

同年7月　共青团员翁良毓在福州鼓楼前开设"福州书店",经售上海等地出版的马克思主义书籍以及《向导》《中国青年》等党团中央刊物,成为福州传播马克思主义的重要阵地。5个月后,省警察厅封闭福州书店,逮捕并杀害了翁良毓。

同年10月15日　共青团福州地委发起成立"福建涤社",并创办《涤之》周刊。

1925年5月　《国是日报》在福州创刊,为直系军阀周荫人的喉舌报。

同年10月10日　《闽潮》周刊由福建协和大学"学生共和国"创办,其主要负责人为黄嘉谟。之后,福建协和大学各部门创办了大量的报刊,出版了一批学术著作,成为近代福建重要的出版主体。

1926年6月23日　《民国日报》(厦门版)创刊,属于国民党福建省党部在厦门创办的机关报,由厦门国民党党部成员筹款创办。社址在厦门市思明南路新达公司二楼,发行人为沈可发。

同年夏　时主持闽政的北洋军阀周荫人以"宣传赤化"为由,将《闽光日报》主笔廖忧民拘禁于陆军监狱。数月后廖忧民被枪杀。

同年9月　新编第三师政治部在福州创办《民国日报》(福州版)。

土地革命时期

1926年底　国民革命军击败军阀周荫人,并于1927年1月在福州成立福建临时政府会议,北洋军阀政府的统治宣告结束,福建出版业面临新的政治环境。

1927年1月　《革命先锋》《福建新农民》《福建评论》等在福州创办,《民声》旬刊在漳州创办,上述刊物均为国共合作刊物。厦门大学国学研究院创办《厦门大学国学研究周刊》。

同年2月　《民国日报》(福建版)在福州创刊,国民党左派人士潘谷公任主编,为国民党福建省党部机关报,福建事变后停刊。

同年4月5日　福建省党部筹备处被改组,黄展云任主任,《民国日报》(福建版)被接管,随后福州报界联合会、福建青年社、福建涤社、福建评论社、福州书店等出版发行机构被查封。

同年6月　福建省财政厅秘书处在福州创办《福建财政月刊》。

同年7月　福建省建设厅创办《福建建设厅月刊》、福州市公安局创办《福州警政月刊》。

同年9月6日　周恩来、朱德、贺龙、刘伯承等率领的"八一"南昌起义革命队伍来到汀州城,设在汀州城内的毛铭新印刷所和碧春楼印务局为起义军赶印了大量的标语、传单。

同年12月　中共福建省委在漳州创办《红旗》杂志。

同年　福建省政府创办《市声日报》;国民党右派创办《福建晨报》。

1928年春　中共永定县委创办《赤花》月刊,油印小刊物,终期不详。这是福建革命根据地创办较早的刊物。

同年5月　福建盐运使署在福州创办《闽盐月刊》。

同年12月　福建省教育厅在福州创办《福建教育周刊》。

同年　新文艺刊物《第一燕》在福州创刊。

1930年4月　闽西苏维埃政府在龙岩创办机关报《红报》。

同年7月　国民党福建省党部在福州创办《福建旬刊》。

同年8月　中共闽西特委在龙岩创办《闽西红旗》。

同年9月　共青团闽西特委在龙岩创办《闽西青年》旬刊,编辑部由张爱萍、魏挺群等人负责,列宁青年社编辑出版。后该刊先后改名为《闽西列宁青年》《列宁青年》。

同年9月　国民党晋江县党部创办《泉州日报》,这是民国时期泉州出版时间最长的报纸。

同年11月9日　《华报》在福州创刊,这是一份由民间团体创办、主要面向知识分子的消遣性、娱乐性报刊。

同年11月　中共福建省委在龙岩创办机关报《福建红旗》。

1931年1月　《列宁青年》迁至永定虎岗,并改刊名为《闽西列宁青年》,期数另起,于3月4日出版第1期。

同年1月　福建协和大学文化研究会创办《福建文化》,这是一份在福建近代学术史具有重大影响的学术刊物。

同年1月　福建高等法院公报处创办《福建司法月刊》。

同年春　闽西苏维埃政府在汀州城筹办列宁书局。同年底,闽西列宁书局正式成立。该书局主要负责红色书刊的印刷与发行工作。这是中央苏区第一家专业性图书出版机构。

同年5月15日　福建省政府创办《新福建日报》,该报为杨树庄任内省政府机关报。

同年8月　中共闽北分区委在崇安创办《红旗周报》。

同年10月4日　龙溪县立民众教育馆创办《龙溪民众》旬刊,成为漳州抗日报刊出版活动的先导。

同年　国民党福建省党务指导委员会在福州创办《闽锋周刊》。

同年　中共闽粤赣苏区特委在永定创办机关报《红旗》杂志。

1932年3月　中共福州中心市委创办《工农报》。

同年3月　中国工农红军福建省军区政治部在龙岩创办《红色战线》,该刊于1934年10月与《战斗报》合并为《红色福建》。

同年10月10日　《华侨日报》在厦门创刊,这是由华侨募资创办的一份颇有影响的市民报。

1933年1月28日　《国光日报》创刊,这是十九路军入闽主政时期的机关报,社长为任特因,总编辑为章振乾。

同年1月　中共闽北分区委在崇安创办《红色闽北》。

同年5月15日　《挺进》在当时十九路军总部漳州首次出刊,大32开本,双月刊,逢单月出版。

同年11月20日　十九路军将领蔡廷锴、陈铭枢、蒋光鼐等联合国民党内李济深等反蒋力量发动事变,在福州成立了中华共和国人民革命政府,通称福建人民政府。次日,福建人民政府机关报《人民日报》在福州创刊,社长初为胡秋原,1933年12月13日起由王亚南继任社长之职,总编辑为彭芳草,总经理为刘志南。

1934年1月13日　福建人民政府停止办公,福建事变宣告失败。福建人民政府机关报《人民日报》也被迫随之停刊。同日,《民国日报》(福建版)宣告复刊。

同年1月　《漳州日报》创刊,由国民党军蒋鼎文部创办,后改名为《复兴日报》《闽南新报》。

同年 3 月 1 日　《民国日报》(福建版)改称《福建民报》，开始在福州出版。该报开辟的文艺副刊成为当时东南文艺界的一朵奇葩。

同年 6 月　中共闽东特委在福安创办《闽东红旗》。

同年 8 月 1 日　《南方日报》在福州创刊。这是一份发行量比较大的市民报，黄珍吾任董事长，李国典为社长，政治立场反共。在国共第二次合作后，该报也加强了抗战宣传的力度，发表了一些进步人士的文章。

同年 9 月 18 日　《儿童日报》在厦门创刊，这是中国创办较早的一份儿童日报。

同年 10 月　中共福建省委与省军区在龙岩创办《红色福建》，该刊由《战斗报》和《红色战线》合并而成。

1935 年 1 月　国民党军第十师师长兼福建第二绥靖区司令李默庵在龙岩创办《闽西日报》。该报在抗战时期获得较快发展，龙岩解放时停刊，是近代闽西地区历时最长的报刊。

同年 1 月　涵江商会创办《莆田日报》，该报由《涵江报》改成。

同年 1 月　福建协和大学中国文学系在福州创办《协大艺文》半年刊。

同年 3 月　福建省教育厅创办《福建教育》月刊，1945 年 12 月改名为《教育与文化》。

同年 6 月　《诗之叶》创刊，这是福州最早的诗刊。

同年 9 月　新加坡华侨、永安堂老板胡文虎在厦门创办《星光日报》，胡资周为社长兼发行人，罗忒士(罗铁贤)为总编辑，这是"星"系报纸在福建的首次出版。

1936 年 4 月　福建民报社在福州创办《小民报》，这是《福建民报》下属的一份晚报。抗战初期，该报开辟的副刊如《新村》《小西湖》《南风》《救亡文艺》等产生广泛的影响。

同年 10 月 1 日　龙溪中学创办《龙中导报》，开创漳州学生抗日报刊活动的先河。

同年 11 月　建瓯《民声报》及《晨报》被驻闽绥靖公署主任蒋鼎文接收，改名为《闽北日报》。

1937 年 3 月　福建省政府秘书处创办《闽政月刊》。该刊前身为省县政人员训练所创办的《福建县政》。

同年5月25日　魏然、蒋海容、陈若水等进步人士在福州创办《前进》半月刊,坚持以抗战宣传与中日战局研究为主旨。

同年7月1日　建瓯青年组织的救亡团体浪花社创办了《浪花》社刊,以探讨与研究救国的学问,鼓动抗战,由此揭开了闽北民间抗战报刊出版活动的序幕。

抗日战争时期

1937年7月7日　卢沟桥事变爆发,日本全面侵华,福建出版业掀起宣传抗日救亡运动的热潮。

同年8月22日　福建省政府勒令日本人办的《全闽新日报》停刊,并没收其印刷设备,严惩一批汉奸、浪人。该刊在厦门沦陷后复刊,直至1945年厦门光复才最终停刊。

同年9月26日　《抗敌导报》在厦门创刊,由福建省抗敌后援会厦门分会主办,主编为洪学礼,创办中得到中共厦门工委的支持。

同年9月　《公余》半月刊和《闽政月刊》合刊出版,取名《闽政与公余》,这是战时国民党政府主办的一份大型刊物。

同年10月17日　福州文化界救亡协会成立,郁达夫任理事长,负责出版《小民报》副刊《救亡文艺》,宣传抗日救亡运动。

同年11月15日　中共闽粤赣边省委机关报《前驱报》在龙岩发刊,积极宣传中共建立抗日统一战线的政治主张。

同年12月　中共闽中工委(后改中共闽中特委)发动爱国知识分子数十人在莆田县涵江成立时事研究会,共同研究时事问题和探讨救亡理论与实践,同时出版《时论》旬刊。

1938年1月　《战友》周刊在福州发行,成为抗战时期中共在福州进步出版活动的主要据点。

同年4月　中共闽西南潮梅特委为了加强对各地党报党刊工作的指导,"责成汕、厦、梅、漳、泉各地党争取公开报纸刊物的发表地位"。与此同时,漳州中心县委创办了机关报《前哨报》,并公开发行。

同年 5 月 13 日　厦门沦陷，当地出版机构纷纷停刊或内迁。《星光日报》宣告停刊，《江声报》则迁至泉州出版。此后，漳州取代厦门成为闽南地区的进步报刊出版活动的中心。

同年 5 月　福建省政府机关迁至永安，许多出版机构及中学、大专院校也同时纷纷内迁，散布于北自建瓯、南平，南至龙岩、长汀的内地公路两侧，福建战时出版业中心此后由福州移至永安。

同年 6 月　福建省抗敌后援会抗敌剧团在福州创办《抗敌戏剧》月刊。

同年 6 月　《汀江日报》在长汀创刊，这是一份民间报刊，创办人王僧如。

同年 9 月 18 日　《健声》在邵武创办，这是一份战时民间进步报刊。

同年 10 月　中共地下党员陈培光联合章振乾在永安创办《老百姓》五日刊，宣传抗日，影响极大。

同年 10 月　福建省图书杂志审查委员会成立，由党、政、军、警机关派出固定职员，专司图书杂志的审查工作。

1939 年 3 月 9 日　改进出版社成立，社长为黎烈文，出版 100 多种图书及杂志《改进》月刊。10 月，改进出版社又先后创办或接办了《战时民众》《战时木刻画报》《现代青年》《现代儿童》和《现代文艺》等刊物。

同年 5 月　由厦门迁至泉州出版的《江声报》迫于战事吃紧而停刊。

同年 9 月　国民党福建省党部文化事业委员会在连城成立建国出版社，主要出版国民党政治宣传读物，也出版福建乡土教材和少数文史著作。

同年 11 月　《老百姓》因刊载了一篇题为《拥护孙中山先生三大政策》的社论，对国民党违反孙中山先生的三大政策提出批评，被国民党福建省党部勒令停刊。

同年　国民党长汀县党部接办民间报刊《汀江日报》，并改名为《中南日报》。

同年　中共地方组织在泉州创办《福建导报》，发行量最高时达 1 000 余份，除在泉州发行，还出"永安版"。

1940 年 1 月　已迁至连城的国民党福建省党部创办《大成日报》。总编辑为朱培璜。其副刊《高原》政治倾向进步，坚持抗战宣传。

同年 4 月 25 日　《现代文艺》月刊创刊，这是改进出版社创办的代表性刊物，由著名作家王西彦、章靳以先后担任主编。

同年 5 月 30 日　建阳县战时动员委员会宣传工作组创办《潭风》旬刊。

同年10月1日 《经济评论》半月刊在永安创刊,主编为刘子崧,共出版6期。

1941年4月21日 在永安出版的《福建民报》改名为《中央日报》(福建版),隶属国民党中央宣传部领导。

同年7月1日 中央图书杂志审查委员会把原福建省图书杂志审查委员会改为福建省图书杂志审查处,先后在省内5个重要市区和20多个县设立审查业务机构,对出版物进行严格控制。在部分日军宣传品被查禁的同时,也有一大批进步出版物遭查禁。

同年7月1日 三青团福建支团部在南平创办福建青年出版社。

同年 省立沙县师范学校教员陈位烨在沙县创办教育图书出版社。抗战胜利后该社迁入福州继续出版图书。

1942年1月1日 《闽北日报》改名为《民主报》,在建瓯出版。

同年1月 福建省政府秘书处在永安创办《新福建》月刊。

同年6月 赵体真等人在永安创办立达书店。

同年7月27日 国民党中宣部书刊供应处迁入永安复业。

同年7月 《前线日报》在建阳复刊。

同年8月 《南方日报》(兴化版)在莆田创刊。

同年9月 原创建于浙江金华的国民出版社迁入南平,直属国民党中央出版事业委员会,主要出版宣传抗战建国书刊、教科书和教学补充读物。

同年10月 《民主报》与《大成日报》合并,形成《人成日报民主报联合版》。

同年 《东南日报》和《天行报》由浙江金华迁至南平。

同年 福建省图书杂志审查处创办《福建言论动向》杂志,负责搜集反映国统区及福建各地图书杂志出版发行动态,文化界动态及舆论动向,转载全国查禁书刊目录和报道本省查禁情况。

同年 国民党福建省图书杂志审查处在永安成立胜利出版社福建分社,周世辅任社长。

同年 郑贞森在永安创办四维出版社。

1943年5月 福建省政府主席刘建绪在永安创办《建设导报》。该报曾转载进步文章,宣传中国共产党的团结抗战主张。

同年7月 柴绍武在南平创办总动员出版社。

同年 9 月　《大成日报民主报联合版》迁至永安出版。《民主报》副刊《新语》创刊,主编为董秋芳,大量刊登进步青年作者和名家的文艺作品,宣传抗日救亡运动。

同年 10 月　谌震、李达仁等人在永安创办东南出版社,江子豪任董事长,谌震任常务董事兼发行人,李达仁、李力行和王石林先后任经理。该社是当时东南地区出版进步书刊的重要基地。

同年 11 月　东南出版社重印郭沫若译的歌德诗剧《浮士德》。

1944 年 2 月 6 日　《联合周报》在永安创刊,蔡力行任主编,后被福建省图书杂志审查处强令停刊。

同年 2 月 18 日　《民主报》留驻建瓯的原办事处主任董世铨创办《建报》,日出四开一张,董世铨自任社长,总编辑为潘芳。

同年 4 月 1 日　《大成日报民主报联合版》解体,《民主报》独立出版。

同年 7 月 15 日　福建省训练团毕业学员联络站和平和县训练所毕业学员联络站合编《公余季刊》。

同年 9 月 1 日　《国际时事研究》周刊在永安创刊,由省政府编译室、省研究院社会科学研究所编印,羊枣任主编。该刊是当时东南地区最有影响的刊物之一。

同年 10 月　东南出版社设立门市部,经销本社及桂林、重庆等地出版的进步书刊,门市部主任由李力行兼任。

同年 11 月 11 日　《中央日报》(福建版)发表"星期论文"《白话文的危机》,挑起与《民主报》副刊《新语》、《东南日报》副刊《笔垒》的大论战,成为后来"永安大狱"的序曲。

1945 年 5 月 1 日　中共闽粤边委机关报《新民主》创刊。

同年 5 月初　周璧、彭传玺在浙江龙泉被捕,成为后来"永安大狱"的导火索。

同年 5 月　经济科学出版社在永安创立,王亚南为名誉社长,实际主持人是王亚南的助手余志宏和张来仪。经济科学出版社在短短的两年时间里出版了《中国学术丛书》和《新社会科学丛书》多种。1946 年 1 月,该社迁入福州继续出版图书。

同年 7 月 12 日　国民党特务在永安逮捕羊枣和谌震,接着在全省各地逮捕共产党员和其他进步文化人士 31 人,制造震惊全国的"永安大狱",成为永安进步出版活动进入低潮的转折点。

同年7月　蔡力行在永安创办福建联合编译社,出版《联合文艺丛刊》等系列进步图书。

同年8月1日　王德风等人在福州创办《粹报》三日刊。

同年11月10日　厦门《星光日报》复刊,胡资周继续担任社长兼发行人,吕敬斋为副社长,郭荫棠为主笔,朱侃为总编辑。

解放战争时期

1945年11月　国民党福建省政府将省会回迁福州,当时主要的报刊、出版机构以及一大批印刷设备也随之回迁,福州取代永安而重新成为战后福建出版中心。

同年12月21日　停刊6年有余的《江声报》由泉州回迁厦门复刊。

1946年1月1日　《正义日报》在福州创刊。该报由《毅报》改版而来,是一份国民党福建省党部创办的报纸,国民党省党部宣传处处长曹挺光为社长,郑东白为主笔,黄朝仁为总编辑。

同年1月11日　羊枣在狱中被折磨致死。消息传出,国内外各界大为震惊,纷纷予以谴责。我党重庆《新华日报》和延安《解放日报》连续刊出消息和悼念文章。

同年3月　《真理报》在福州创刊,发行人为黄涵生。

同年4月　厦门启新印刷馆工人协助中共闽江工委开办的启新书店秘密翻印毛泽东的《新民主主义论》1 000册,以及《论东北问题》《和平民主的真相》等。

同年11月1日　《福建时报》创刊于福州,这是国民党福建省政府机关报,李由农、赵家欣、潘仁和等先后担任社长,林天兰、叶培馨、刘诚等先后任主笔,总编辑则由赵家欣、刘以仁、郑丽生等先后担任。

同年11月11日　福州印刷行业工人300多人在井楼门通天境集会,要求改善生活条件,并于14日开始罢工,使福州6家报纸无法正常出版。

1947年初　在中共闽浙赣区委城工部部长李铁主持下,油印小报《火炬》在福州创刊。

同年3月29日　国民党军队驻榕军官大队到《民主报》挑衅并捣毁报社,事后省内报纸均未声援,事后经董事会决定停刊。

同年4月17日　福州印刷工人500多人再次举行罢工,福州5家报刊连续4天无法正常出版。《中央日报》福建版、《福建时报》不得不减少版面,改出临时版;《南方日报》《正义日报》《闽海正报》则完全停刊。

同年6月　中共闽粤赣边工委机关报《新民主》复刊,边区总队同时出版《团结报》。

同年7月1日　新加坡华侨、永安堂老板胡文虎在福州创办《星闽日报》,发行人兼社长为福州永安堂经理胡梦洲,副社长兼主笔为罗忒士(罗铁贤),总编辑为郑书祥。这是星系报纸在福建的第二家。

1948年11月　《大众报》创刊,这是福州中学地下党支部所属的一个党小组编印的一份地下油印报刊,揭露国民党政府的黑暗统治,在学生中宣传革命思想。

1949年元旦　《骆驼月刊》正式创刊,这是福建高级工业职业学校的一些地下党员组建的"骆驼社"创办的革命刊物。

同年2月　中共地下党员陈耀民等人在福州创办"协记印刷所",在公开营业的掩护下,大量翻印中共党内文件、进步书刊、中国人民解放军布告和传单等。

同年8月17日　福州解放,国民党政府结束对福建长达22年的统治,《福建时报》《中央日报》(福建版)等官办报刊随之停刊。中共福建省军管会文教部开始接收官办出版机构的办公建筑和设备,并将民间出版机构置于我党的管理范围之内。

同年8月25日　中共福建省委机关报《福建日报》在福州创刊,社长为杨西光,总编辑为何若人。

同年8月底　莆田解放,由美国传教士蒲鲁士创办于清末、福建近代报刊史上历时最长的报纸《奋兴报》停刊。

同年9月21日　《星闽日报》改名为《新闻日报》,获准继续出版,赵家欣暂时担任总编辑,经营权仍由当时滞留在香港的原社长胡梦洲执掌。

同年9月　龙岩解放,创刊于1935年的《闽西日报》随之停刊。

同年10月17日　厦门解放,《星光日报》随即停刊,《江声报》则获准继续出版。

同年10月22日　中共厦门市委机关报《厦门日报》创刊。

同年　福建协和大学将《福建文化》与《协大艺文》两份刊物合并为《协大学报》出版。

1950年10月　《新闻日报》停刊。

1952年1月1日　《江声报》并入《厦门日报》出版。50年代后期,《江声报》为新创办的《鹭风报》所取代,最终停刊。《新闻日报》《江声报》等报刊的停刊,标志着福建近代民间报刊从此退出历史的舞台,福建近代出版业在历经百年兴衰之后终于落下了帷幕。

附录二

近代闽版图书辑录①

一、哲学、社会科学概论

《劝戒鸦片论》 卢公明著 福州 1853年版

《乡训》 卢公明著 福州 1853年版

《妈祖婆论》 卢公明著 福州 1855年版

《劝世良言》 卢公明著 福州 1856年版

《劝戒鸦片论》 温敦著 福州 1856年版

《赌博明论》 卢公明著 福州 1856年版

《中外问答》 卢公明著 福州 1856年版

《辨性论》 卢公明著 福州 1858年版

《辨毁谤》 卢公明著 福州 1858年版

《华人贫苦之故》 卢公明著 福州 1858年版

《辨孝论》 卢公明著 福州 1858年版

《德国社会学史》(德) 辛迈尔著,黄新民译 厦门 福建国际学术书社 1928年版

《A Logic for Living》(英文版) R. Scott 著 福建协和大学1933年版

《中国学术史讲话》 杨东莼著 福建协和大学1934年版

《中国学术体系》 王治心编 福建协和大学1934年版

---

① 地方志、古籍刻本和宗教类图书未收录。资料来源于《福建省志·出版志》《民国时期总书目》《西学东渐与晚清社会》《近代福建基督教图书出版考略》《永安抗战进步文化活动》等著作,以及当时省内报刊所载之图书广告和省内主要图书馆之馆藏。

《沙恭达拉与宋元南社》　朱维之著　福建协和大学1935年版
《李卓吾论》　朱维之著　福建协和大学1935年版
《福建协和大学陈氏书库福建人集部著述解题》　金云铭著　福建协和大学193？年版
《世界大思想家丛书》　改进出版社编印　1940－1944年版
《权力》(英)　罗素著,沈炼之译　永安　改进出版社1941年版
《人口学原理》　杨振先著　福建省研究院　1941年版
《墨家哲学新探》　王新民著　福建协和大学1943年版
《纪念之叶：蒋百里先生文选附册》　黄萍荪编　永安　新阵地图书社1944年版
《先秦学说述林》　郭沫若著　永安　东南出版社1945年版
《中国十七世纪思想史》　杨荣国著　永安　东南出版社1945年版
《社会科学论纲》　王亚南著　永安　东南出版社1945年版
《军事心理学》　波林等著　永安　改进出版社1945年版
《杜环经行记笺证》　张一纯著　福建协和大学1945年版
《社会科学新论》　王亚南著　福州　经济出版社1946年增订新版
《邵武云坪山空道教的初步研究》　檀仁梅著　福建协和大学出版
《达尔文》　赫胥黎著　永安　改进出版社出版
《托尔斯泰》　褚威格著　永安　改进出版社出版
《卢梭》　罗曼·罗兰著　永安　改进出版社出版
《玛志尼》　西洛尼著　永安　改进出版社出版
《叔本华》　托马斯著　永安　改进出版社出版
《梭罗》　德莱塞著　永安　改进出版社出版
《哲学原理》(闽学会丛书)　王学来译
《社会进化论》(闽学会丛书)　萨端译
《庄子讲解》　张贻惠编著　福州　教育图书出版社出版
《做人与做事》　李云峰著　福州　教育图书出版社出版
《个性与择业》　冯洪著　福州　教育图书出版社出版

二、政治、法律、军事
《中华债权法总论》　柯凌汉著　自印本1924年

《新政治学》 黄新民编 厦门 福建国际学术书社 1928 年版

《新国家学》 黄新民编 厦门 福建国际学术书社 1928 年版

《苏维埃组织法》 闽西(苏区)特委发行科 1929 年版

《闽西第一次工农兵代表大会宣言及决议案》 闽西苏维埃政府 1930 年版

《共产主义初步》 闽西(苏区)特委发行科 1930 年版

《宣传大纲:纪念广州公社拥护苏维埃大运动》 上杭 C. Y. 县委宣传科 1930 年版

《红军军事学摘要》 闽西苏维埃政府 1930 年版

《社会主义浅说》 闽西列宁书局 1931 年版

《看图识字课本》 闽西列宁书局 1931 年版

《土地问题》 苏区中央局宣传队编 闽西列宁书局 1932 年版

《纪念我们的马克斯》 闽西列宁书局 1932 年版

《武装拥护苏联》 上杭第一列宁高级学校 1932 年版

《目前少共国际之情形及任务》 莫达夫著 共产青年团福建省委 1932 年版

《宣传大纲:反对十九路军进攻闽西苏区》 工农红军福建军区政治部 1932 年版

《政党与派别》 闽西列宁师范学校 1932 年版

《中华债法论纲》 柯凌汉著 福建学院讲义处 1932 年版

《福建省现行教育法规汇编》 福建省教育厅编印 1932 年版

《共产党青年团儿童团讲授大纲》 中央政府教育人民委员部编 1933 年长汀版

《福建民政概况》 潘守正编 福建省县政人员训练所 1936 年版

《福建的新认识》 陈衡心著 福建省政府编印 1938 年版

《希特勒与国社党》 许天虹译 永安 改进出版社 1939 年版

《福建省禁烟概况》 福建省政府秘书处编印 1939 年版

《战时闽政概要》 福建省政府秘书处公报室编印 1940 年版

《福建省地方自治五年计划》 福建省政府民政厅编印 1940 年版

《在官法戒录》 陈弘谋编 南平 国民出版社 1940 年版

《敌情的透视》 冯河清著 永安 改进出版社 1940 年版

《新运章则汇编》 福建省新生活运动促进会编印 1940年版

《福建省地方行政干部训练团章则》 福建省地方行政训练团编印 1940年版

《第三次全国内政会议福建报告书》 福建省政府编印 1941年版

《舆论的形成》 叶明勋著 永安 建国出版社1942年版

《福建省行政会议汇镌》 福建省行政会议秘书处 1942年版

《第二次世界大战中的世界政治》 刘独峰著 永安 自然出版社1942年版

《经济战争》 （英）爱因济格著，王藏修译 福建省研究院编译室 1942年版

《近中东各国论》 刘独峰著 永安 立达书店1942年版

《国际现势抉微》 许天虹编译 永安 改进出版社1942年版

《刘主席言论集》（增订本） 刘建绪著 福建省政府秘书处编辑室 1942年再版

《闽政一年》 福建省政府秘书处编译室 1942年版

《福建省闽海善后委员会感化团团务概况》 福建省闽海善后委员会感化团1942年版

《英帝国论》 刘独峰著 永安 联合书屋1943年版

《现代政治概论》 邝震鸣著 永安 改进出版社1943年版

《大战前夕》 林希谦著 永安 改进出版社1943年版

《南京归来》（美） 格鲁著 永安 东南出版社1943年版

《福建省的地方自治》 张子扬、杨春利编 福建省政府教育厅 1943年版

《政略学初编》 赵家焯著 永安 大江出版社福建分社1944年版

《太平洋战争新局势》 羊枣著 永安 战时中国出版社1944年版

《宪草释义》 赵实编 南平 国民出版社1944年版

《战后之世界》 关稼农编译 永安 中华出版社1944年版

《中国近代外交史》 苏乾英著 南平 国民出版社1944年版

《中国各党派新姿》 邵重毅编著 福州 东方出版社1947年版

《中华民国宪法全文诠释》 章琢如编著，贺丹昭校订 福州 大同出版社1947年版

《苏联的建设》 黎烈文、周学普等编译 永安 改进出版社出版

《中国国民党史略》　吴锡章著　永安　改进出版社出版
《英国与美国》　罗素等著,郑庭椿译　永安　改进出版社出版
《中国刑法史》　黄秉心著　永安　改进出版社出版
《第二次世界大战中的近东与远东》　高时良著　永安　改进出版社出版
《国父遗教》　永安　改进出版社出版
《土地问题讲授大纲》　闽西列宁书局出版
《红军军事概要》　闽西列宁书局出版
《才溪乡调查》　毛泽东著　闽西列宁书局出版
《关心群众生活,注意工作方法》　毛泽东著　闽西列宁书局出版
《三民主义之理论与实际》　于炳文编著,李雄校订　福州　教育图书出版社出版
《地方自治》　叶春编著　福州　教育图书出版社出版
《地方自治新论》　方扬编著　福州　教育图书出版社出版
《中华民国宪法释义》　于炳文编著　福州　教育图书出版社出版
《中国青年与中国命运》　周世辅著　福州　教育图书出版社出版
《中国命运提要附问答百条》　萧尹言、杨庆合编　福州　教育图书出版社出版
《非洲风云》　高时良著　福州　教育图书出版社出版

三、经济

《生意人事广益法》　卢公明著　福州　1857年版
《填筑厦门筼筜港报告书》　周醒南编　厦门市政会　1923年版
《福建财政研究》　郑拔驾著　福州宝华印刷局1931年版
《福建地方财政沿革概要》　陈元璋著　福州远东书局1931年版
《港湾经济学》　厦门集美水产航海学校　1931年版
《厦门工商业大观》　工商广告社编纂部编　厦门　工商广告社1932年版
《发展福建全省经济之具体计划》　林荣向著　1933年铅印本
《福州市县经济调查报告书》　铁道部业务司调查科印　1933年版
《福建财政史纲》(上下册)　王孝泉编著　1935年自印本
《福建省统计概览》　福建省政府秘书处统计室编印　1935年版

《闽侯田亩查报》　蔡如海编　福建省政府 1935 年版

《福建历年对外贸易统计》　福建省政府秘书处统计室编辑　福建省政府秘书处公报室 1935 年版

《福安县人口农业调查》　福建省政府秘书处统计室编印　1936 年版

《清流县人口农业调查》　福建省政府秘书处统计室编印　1936 年版

《惠安县人口农业调查》　福建省政府秘书处统计室编印　1936 年版

《莆田县人口农业调查》　福建省政府秘书处统计室编印　1936 年版

《霞浦县人口农业调查》　福建省政府秘书处统计室编印　1936 年版

《同安县人口农业调查》　福建省政府秘书处统计室编印　1936 年版

《金门县人口农业调查》　福建省政府秘书处统计室编印　1936 年版

《福建紫阳村经济调查》　陈希诚著　福建协和大学 1937 年版

《福建省长乐县人口农业普查报告》　福建省政府编印　1937 年版

《福建省统计年鉴（第一回）》　福建省政府秘书处统计室编印　1937 年版

《福建省长乐县土地陈报》　第一行政督察专员公署编印　1938 年版

《福建省土地陈报现行法规汇编》　福建省地政局编印　1938 年版

《福建农林》　福建省政府秘书处统计室编　福建省政府秘书处公报室 1938 年版

《福建省初步整理土地概况》　福建省政府编印　1939 年版

《闽省初步整理土地后之地籍管理》　福建省政府编印　1939 年版

《福建省地政概要》　福建省地政局编印　1939 年版

《福建战时食粮问题研究》　徐天胎著　连城　生力学社 1939 年版

《福建经济研究》　福建省政府秘书处统计室编印　1940 年版

《福建华侨汇款》　郑林宽编　福建省政府秘书处统计室 1940 年版

《福建省银行五周年纪念册》　福建省银行编印　1940 年版

《战时物价讲话》　杜俊东著　永安　改进出版社 1940 年版

《战时闽西经济鸟瞰》　张景松编著　龙岩　闽西日报社 1940 年版

《南安县建设概况》　赖家蟠编　南安县政府秘书处 1940 年版

《私立福建协和大学农业经济系经济学原理纲要》　陈兴乐著　福建协和大学 1941 年版

《地方银行学》　徐学禹、丘汉平编著　福建省经济建设计划委员会 1941 年版

《土地政策之理论与实际》 林诗旦编 将乐 风行印刷社1941年版

《土地经济调查》 林诗旦、屠剑臣编 将乐 风行印刷社1941年版

《人地管理》 林诗旦等编 将乐 风行印刷社1941年版

《二十八年来福建省海关贸易统计》 周浩等编 福建省政府统计处 1941年版

《福建省经济建设汇览》 福建省经济建设计划委员会宣传处编印 1941年版

《福建省墟市调查报告》 翁绍耳编 福建协和大学农学院农业经济系1941年版

《战时物价统制》 邵介编 永安 中央日报1941年版

《福建之省营事业》 福建省银行等编 福建省经济建设计划委员会出版处1941年版

《世界资源要览》 日本东亚问题研究会编，冯何清译 永安 改进出版社1941年版

《福建省农林经济参考资料汇编》 傅家麟编 福建省银行总管理处经济研究室 1941年版

《福建省农业单行法规汇编》 福建省农业改进处编印 1942年版

《福建省经济建设参考资料目录索引》 协和大学农学院农业经济学系编印 1942年版

《福建省侨民生产建设会议汇编》 福建省侨民生产建设会议编印 1942年版

《福建省各县区农业概况》（上下册） 福建省农林处统计室编述 福建省政府统计处1942年版

《货币银行学》 孙樾编 福建省银行金融研究室 1942年版

《经济学要义》 杨振先著 福建省银行金融研究室 1942年版

《资本盈余与所得税》 郑廷植著 厦门大学1943年版

《福建省的农业》 张俊玕编著 福建省教育厅编辑委员会 1943年版

《中国农业合作社》 阮模著 建阳 战地图书出版社1943年版

《福建之工业建设》 林芝崖著 福建省教育厅编辑委员会1943年版

《龙岩之土地问题》 林诗旦,屠剑臣编 福建省龙岩县政府 1943年版

203

《中国液体燃料之统制》 陈体荣编 永安 风行印刷分社1943年版

《经济建设论》 吴大琨著 南平 国民出版社1944年版

《中国法币史之发展》 千家驹著 永安 南华出版社1944年版

《福建之地政》 王慰祖编著 福建省政府秘书处 1944年版

《第三回福建省统计年鉴》(物价类) 福建省政府统计室编印 1944年版

《福建物价》 福建省物价管理委员会编印 1944年版

《苏联财政制度》(美) 韩赛欧著,刘昌裔译 福建省银行经济研究室1944年版

《福建佃农经济史丛考》 傅衣凌著 福建协和大学1944年版

《会计学》(美) 裴纳著,卢抒道、王哲镜译 南平 国民出版社1945年版

《新农本主义批判》 周宪文编 南平 国民出版社1945年版

《邵武农村经济调查报告》 陈兴乐、郑林宽著 福建协和大学 1946年版

《中国经济原论》 王亚南著 福州 经济科学出版社1946年版

《各县市最新简要统计》 福建省政府统计室编印 1946年版

《福建省经济统计手册》 福建省政府统计室编印 1946年版

《福建经济发展的途径》 朱代杰著 福建省政府建设厅经济研究室1946年版

《生产建设论》 郭大力著 福州 经济科学出版社1946年版

《第一次世界大战中美国生产力之研究——国际经济的借镜》 陈裕新著 南平 星云书店1946年版

《中国货物税基础论纲》 方燮龄著 福州 大方书店1946年版

《农地改革及组设农产手册》 福建省政府编印 1947年版

《龙岩县扶植自耕农纪实》 赵钜恩编 福建省地政局 1947年版

《福建经济问题研究》(第1辑) 福建省政府建设厅经济研究室编印 1947年版

《福建经济概况》 黄金涛、季天佑主编 福建省建设厅 1947年版

《福建对外贸易史研究》 萨士武等著 福建省研究院社会科学研究所1948年版

《农村经济及合作》 陈位烨编著 福州 教育图书出版社出版

《中国经济思想评论》 王亚南著 永安 改进出版社出版

《总理实业计划》(含表解分图)　项衡方编纂　永安　改进出版社出版
《中国经济原论》　王亚南著　永安　东南出版社出版

四、文化、教育、体育

《训蒙琐言》　厦门　闽南圣教书局1915年版
《教育行政人员讲习会讲演汇刊》　福建省教育厅编印　1921年版
《劳动课本》(1-4册)　永定县(苏区)文化委员会1930年版
《暂用常识课本》　长汀苏维埃政府1930年版
《教育学讲义》　闽西苏维埃政府文化部编印　1930年版
《闽西列宁师范学校暑期学校讲义:教育学讲义》　施松林著　龙岩尚文印刷所　1930年版
《今日之协大》　福建协和大学1930年版
《中国图书著者符号编列法之又一商榷》　金云铭著　福建协和大学　1931年版
《厦门大学演讲集》(第一集)　厦门大学编译委员会　1931年版
《福建省教育厅第二届暑期学校学术讲演集》　福建省教育厅编印　1931年版
《私立福建协和大学十五周年纪念册》　福建协和大学　1931年版
《私立协和大学总则》　福建协和大学　1931年版
《看图识字课本》　闽西列宁书局1931年版
《识字课本》　闽西列宁书局1931年版
《红军识字课本》　闽西列宁书局1932年版
《共产儿童读本》(第一册)　闽西苏维埃政府文化部编　闽西列宁书局1932年版
《厦门大学教育学院研究丛刊》　厦门大学编印　1932-1934年版
《群众课本》　闽西列宁书局1933年版
《福建协和大学:文化入门大纲》(英文版)　R. Scott 著　福建协和大学1933年版
《江浙两省各县地方教育经费的调查和比较》　杜佐周、杨思杰著　厦门大学1934年版

《小学各科教学法讲演集》 福建省教育厅编辑委员会编辑 福建省政府秘书处公报室 1935 年版

《私立福建协和大学毕业校友录》 私立福建协和大学校友部编辑 福建协和大学 1936 年版

《厦门大学中文图书目录》 厦门大学图书馆编印 1937 年版

《美以美会在华教育事业》（英文版） E. L. Ford 著 福州 Christian Herald Mission 1938 年版

《教育学原理大纲》 袁昂编著 福建省教育厅 1938 年版

《招生与留生》 陈杰编 福建省政府教育厅 1942 年版

《国术教本》 万籁声著 永安 改进出版社 1943 年版

《闽教十年》 福建省教育厅编印 1943 年版

《福建协和大学中国文化研究会文史丛刊》 福建协和大学中国文化研究所主编 福建协和大学 1943 – 1947 年版

《小学训育标准实施法》 陈杰编著 永安 四维出版社 1944 年版

《农业职业教育的实际问题》 檀仁梅著 福建协和大学 1944 年版

《困学琐记》 俞子夷著 南平 天行社总社 1944 年版

《小学教师手册》 张荫椿、徐君梅著 四维出版社 1945 年版

《中学生作文描写辞典》 苏之光编 永安 南华出版社 1945 年版

《最新实验新闻学》 张西林编著 福建中华文化出版社 1945 年版

《教育心理学词典（英汉对照）》 檀仁梅、陈懿祝编 福建协和大学农业教育学系 1945 年版

《新闻背后》 桑榆著 南平 复兴出版社 1945 年版

《智识与教育》 朱洗著 永安 改进出版社 1945 年版

《抗战期中之福建协和大学》 福建协和大学 1946 年版

《费城华侨：一个文化接触的研究》（英文版） David Te – Chao Cheng 著 福建协和大学 1948 年版

《科学与人生》 陈范予著 永安 改进出版社出版

《列宁小学读本》 闽西列宁书局出版

《士兵识字课本》 闽西列宁书局出版

《体育教学法及教材图解》 周学旦编著 福州 教育图书出版社出版

《注音符号教本》 陈位烨编著　福州　教育图书出版社出版
《教育通论》　徐君海编著,叶松坡校订　教育图书出版社出版
《社会教育》　徐君梅编著　福州　教育图书出版社出版
《教育行政》　戴景曦编著　福州　教育图书出版社出版
《教育心理》　戴景曦编著　福州　教育图书出版社出版
《教材及教学法》　戴景曦编著　福州　教育图书出版社出版
《作文材料》　陈守治编　福州　教育图书出版社出版
《升学指导之理论与实际》　司琦编著　福州　教育图书出版社出版
《实习指导》　司琦编著　福州　教育图书出版社出版
《教育测验与统计》　陈陇生编　福州　教育图书出版社出版
《大学初级英文选》　庄传升编著　福州　教育图书出版社出版
《篮球训练术》　陈新民编著　福州　教育图书出版社出版
《小学教师必携》　张荫椿、徐君梅合编　福州　教育图书出版社出版
《小学卫生训练标准实施法》　陈杰编著　福州　教育图书出版社出版
《小学校舍建筑法》　福建省政府教育厅编印

五、语言、文字

《厦门话拼写书》　打马字著　厦门　1852年版
《榕腔注音字典》　麦利和等著　福州美华印书局1870年版
《榕腔初学撮要》　摩怜著　福州美华印书局1871年版
《英华萃林韵府》　卢公明等著　福州罗马字书局1872年版
《厦门方言英汉词典》　马卡尔著　厦门　1883年版
《An English – Chinese Dictionary of the Foochow Dialect》　T. B. Adarn著　福州美华印书局1891年版
《闽方言考》　叶俊生著　福建省通志局1923年版
《名词释义》　上杭第一列宁高级学校　1932年版
《儿童及成人常用字汇之调查及比较》　杜佐周,蒋成堃著　厦门大学1933年版
《国语罗马基本字汇》　周辨明编　厦门大学1937年版
《国文学》　陈遵统著　福建协和大学1937年版

《国语罗马字新读本》 周辨明、黄典诚编 厦门大学1939年版
《语言学概要》 周辩明、黄典诚编 厦门大学1945年版
《厦门语系研究》 陈延庭编著 漳州 华声通讯社1945年版
《中国语原及其文化（初辑）》 潘懋鼎著 福州致知书店1947年版
《华英字典》 麦利和编
《福州方言手册》 福州美华印书局出版
《亚当斯英汉字典》 福州美华印书局出版
《应用文》 陈位烨编著 福州 教育图书出版社出版
《大战英字集林》 方兴亚编著 福州 教育图书出版社出版

六、文学、艺术

《东游六十四日随笔》 李春生著 福州美华印书局1896年版
《桃花扇后序详注》 螺江听雨楼居士笺 福州宏文阁1914年版
《中国歌谣学草创》 彦堂编 福建协和大学1925年版
《中国文学史略》 鲁迅著 1926年油印本
《世界文艺批评史》 美子译述 厦门 国际学术书社1928年版
《东西小说发达史》 黄哲人编译 厦门 国际学术书社1928年版
《在寒风里》 郁达夫著 厦门 世界文艺书社1929年版
《世界文艺丛书》 厦门 国际学术书社1929-1930版
《世界小说丛书》 厦门 世界文艺书社1929-1930年版
《我们胜利了》 全苏大会闽西准备委员会编辑委员会编印 1930年版
《罢工》 闽西苏维埃政府文化部编印 1930年版
《御前清曲》 佚名编 厦门博文书局1931年版
《泉州民间传说五集》 吴藻汀编 泉州 泉山书社1932年版
《革命歌曲》（第一集） 福建省苏维埃政府文化部编印 1932年版
《苏区新歌集》 闽西列宁书局1932年版
《中国明器图谱》 郑德坤编撰 厦门大学文学院1935年版
《战时国民教育戏剧丛书》 福建省教育厅战时国民教育巡回教学团编印 1939年版
《夜戏》 聂绀弩著 永安 改进出版社1940年版

《麒麟寨》 邵荃麟著 永安 改进出版社1940年版
《生命之谜》 沈炼之著 永安 改进出版社1940年版
《现代文艺丛刊》 永安 改进出版社编印 1940-1946年版
《杂草集》 艾芜著 永安 改进出版社1941年版
《劳薪辑》 唐弢著 永安 改进出版社1941年版
《女英雄双枪王八妹》（木刻连环画） 林筱、田鲁著 永安 改进出版社1941年版
《长城谣》 丁明等画 永安 改进出版社1941年版
《张寡妇仗义殉身》 张昭华等著 永安 改进出版社1941年版
《小菱姑娘》 张刃著 永安 改进出版社1941年版
《铁函心史晞发集合刊》 宋郑思肖、谢翱著 永安 风行印刷社1941年版
《第三帝国的士兵》 黎烈文译 永安 改进出版社1941年版
《幸福》 骞先艾著 永安 改进出版社1941年版
《正气歌》 梁中铭编绘 阵中出版社1942年版
《港沪脱险记》 郑瑞梅著 胜利出版社福建分社1942年版
《歌林》（1-3集） 铁铮、素心编 永安 立达书店1942-1945年版
《冬天的故事》 （德）海涅著,周学普译 永安 十日谈社1943年版
《中国民族文学讲话》 陈遵统编 永安 建国出版社1943年版
《沦陷区的故事》 赵家欣编著 战时中国丛刊社1943年版
《天下一家》 （美）威尔基著,刘尊棋译 永安 东南出版社1943年版
《文艺丛书》 靳以主编 南平 国民出版社1943-1944年版
《文艺写作讲话》 茅盾等著 南平 战时文化供应社1944年版
《报复》 王西彦著 永安 改进出版社1944年版
《悬崖》 王西彦著 永安 改进出版社1944年版
《生命》 葛琴著 永安 改进出版社1944年版
《东南文艺丛刊》 永安 东南出版社编印 1944年版
《方生未死之间》 于潮等著 永安 东南出版社1944年版
《一个倔强的女人》 骆宾基著 永安 东南出版社1944年版
《中国现代木刻史》 唐英伟著 崇安 中国木刻用品合作工厂1944年版
《水乡吟》 夏衍著 永安 东南出版社1944年版

《浮士德》 （德）歌德著，郭沫若译 永安 东南出版社 1944 年版
《苏联抗战故事集》 罕全译 南平 国民出版社 1944 年版
《现代儿童小丛书》 永安 改进出版社编印 1944－1945 年版
《新艺丛书》 崇安 中国木刻用品合作工厂编印 1944－1946 年版
《散文与小说》 徐志摩著 南平 复兴出版社 1945 年版
《上海内幕》 桑榆著 南平 复兴出版社 1945 年版
《衡阳突围》 陈南水等著 南平 战时文化供应社 1945 年版
《诗》 徐志摩著 南平 复兴出版社 1945 年版
《村野恋人》 王西彦著 永安 歌林出版社 1945 年版
《现代小说过眼录》 许杰著 永安 歌林出版社 1945 年版
《丈夫与情人》 施蛰存译 永安 十日谈出版社 1945 年版
《战胜者巴尔扎克》 施蛰存译 永安 十日谈出版社 1945 年版
《联合文艺丛刊》 姚隼主编 永安 福建联合编译社 1945 年版
《战斗在顿河》 黎烈文译 永安 福建联合编译社 1945 年版
《俄罗斯的母亲》 彭世桢译 永安 福建联合编译社 1945 年版
《紫藤花》 谷斯范著 永安 福建联合编译社 1945 年版
《新水浒》 谷斯范著 永安 福建联合编译社 1945 年版
《爱国老人陈嘉庚》 张光鲁著 永安 福建联合编译社 1945 年版
《自学手册》 张光鲁著 永安 福建联合编译社 1945 年版
《立达文艺丛书》 海岑主编 永安 立达书店 1945 年版
《现代文学译丛》 永安 福建中流社 1945 年版
《贾宝玉的出家》 张天翼等著 永安 东南出版社 1945 年版
《陕北纪行》 张文伯著 南平 国民出版社 1945 年版
《鲁迅与木刻》 陈烟桥著 崇安 中国木刻用品合作工厂 1946 年版
《自由血》 巴金著 泉州 大丛报社 1947 年版
《中国文学史》 林庚著 厦门大学 1947 年版
《西北纪行》 庄晚芳著 福州 艺声图书出版社 1948 年版
《菲游观感记》 陈烈甫著 厦门 南侨通讯社 1948 年版
《戒烟诗》（一卷） 谢锡恩著
《惜别吟》（一卷） 高哲善编

《苏氏养正》（一卷）　谢锡恩著

《新大陆》（一卷）　陈观斗著

《月光嬉》（一卷）　张遵道、武林吉译

《抒情歌选》　黄文昭编　厦门　正音乐社

《革命歌曲选集》　闽西列宁书局出版

《风尘》　邵荃麟等著　永安　改进出版社出版

《榕树伯伯的话》　永安　改进出版社出版

《孩儿桥》　永安　改进出版社出版

《白透迦的秘密》　永安　改进出版社出版

《麻鸡婆脱险记》　永安　改进出版社出版

《儿童歌音》　永安　改进出版社出版

《儿童歌曲》　永安　改进出版社出版

《战车队长的哥哥》　永安　改进出版社出版

《生活报告》　永安　改进出版社出版

《活关公张自忠》　永安　改进出版社出版

《卖"油炸卫"》　永安　改进出版社出版

《少年维特之烦恼》　歌德著，郭沫若译　永安　东南出版社出版

《静水里的鱼》　王西彦著　永安　东南出版社出版

《勇敢的约翰》　裴多菲著，孙用译　永安　东南出版社出版

《中学歌曲选》　黄炳玎编　福州　教育图书出版社出版

《茵梦湖》（英文版）　福州　教育图书出版社出版

《传记学概论》　沈嵩华编著　福州　教育图书出版社出版

《青年军进行曲》　周世辅、周召南合编　福州　教育图书出版社出版

《戏剧精选》　于听海选编　福州　教育图书出版社出版

《青春曲》（剧本）　朱一灵著　福州　教育图书出版社出版

《河山春晓》（剧本）　吴铁著　福州　教育图书出版社出版

《胜利号》（剧本）　陈百尘著　福州　教育图书出版社出版

《在西北原野》　冯清文著　福州　教育图书出版社出版

《遭遇了支那间谍网》　仇章著　福州　教育图书出版社出版

七、历史、地理

《西洋中华通书》 卢公明著 福州 1857年版

《万国通鉴》 摩嘉立著 福州 1892年版

《鼓岭纪胜》 毕腓力著 福州美华印书局1896年版

《大美国史略》 蔚利高撰，黄乃裳译 福州美华印书局1899年版

《福州及厦门》 张遵旭编 1916年自印本

《厦门述略》 陈秉璋著 厦门倍文印书馆1924年版

《福建兴化美以美会蒲公鲁士传》 陈日新著 兴化 美兴书局1925年版

《台湾近世史》 彭子明著 福州鸣社1929年版

《福建近代民生地理志》 陈文涛编著 福州 远东书局1929年版

《十月革命纪念简史》 闽西苏维埃政府 1930年版

《中国历史人物之地理的分布》 朱君毅著 厦门大学印刷所1931年版

《厦门指南》 苏警予等编 厦门新民书社1931年版

《历史概要》（上下册） 杨云樵编 福州广文社1933年版

《福州便览》 周子健等著 福州 1933年自印本

《新兴的厦门》 茅乐楠著 厦门 萧惠民1934年印

《漳州史迹》 翁国梁著 福建协和大学1935年版

《福建方志考略》 萨士武著 福州乌山图书馆1935年版

《闽贤事略初稿》 郑贞文撰 福建省政府教育厅 1935年版

《福建省概说》 福建省政府编印 1937年版

《福建乡土史地》 刘诚著 福建省政府教育厅 1939年版

《我们的家乡——福建》（上下册） 徐君梅编 福建省政府教育厅编辑委员会 1941年版

《福建地理》 林观得编 福州 建国出版社1941年版

《新厦门指南》 杨滴翠编 厦门 华南新日报社1941年版

《福建的先贤》 张荫椿、杨利春编著 福建省政府教育厅编辑委员会 1943年版

《世界文化史》（上下册） （美）斯温著，沈炼之译 永安 文选社1943—1944年版

《国史纲要》 曹伯韩著 永安 东南出版社1944年版
《中华民族史》 俞剑华著 南平 国民出版社1944年版
《中国历史论集》 吕振羽等著 厦门 东方出版社1945年版
《世界史纲要》 曹伯韩著 永安 东南出版社1945年版
《台湾要览》 胡文璋编 永安 战时中国出版社1945年版
《最新台湾指南》 陈碧柳编 南平 中国文化供应社1945年版
《台湾全貌》 庄孟伦编著 漳州 胜利出版社龙溪支社1945年版
《认识台湾》 陈延庭编著 漳州 华声通讯社1945年版
《新生的台湾》 张帆主编 漳州 华声通讯社1946年版
《厦门要览》 厦门市政府统计室编印 1946年版
《福建纵横》 何敏先著 福州 教育图书出版社1946年版
《陈第年谱》 金云铭著 福建协和大学1946年版
《厦门大观》 吴雅纯编 厦门 新绿书店1947年版
《中国近代史上的教案》 王文杰著 福建协和大学1947年版
《罗马教激战史》（二卷） 黄治基、武林吉译
《为斯理传》（一卷） 黄乃裳、薛承恩夫人译
《丁大理先生传》 黄乃裳、武林吉译
《黄艾庵先生传略》 林显芳著
《福州地图》 万为编
《福州便览》 福州美华印书局出版
《史学原理》 刘棠杰译
《中外古今谈》 周宪文著 永安 改进出版社出版
《红海的秘密》 陈占元译 永安 改进出版社出版
《法国革命史话》 沈炼之著 永安 改进出版社出版
《中华民族光荣史》 蒋建策著 永安 改进出版社出版
《天·地·人》 刘诚著 永安 改进出版社出版
《抗战地理读本》 永安 改进出版社出版
《台湾全貌》 庄孟伦编著 福州 教育图书出版社出版

八、自然科学

《天文问答》 卢公明著 福州 1854年版

《寒食清明论》 卢公明著 福州 1855 年版
《地球图说略》 万为著 福州 1857 年版
《西国算学》 基顺译 福州 1866 年版
《福建船政学校常用技术词典》 日意格编 福州 福建船政学校 1868 年版
《医馆略述》 柯为㷛著 福州圣教医馆 1871 年版
《西算启蒙》 吴思明译 福州 1874 年版
《医馆略述四书》 柯为良著 福州圣教医馆 1874 年版
《全体阐微》 柯为良著 福州 1880 年版
《保福山圣教医馆略述》 福州美华印书局 1892 年版
《全体阐微》 柯为良著，林鼎文编译 福州圣教医馆 1898 年版
《瘟疫条辨摘要》 吴田辑 厦门倍文斋 1900 年版
《天演论》 李春生著 福州美华印书局 1907 年版
《四季栽培人工种菰大全》 潘志农著 福州三山农艺社 1933 年版
《闽中海错疏中之两栖动物》 郑作新著 福建协和大学 1934 年版
《方以智物理小识》 陈文涛笺证 福州文明书局 1936 年版
《本校冬时的禽鸟》 郑作新著 福建协和大学 1937 年版
《本校春季禽鸟的调查》 郑作新著 福建协和大学 1937 年版
《福建鸟类之统计》 郑作新著 福建协和大学 1938 年版
《生物学讲义》 郑作新著 福建协和大学 1938 年版
《改订军用简易防毒新法》 林一著 福建协和大学 1938 年版
《本校夏秋二季禽鸟的新记录》 郑作新著 福建协和大学 1939 年版
《脊椎动物胚胎学实验教程》 郑作新著 福建协和大学 1939 年邵武版
《中国食蚜科名附以福州常见种类之叙述》 郑庆端著 福建协和大学 1939 年版
《生物学纲要》 郑作新、林琇瑛著 福建协和大学 1941 年版
《实用微积分》 萨本栋等编著 厦门大学 1942 年版
《普通动植物学名词》 郑作新编 邵武 福建协和大学生物系 1942 年版
《脊椎动物比较解剖学实习指导》 张松宗著 厦门大学生物系 1943 年版
《无脊椎动物学实习指导》 张松宗著 厦门大学生物系 1943 年版

《病理学大纲》 俞慎初编著 福清 现代医学社1943年版
《人体寄生虫学图谱》 金德祥编著 沙县 1943年自印本
《邵武鸟类三年来野外观察报告》 郑作新著 福建协和大学 1944年版
《武彝山鸟类一瞥》 郑作新著 福建协和大学 1944年版
《电疗学》 王克思著 福建省立医学院 1946年版
《闽江流域鸟类之研究》 郑作新著 福建协和大学 1947年版
《顺昌将乐二县鸟类采集报告》 廖翔华著 福建协和大学 1947年版
《天文图说》（一卷） 薛承恩、黄乃裳编
《天文浅说》（一卷） 黄治基、柯志仁译
《科学方法精华》 永安 改进出版社出版
《病理学》 黄曼欧编著 福州 教育图书出版社出版
《化学药品制造法》 许永绥著 福州 教育图书出版社出版

附录三

福建近代报刊辑录

刊名	责任者	周期	创刊时间	出版地	备注
福州府差报	外国教会		1858.10	福州	英文报刊。
中国读者	外国教会	月刊	1868	福州	福建第一份中文报刊。
厦门航运报道	阿·阿·马卡尔任主编		1872	厦门	英文报刊。
福州捷报	外国教会	周刊	1873	福州	英文报刊。
福州每日回声报			1873	福州	英文报刊。
郇山使者报	美以美会	月刊	1874	福州	后改名《闽省会报》。
小孩月报	普洛姆夫人、胡巴尔夫人	月刊	1874	福州	我国最早的儿童报刊。
福州广告报				福州	英文报刊
闽省会报	施美志任主理		1876	福州	后改名《华美报》。
博物报	陈金芳等		1878	厦门	仅出3日。
厦门新报	布德	月刊	1886	厦门	厦门第一份中文报刊。
福报	黄乃裳	二日刊	1896.4	福州	1897年停刊,福建首份国人自办报刊。
闽报	日本台湾总督府	二日刊	1897.12	福州	1937年停刊。
华美报	勒锡任主理	月刊	1898	福州	
奋兴报	美国传教士蒲鲁士	月刊、半月刊	1898	莆田	该报出版至1949年才停刊,为福建近代发行时间最长的报刊。
鹭江报	山雅各	旬刊	1902.4	厦门	
漳泉日报	林水锭	日刊	1902	厦门	

续表

刊名	责任者	周期	创刊时间	出版地	备注
福建日日新闻	连横、黄乃裳	日刊	1904.8	厦门	后改名《福建日报》。
福建白话报	福建白话报社	半月刊	1904.10	福州	福建最早的白话文报刊。
福建日报	黄乃裳	日刊	1905.9	厦门	由《福建日日新闻》改名，翌年8月停刊。
福建新闻		周3刊	1906.9	福州	
全闽新日报	日本驻厦领事馆	日刊	1907	厦门	1945年最终停刊。
厦门日报	民办	日刊	1907	厦门	
福建教育官报	福建提学使署	月刊	1908.7	福州	1908.11停刊。
福建法政杂志	福建法政学堂		1908	福州	1909年停刊。
闽省商业杂志	闽省商业研究所杂志社	半月刊	1909.1	福州	
福建农工商官报	福建农工商局	月刊	1909	福州	1911.4停刊。
福建商业公报	福州商务总会	旬刊	1910.10	福州	
警醒报	福州警醒社	月刊	1910	福州	
福建官报	福建官报局	旬刊	1910	福州	1911.6停刊。
左海公道报	黄乃裳	半月刊	1911.3.30	福州	
建言报	同盟会福建支部	周3刊	1911.1	福州	
民心	福州警醒社	月刊	1911.3	福州	后改为《民心报》。
南兴报	张海珊	日刊	1911.3	厦门	
南声日报	厦门同盟会	日刊	1911.10	厦门	由《南兴报》改成。
录各报要闻	同盟会会员	日刊	1911.11.6	漳州	漳州第一份报刊。
漳报	漳州同盟会	日刊	1911.11.21	漳州	由《录各报要闻》改成。
民心报	福州警醒社	日刊	1911.12.9	福州	由《民心》月刊改成。
福建实业杂志	福建实业协会	季刊	1911	福州	仅存第2期。
福建民报	同盟会	日刊	1912	福州	
群报	主笔苏郁文	日刊	1912	福州	1913.8停刊。
共和	李慕牺	日刊	1912	福州	由《建言报》改成。
民听报			1912	福州	见《中国报学史》。

续表

刊名	责任者	周期	创刊时间	出版地	备注
民言报			1912	福州	见《中国报学史》。
民兴报			1912	福州	见《中国报学史》。
正言报			1912	福州	见《中国报学史》。
舆论日报		日刊	1912	福州	见《中国报学史》。
声应日报	同盟会会员	日刊	1912	厦门	1913年停刊。
福建公报	福建都督府政务院		1912	福州	1929年停刊。
通俗报	福建都督府教育司	半月刊	1912	福州	1912年停刊。
漳州日报	漳州同盟会	日刊	1913.2.2	漳州	1914.3停刊。
闽南日报	吴济美等人	日刊	1913.3	厦门	由《南声日报》改成，1917年停刊。
求是报	王文耀等	日刊	1913	福州	
民生日报	曹汝楫任社长	日刊	1914	福州	
商业杂志	高琛		1916.1	福州	
福建劝业杂志	福建劝业会	月刊	1916.3.15	福州	仅出3期。
福建盐政公报	福建盐运使署	月刊	1916.5	福州	1920.10停刊。
民钟日报	菲律宾华侨林翰仙等人	日刊	1916.10.1	厦门	
福建新报	创办人黄展云	日刊	1916	福州	
健报	何绣先等人	日刊	1916	福州	
伸报	黄乃裳	日刊	1916	福州	1917年停刊。
福建省教育行政月刊	福建巡按使、福建省长公署教育科	月刊	1916	福州	
财政经济周刊	福建财政经济研究会	周刊	1917.2	福州	1917.5停刊。
政治日报	福建督军公署	日刊	1917.9	福州	福建督军公署机关报。
培元	培元学校	周刊	1917	泉州	
福建日报	王修等人	日刊	1918.5	福州	
福建时报	李文滨任经理	日刊	1918.5	福州	

续表

刊名	责任者	周期	创刊时间	出版地	备注
江声报	许卓然等人	日刊	1918.11.21	厦门	该报于1952年元旦并入《厦门日报》，并最终于50年代后期停刊。
全闽学生日刊	福建学生联合会	日刊	1919.5	福州	
福建学生周刊	福建学生联合会	周刊	1919.5	福州	后改名《学术周刊》。
新闽报	王献臣创办	日刊	1919.5	福州	
闽星	陈炯明创办并任主笔	半周刊	1919.12.1	漳州	1920.1.1起又出同名日刊。
公道报	美国驻福州领事馆	周刊	1919	福州	1926年停刊。
自治	省立第二师范学校自治会	半月刊	1920.6.1	漳州	
厦声日报	民办	日刊	1920	厦门	1924年停刊。
思明日报	民办	日刊	1920	厦门	1938年停刊。
信报	民办	日刊	1920	厦门	1924年停刊。
厦门商报	厦门商务总会主办	日刊	1921.1.1	厦门	
集美周刊	集美学校	周刊	1921.10.1	集美	1950.7停刊。
浦城新闻	浦城学生联合会	三日刊	1922.3	浦城	福建内地山区创办的第一份报刊。
厦大周刊	厦门大学编译处	周刊	1922.4	厦门	1936年停刊。
厦门大学旬刊	厦门大学旬刊社	旬刊	1922.10	厦门	1922.11停刊。
闽光日报	主笔廖忧民	日刊	1922秋	福州	
新福建报	福州国民党	日刊	1922秋	福州	福州国民党机关报。
冲决	陈任民任主编	周刊	1922.12	福州	1923年停刊。
尖兵	陈任民任主编	半月刊	1923.1	福州	
岩声	邓子恢、陈少微等人	不定期	1923.9.1	龙岩	著名的马克思主义宣传刊物。
钟声	卢肇西等人		1923.12	永定	
工学报	陈任民任主编	周刊	1923	福州	
民导报	陈任民、江削五等		1923	福州	1924年停刊。

续表

刊名	责任者	周期	创刊时间	出版地	备注
福建教育月刊	福建省教育厅月刊社	月刊	1924.3	福州	
新龙岩季刊	杨世宁等人	季刊	1924.5	龙岩	
涤之	福建涤社	周刊	1924.10	福州	
星火周报	集美学校	周刊	1924	厦门	1925.5停刊。
福建青年	福建青年社	周刊	1925.1	福州	
国是日报	福建督军署	日刊	1925.6	福州	
声援	厦大学生外交后援会	周刊	1925.6	厦门	
绝交	福建学生联合会	周刊	1925.8.24	福州	
闽潮	协大学生共和国	周刊	1925.10.10	福州	1927.3停刊。
厦门大学季刊	厦门大学编译处	季刊	1926.1	厦门	
国学专刊	厦门大学	双月刊	1926.3	厦门	1927.4停刊。
民国日报(厦门版)	国民党福建省党部	日刊	1926.6.23	厦门	1934年停刊。
民国日报(福州版)	新编第三师政治部	日刊	1926.9	福州	
波艇	厦门大学泱泱社	月刊	1926.12	厦门	
革命先锋	国民党福建省党部筹备处宣传委员会	周刊	1927.1	福州	国共合作时的刊物。
福建新农民	国民党福建省党部筹备处农民运动委员会	周刊	1927.1	福州	国共合作刊物。
福建评论	陈少微任主编	周刊	1927.1	福州	国共合作刊物,仅出1期。
民声	民声旬刊社	旬刊	1927.1	漳州	国共合作刊物。
厦门大学国学研究周刊	厦门大学国学研究院	周刊	1927.1	厦门	
民国日报(福建版)	国民党福建省党部	日刊	1927.2	福州	
法潮	厦门大学法科同学会	不定期	1927.2	厦门	
福建财政月刊	福建省财政厅秘书处	月刊	1927.6	福州	
福建建设厅月刊	福建省建设厅	月刊	1927.7	福州	

续表

刊名	责任者	周期	创刊时间	出版地	备注
福州警政月刊	福州市公安局	月刊	1927.7	福州	1931.11停刊，共出41期。
协大新潮	福建协和大学学生会	不定期	1927.11.15	福州	
福建教育公报	福建省教育厅	月刊	1927.12	福州	
红旗	中共福建省委	不定期	1927.12	漳州	
市声日报	福建省政府	日刊	1927	福州	
福建晨报	国民党右派	日刊	1927	福州	1927年停刊。
福建省政府公报	福建省政府秘书处		1927	福州	1938.6迁永安出版。
福州高中校刊	省立福州高级中学	季刊	1927	福州	
赤花	中共永定县委		1928春	永定	油印小刊物。
闽盐月刊	福建盐运使署	月刊	1928.5	福州	1941.10停刊。
厦门工人	中共福建省委	月刊	1928.9	厦门	
烈火	中共福建省委	周刊	1928.11.15	厦门	初为月刊，1931年停刊。
福建教育周刊	福建省教育厅	周刊	1928.12	福州	
厦门大学文科半月刊	厦门大学文科同学会	半月刊	1928.12	厦门	1929.1停刊。
第一燕	陈揖旗，徐吾行创办	旬刊	1928	福州	新文艺刊物，共出3期。
炉炭	厦门双十中学学生会	月刊	1928	厦门	原名《厦门双十中学学生自治会》。
厦大学生旬刊	厦门大学学生会	旬刊	1929.1	厦门	
铁锤	中共福州市委职工运动委员会	周刊	1929.2	福州	
社会科学研究	私立福建法政专科学校	半月刊	1929.4	福州	仅出2期。
厦大集美国专学生会季刊	厦大集美国专学生会	季刊	1929.6	厦门	
协大月刊	福建协和大学学生会	月刊	1929.10	福州	
永定红报	永定县苏维埃政府		1929.10	永定	仅出2期。
锋芒	共青团龙岩县委		1929冬	龙岩	油印16开。

续表

刊名	责任者	周期	创刊时间	出版地	备注
老实话	中共永定县委	旬刊	1929	永定	
火山	共青团上杭县委		1929	上杭	
老实话	中共永定县委	旬刊	1929	永定	综合性刊物。
赤潮	闽西赤潮壁报社		1929		
养正校刊	私立养正学校		1929	晋江	
农话	省立福州农林中学	旬刊	1929	福州	
协大半月刊	协和大学校刊编辑部	半月刊	1930.1	福州	
飞虹	福州飞虹社	月刊	1930.4.15	福州	
红报	闽西苏维埃政府	二日刊	1930.4	龙岩	闽西苏维埃政府机关报。
晨光	闽西列宁师范		1930春	龙岩	
协大学术	福建协和大学	不定期	1930.6	福州	1936.11停刊。
闽西红旗	中共闽西特委		1930.8	龙岩	
赤色青年	共青团龙岩县执委会	前月刊	1930.8	龙岩	
泉州日报	国民党晋江县党部	日刊	1930.9	泉州	1949.8停刊。
闽西青年	共青团闽西特委	旬刊	1930.9	龙岩	后改名为《闽西列宁青年》、《列宁青年》。
我们的生活	闽西总行委文化委员会		1930.9		
福建图书馆协会会报	福建图书馆协会	不定期	1930.9	福州	
永定画报	永定县苏维埃政府		1930秋	永定	
华报	林石庐	日刊	1930.11.9	福州	1938年初停刊。
福建红旗	中共福建省委	日刊	1930.11	龙岩	中共福建省委机关报。
摆轮周刊	章国琤、章振乾等	周刊	1930.11	厦门	1932.3改在福州出版。
协大季刊	协大学生自治会	季刊	1930	福州	
福建学院校刊	福建学院	不定期	1930	福州	1947.4停刊。
法庭	闽西苏维埃政府		1930	龙岩	
赤塔周刊	共青团上杭县委	周刊	1930	上杭	

续表

刊名	责任者	周期	创刊时间	出版地	备注
消息汇报	共青团上杭县委		1930	上杭	
福建文化	协和大学文化研究会	不定期	1931.1	福州	1948.6与《协大艺文》合并为《协大学报》。
福建司法月刊	福建高等法院公报处	月刊	1931.1	福州	1948年停刊。
反帝周刊	闽西省反帝拥苏同盟	周刊	1931.2.1		石印8开小报。
闽西列宁青年	共青团闽西特委	旬刊	1931.3.4	龙岩	原名《闽西青年》。
协大学生	协大学生自治会	不定期	1931.3.28	福州	
列宁青年	共青团闽粤赣苏区特委、省委	半月刊	1931.3	长汀	原名《闽西列宁青年》。
群众周报	中共厦门地方组织	周刊	1931.3	厦门	后成为中共厦门中心市委机关报。
永定列宁青年	共青团永定县委	月刊	1931春	永定	油印16开。
协大青年	协大学生青年联合会	不定期	1931.5.1	福州	
新福建日报	福建省政府	日刊	1931.5.15	福州	1934年停刊。
流星	福州流星文艺社	月刊	1931.5.25	福州	
海啸	福州海啸月刊社	月刊	1931.7.15	福州	
红旗周报	中共闽北分区委	周刊	1931.8	崇安	后改名《红旗》。
战斗	中共厦门中心市委	月刊	1931.9.1	厦门	
列宁青年	共青团闽粤赣苏区省委	半月刊	1931.9	长汀	由《闽西列宁青年》改成。
龙溪民众	龙溪县立民众教育馆	旬刊	1931.10.4	漳州	
闽西三日刊	闽西行总复选会	三日刊	1931.10		
闽锋周刊	国民党福建省党务指导委员会	周刊	1931	福州	
红旗	中共闽粤赣苏区特委		1931	永定	中共闽粤赣苏区特委机关报。
前线	中共永定县委与共青团永定县委合办		1931	永定	
飞帆半月刊	协大学生会	半月刊	1931	福州	

续表

刊名	责任者	周期	创刊时间	出版地	备注
协大生活特刊	协大校友部		1931	福州	
战线报	中共闽粤赣苏区特委		1931	闽西	
建声	福州职业中学土木学社	不定期	1931	福州	1939年停刊。
龙中校刊	省立龙溪中学	月刊	1931	漳州	1931.6停刊。
干部报			约1931	长汀	红色报刊。
工农报	中共福州中心市委	月刊	1932.3	福州	后改为旬刊，1933.11停刊。
苏区工人	中华全国总工会苏区执行局	半月刊	1932.5	长汀	铅印4开。
少年先锋	中央苏区少先队总队部	半月刊	1932.8	长汀	铅印32开。
闽北日报	国民党56师特别党部、县党部	日刊	1932	南平	
华侨日报	由华侨募资创办	日刊	1932	厦门	1938年停刊。
协大消息	协大校刊编辑部		1932	福州	
突击	中共闽粤赣苏区省委、少共闽粤赣苏区省委		1932		
国光日报	任特因任社长，章振乾任总编辑	日刊	1933.1	福州	十九路军入闽主政机关报。
红色闽北	中共闽北分区委		1933.1	崇安	
厦门大学算学会会刊	厦门大学算学会	不定期	1933.1	厦门	
上杭红旗	中共上杭中心县委		1933春	上杭	
挺进	十九路军	双月刊	1933.5	漳州	
厦门大学社会学报	厦门大学社会学系		1933.6	厦门	
民众科学	厦门大学理学院	不定期	1933.8	厦门	
厦门大学学报	厦门大学	半年刊	1933.10	厦门	
人民日报	福建人民政府	日刊	1933.11	福州	"福建人民政府"机关报。

续表

刊名	责任者	周期	创刊时间	出版地	备注
嘘风	厦门大学嘘风月刊社	月刊	1933.12	厦门	
现代文化	厦门大学现代文化社	月刊	1933.12	厦门	
教育园地	福建协和大学		1933	福州	
国学杂志	协大中国文学系		1933	福州	共出10期。
斗争	中共上杭中心县委		1933	上杭	
厦门大学教育学院研究丛刊	厦门大学教育学院	不定期	1933	厦门	
红色东北	中共闽浙赣省委等		1933	闽西	
漳州日报	国民党军蒋鼎文部创办	日刊	1934.1	漳州	
文学期刊	厦门大学中国文学会		1934.1	厦门	
福建民报	国民党福建省党部	日刊	1934.3	福州	由福建《民国日报》改名。
战线	中国工农红军福建省军区政治部	不定期	1934.4.3	龙岩	1934年10月与《战斗报》合并为《红色福建》。
列宁青年	共青团杭武县委	半月刊	1934.4.10		
复兴日报	国民党军李延年部	日刊	1934.4	漳州	由《漳州日报》改成。
南星	福州师范闽南同学会	半年刊	1934.6	福州	
闽东红旗	中共闽东特委		1934.6	福安	
南方日报	福州军界人士	日刊	1934.8.1	福州	1939年5月迁往南平，1948年12月停刊。
战斗报	中共福建省委	不定期	1934.8	长汀	
禾山旬报	叶天来、陈天恩等	旬刊	1934.9.1	厦门	
儿童日报	王宗臻任社长	日刊	1934.9.18	厦门	中国较早的儿童日报之一,1938年夏停刊。
红色福建	中共福建省委、省军区		1934.10.21	龙岩	由《战斗报》和《战线》合并而成。
当代法学	厦门大学法律学会	不定期	1934.12	厦门	

225

续表

刊名	责任者	周期	创刊时间	出版地	备注
厦门大学自然科学丛刊	厦门大学	不定期	1934	厦门	
毓德校刊	私立毓德女子中学校	双周刊	1934	厦门	
莆田日报	涵江商会主办	日刊	1935.1.1	莆田	由《涵江报》改成，1938年5月改名《闽中日报》。
闽西日报	创办人李默庵	日刊	1935.1	龙岩	1949.9 停刊。
协大艺文	协和大学中国文学系	季刊	1935.1	福州	1948.6 与《福建文化》合并为《协大学报》。
福建教育	福建省教育厅	月刊	1935.3	福州	1945年12月改名《教育与文化》。
华南女子文理学院校刊	华南女子文理学院	半月刊	1935.3	福州	
诗之叶	福州诗之叶社	双月刊	1935.6	福州	福州最早的诗刊，出至1936年底。
星光日报	胡文虎创办	日刊	1935.9	厦门	"星"系报纸在福建首次出版，1949年秋停刊。
厦大图书馆馆报	厦门大学图书馆	月刊	1935.9	厦门	
战斗	中共闽粤边特委		1935.10	漳州	1937年停刊。
磐石	福建青年文艺社	月刊	1935.11	福州	
协大自然科学社消息	协大自然科学社		1935	福州	
厦门大学气象台月刊	厦门大学气象台	月刊	1936.1	厦门	
小民报	福建民报社	日刊	1936.4	福州	
建民周刊	省政府秘书处公报室	周刊	1936.7	福州	
南钟	厦大南钟半月刊社	半月刊	1936.8	厦门	
福建县政	省县政人员训练所	半月刊	1936.9	福州	后改名《闽政月刊》。

续表

刊名	责任者	周期	创刊时间	出版地	备注
龙中导报	龙溪中学		1936.10.1	漳州	漳州首份学生抗日报刊。
闽北日报	创办人蒋鼎文	日刊	1936.11	建瓯	由《民声报》和《晨报》合并改成,后改名为《民主报》。
协声	福建协和学院		1936	福州	
捷报	闽西南军政委员会		1936		
龙岩苏维埃小报	龙岩军政委员会		1936	龙岩	
红球报	杭代县军政委员会		1936	上杭	
列宁青年	共青团汀连县委			长汀	原名《镰斧青年》。
斗争	龙岩县苏维埃文委会			龙岩	
闽政月刊	福建省政府秘书处公报室	月刊	1937.3	福州	抗战时期迁至永安出版。
前进	魏然、蒋海容、陈若水等	半月刊	1937.5.25	福州	
福建气象月刊	福建省立福州测候所	月刊	1937.5	福州	由《福州气象》改名,后迁至永安出版。
浪花	浪花社		1937.7.1	建瓯	
抗敌导报	福建省抗敌后援会厦门分会	半月刊	1937.9.26	厦门	1938年停刊。
丰江	丰江学校	半月刊	1937.10	龙岩	战时闽西最早的学生刊物。
福建农报	福建农报社等	月刊	1937.10	福州	后迁永安出版。
救亡文艺	福州文化界救亡协会		1937.11.15	福州	1937.12.4停刊。
前驱	中共闽粤赣边省委	不定期	1937.11.15	龙岩	中共闽粤赣边省委机关报。
闽南新报	国民党军157师	日刊	1937.11	漳州	由《复兴日报》改成。
火线	闽西人民抗日义勇军、新四军二支队	不定期	1937.11	龙岩	
抗敌漫画	福建省抗敌后援总会	半月刊	1937.12	福州	福州沦陷后迁连城,续出《抗建画刊》。
时论	中共闽中工委	旬刊	1937.12	莆田	

续表

刊名	责任者	周期	创刊时间	出版地	备注
公余	福建省县政人员训练所	半月刊	1937	福州	
福建银行季刊	福建省银行总行	季刊	1937	福州	
抗敌画报	福建省抗敌后援会厦门分会	月刊	1937	厦门	
抗敌前锋	马宁、张栋赐创办		1938.1	龙岩	
战友	新四军驻福州办事处	周刊	1938.1	福州	自19期后改为旬刊，共出23期。
福建新报	林鹏侠任发行人	日刊	1938.1	莆田	初名《莆田新报》。
唯力	厦门大学学生救国服务团		1938.3.13	长汀	
抗战知识	李未、周龙川等	半月刊	1938.3.30	福州	
生力旬刊	国民党福建省党部	旬刊	1938.3	福州	出至19期后迁连城出版。
前哨报	中共漳州中心县委		1938.4	漳州	
福建与华侨	福州华侨旬刊社	旬刊	1938.4	福州	
物价金融月报	省政府秘书处统计室	月刊	1938.4	福州	同年5月迁永安出版。
汀江日报	发行人王僧如	日刊	1938.6	长汀	后改名《中南日报》。
抗敌戏剧	省抗敌后援会抗敌剧团	月刊	1938.6	福州	1940.6停刊。
协大周刊	协大周刊社	周刊	1938.7	福州	
建国日报	社长林石庐,总编高拜石	日刊	1938.8	福州	
福建教育通讯	福建省教育厅编审委员会	周刊	1938.8	永安	原名《教育通讯》，在福州创刊。
健声	健社		1938.9.18	邵武	
老百姓	陈培光、章振乾	五日刊	1938.10	永安	1939.11停刊。
地政通讯	福建省地政局	月刊	1938.10	永安	
大成日报	国民党福建省党部、省抗敌后援会	日刊	1938.11	连城	1944年停刊。
福建新闻	国民党特务二团	周刊	1938.12	漳州	后迁厦门，1948.12停刊。

续表

刊名	责任者	周期	创刊时间	出版地	备注
闽政与公余	福建省政府秘书处公报室、县政人员训练所	旬刊	1938	永安	由《闽政》月刊和《公余》半月刊合成。
现代青年	福建省教育厅编审委员会	月刊	1938	福州	1939.11迁永安后由改进出版社接办。
统一	永定统一社		1938	永定	
协大农报	协大农学系	季刊	1939.1.1	邵武	1951.9改为《福大农报》。
厦大通讯	旅汀厦大毕业同学会		1939.1.1	长汀	
汀铎	省立长汀中学	不定期	1939.3.15	长汀	
战时民众	姚勇来、沈嫄璋任主编	旬刊	1939.3	永安	改进出版社创办。
战时木刻画报	萨一佛任主编	半月刊	1939.3	永安	改进出版社创办。
改进	黎烈文、沈炼之先后任主编	半月刊	1939.4.1	永安	改进出版社创办的综合性刊物,1946.7停刊。
现代儿童	福建省教育厅	月刊	1939.8	永安	1939.9改进出版社接办,后迁福州。
兵友报	福州伤兵之友社	三日刊	1939.9	福州	1941.4停刊。
协大生物学报	协大生物学系	年刊	1939.12	邵武	
中南日报	国民党长汀县党部	日刊	1939	长汀	由《汀江日报》改成。
福建导报	中共地方组织		1939	泉州	1939年停刊。
自然科学社季刊	福建协和大学	季刊	193？	福州	
现代文艺	王西彦、章靳以先后任主编	月刊	1940.4.25	永安	改进出版社创办的文艺刊物。
潭风	建阳县战时动员委员会宣传工作组	旬刊	1940.5.30	建阳	
福建农业	福建农业改进处	月刊	1940.6	永安	原刊名《福建农业通讯》,在福州创刊。
协大校友	福建协和大学	半月刊	1940.11.1	邵武	

续表

刊名	责任者	周期	创刊时间	出版地	备注
协大教育季刊	协大教育学系	季刊	1940	邵武	
福建省立农学院院刊	福建省立农学院	不定期	1941.1	永安	
中央日报（福建版）	国民党中宣部	日刊	1941.3	永安	由《福建民报》改成，后迁福州出版，1949.8停刊。
新福建日报	日伪组织	日刊	1941.4	福州	同年10月停刊。
中央日报（福州版）	国民党中宣部	日刊	1941.9.10	福州	1945.9停刊。
福建物价指数	福建省政府统计室		1941	永安	
民主报	国民党省党部	日刊	1942.1	建瓯	继承《闽北日报》，1943.7停刊，后在永安复刊。
时代晚报	发行人王德仁	日刊	1942.6.1	泉州	1946.1迁至厦门出版。
福建妇女	国民党福建省党部妇运委	月刊	1942.11	连城	
协大青年周刊	协大青年周刊社	周刊	1942.12.15	邵武	
少年时报	漳州少年时报社	月刊	1942	漳州	
福建渔业	省建设厅渔业管理局		1942	永安	
福建省地质土壤调查所年报	福建省建设厅地质土壤调查所	年刊	1942	永安	
毅报	福州直接税局	日刊	1943.2.18	福州	
建设导报	刘建绪	三日刊	1943.5	永安	1945.2停刊。
海外归侨	福州海外华侨公会	月刊	1943.5	福州	
茶叶研究	永安茶叶研究所	月刊	1943.7	永安	
协大化学社消息	协大化学社		1943	邵武	
联合周报	蔡力行创办	周刊	1944.2.3	永安	1945.7停刊。
建报	社长董世铨，总编潘芳	日刊	1944.2.18	建瓯	
公余季刊	福建省训练团毕业学员联络站等	季刊	1944.7.15	漳州	

续表

刊名	责任者	周期	创刊时间	出版地	备注
国际时事研究	羊枣任主编	周刊	1944.9.1	永安	著名国际时事刊物,1945.6停刊。
协大青年	三青团协大分团		1944.10	邵武	
台湾研究季刊	国民党中央直属台湾党部	季刊	1944.11	永安	最早的台湾研究刊物。
新东南日报	日伪组织	日刊	1944.12	福州	1945.5停刊。
闽海正报	林森县党部	日刊	1945.2.1	福州	
农报	福建省农会	周刊	1945.6.22	永安	后迁福州出版。
粹报	王德风为发行人	三日刊	1945.8.1	福州	
立人日报	军统闽南站	日刊	1945.9	厦门	1949.9停刊。
太平洋晚报	覃子豪任主笔兼总编辑	日刊	1945.9	厦门	1946.3停刊。
青年日报	三青团厦门组织	日刊	1945.9	厦门	1949.9停刊。
社会科学	福建省研究院社会科学研究所	季刊	1945	永安	主编王亚南、章振乾等,后迁福州,1949.6停刊。
正义日报	国民党福建省党部	日刊	1946.1.1	福州	1948.12停刊。
真理报	黄涵生为发行人	日刊	1946.3	福州	
榕报	光复中学董事会	三日刊	1946.3	福州	
杏林报	发行人吴鹰扬	周刊	1946.3	厦门	医务报,1949.7停刊。
海疆日报	民办	日刊	1946.4	厦门	
东方晚报	发行人叶树荫	日刊	1946.5	福州	
良心话	主编安拉克	周刊	1946.5	福州	1949.8停刊。
福州商情	福州市商会	日刊	1946.7	福州	1949.8停刊。
南天日报	民办	日刊	1946.7	厦门	1949.9停刊。
音乐学习	国立福建音乐专科学校	月刊	1946.7	福州	1947.3停刊。
福建公路	福建公路管理局	月刊	1946.7	福州	1947.6停刊。
儿童报	发行人颜学回	周刊	1946.8	福州	
商讯日报	发行人李默秋		1946.8	福州	1949.2停刊。
天闻报	发行人黄世琛	日刊	1946.9	福州	1949.8停刊。

续表

刊名	责任者	周期	创刊时间	出版地	备注
海滨报	发行人郭涵屯	周二刊	1946.10	福州	
南侨日报	华侨创办	日刊	1946.10	厦门	1949.1 停刊。
东南鼠疫防治简报	卫生部东南鼠疫防治站	月刊	1946.10	福州	1948.11 停刊。
福建时报	国民党福建省政府	日刊	1946.11.1	福州	1949.8 停刊。
财政通讯	福建省政府财政厅		1946	福州	
火炬	中共闽浙赣区委城工部	不定期	1947 初	福州	
三山声报	社长陈应卿	三日刊	1947.1	福州	
厦门民报	国民党厦门市党部	日刊	1947.1	厦门	1949.9 停刊。
闽都报	发行人蔡人权	周刊	1947.2	福州	
力行报	总编程力夫		1947.2	福州	
福建善救月刊	行政院善后救济总署福建办事处	月刊	1947.2	福州	1947.8 停刊。
劲报	发行人陈贻麟	三日刊	1947.3	福州	1948 年停刊。
闽侨	福州海外华侨协会	月刊	1947.3	福州	
建军报	省保安司令部	周刊	1947.4	厦门	1948.1 停刊。
红五月	中共闽浙赣区委	不定期	1947.5	福州	
星闽日报	胡梦洲任社长兼发行人，总编郑书祥	日刊	1947.7.1	福州	胡文虎创办的"星系"报纸之一，1950.10 停刊。
人民	中共闽浙赣区委城工部		1947.10	福州	
人民	中共福州中学支部	不定期	1947 冬	福州	
厦门时报	国民党厦门市党部	三日刊	1947	厦门	
福建卫生	福建省政府卫生处		1947	福州	
福建经济问题研究	福建省政府建设厅经济研究室		1947	福州	
凯声报	闽南师管区	周刊	1948.4	厦门	
协大新闻	中共协大支部	不定期	1948.4	福州	后改名《协大通讯》。
大众报	中共福州中学支部	不定期	1948.11	福州	

续表

刊名	责任者	周期	创刊时间	出版地	备注
前哨报	中共闽南地委	不定期	1948.11	平和	
火花报	中共福长林县委		1948.12	福州	
汀潮	中共闽西地委	不定期	1948.12	长汀	
种子报	中共太平山支部	五日刊	1948	福州	
骆驼月刊	福建高级工业学校骆驼社	月刊	1949.1	福州	后改名《高工生活》。
解放报	中共马尾工委		1949.1	福州	后改名《拂晓报》。
边区战报	中共连江工委	不定期	1949.1	福州	
《人民报》简刊	中共福州市委	不定期	1949.2	福州	
大众报	闽粤赣边区党委		1949.3		1949.8 停刊。
小火星	中共省立福州中学支部	不定期	1949.5	福州	初名《解放之声》。
人民半月刊	中共闽古林罗连中心县委	不定期	1949.5	福州	共编印 3 期。
消息报	中共太平山党支部		1949.5	福州	
灯塔报	中共英华中学核心小组		1949.6	福州	
洪流报	中共英华中学核心小组		1949.6	福州	
挺进报	中共英华中学核心小组		1949.6	福州	
解放快报	中共安溪中心县委	双日刊	1949.6	安溪	
尖兵	中共泉州工委		1949.7	泉州	
战斗	中共闽西南联合政治部		1949.7	龙岩	
民声报	中共福马特支	不定期	1949	福州	
协大学报	协大中国文化研究委员会	年刊	1949	福州	由《福建文化》和《协大艺文》合成。
化学通讯	协大化学会		1949	福州	
战报	几个中共支部合办			福州	1949.5 停刊。

参考文献

著作

1 中共中央宣传部出版局.马克思恩格斯关于出版问题的言论.北京:中国展望出版社,1986

2 中国大百科全书编辑委员会《新闻出版》编辑委员会,中国大百科全书出版社编辑部.中国大百科全书·新闻出版卷.北京:中国大百科全书出版社,1990

3 熊月之.西学东渐与晚清社会.上海:上海人民出版社,1994

4 顾长声.传教士与近代中国.上海:上海人民出版社,1981

5 戈公振.中国报学史.北京:三联书店,1955

6 王国维,等.闽蜀浙粤刻书丛考.北京:北京图书馆出版社,2003

7 方汉奇.中国近代报刊史.太原:山西人民出版社,1981

8 方汉奇.中国新闻事业编年史.福州:福建人民出版社,2000

9 陈玉申.晚清报业史.济南:山东画报出版社,2003

10 上海图书馆.中国近代期刊篇目汇录.上海:上海人民出版社,1985

11 丁守和.辛亥革命时期期刊介绍(第三集).北京:人民出版社,1983

12 张静庐辑注.中国近代出版史料(初编).上海:上杂出版社,1953

13 张静庐辑注.中国近代出版史料(二编).上海:群联出版社,1957

14 张静庐辑注.中国现代出版史料(全四编).北京:中华书局,1957

15 张静庐辑注.中国出版史料补编.北京:中华书局,1957

16 谭彼岸.晚清的白话文运动.武汉:湖北人民出版社,1956

17 中国史学会.洋务运动.上海:上海人民出版社,1961

18 江沛,纪亚光.国民政府时期意识形态管理研究.西安:陕西人民教育出版社,2000

19 吉少甫.中国出版简史.上海:学林出版社,1991

20 叶再生.出版史研究(全六辑).北京:中国书籍出版社,1993-1998

21 史和.中国近代报刊名录.福州:福建人民出版社,1991

22 王余光.中国新图书出版业初探.武汉:武汉大学出版社,1998

23 叶再生.中国近代现代出版通史.北京:华文出版社,2002

24 郭卫东.近代外国在华文化机构综录.上海:上海人民出版社,1993

25 杨光辉,等.中国近代报刊发展概况.北京:新华出版社,1986

26 陈万雄.历史与文化的穿梭.北京:中国社会科学出版社,2000

27 刘哲民.近现代出版新闻法规汇编.上海:学林出版社,1992

28 沈固朝.欧洲书报检查制度的兴衰.南京:南京大学出版社,1999

29 陶涤亚.出版检查制度研究.重庆:重庆独立出版社,1939

30 倪延年,吴强.中国现代报刊发展史.南京:南京大学出版社,1993

31 中国近代现代出版史编纂组编.中国近现代出版史学术讨论会文集.北京:中国书籍出版社,1990

32 中国近代现代出版史编纂组编.新民主主义革命时期出版史学术讨论会文集.北京:中国书籍出版社,1993

33 宋原放,等.中国现代出版史料.济南:山东教育出版社,2001

34 杨扬.商务印书馆:民间出版业的兴衰.上海:上海教育出版社,2000

35 故宫博物院明清档案部编.清末筹备立宪档案史料.北京:中华书局,1979

36 黄新宪.基督教教育与中国社会变迁.福州:福建教育出版社,1996

37 史静寰,王立新.基督教教育与中国知识分子.福州:福建教育出版社,1998

38 范慕韩主编.中国印刷近代史(初稿).北京:印刷工业出版社,1995

39 张树栋,等.中华印刷通史.北京:印刷工业出版社,1999

40 (明)胡应麟.少室山房笔丛.上海:上海书店出版社,2001

41 (英)密尔顿著,吴之椿译.论出版自由.北京:商务印书馆,1958

42 汪征鲁.福建史纲.福州:福建人民出版社,2003

43 陈遵统,等.福建编年史.福州:福建人民出版社,2009

44 林金水.福建对外文化交流史.福州:福建教育出版社,1997

45 福建省地方志编纂委员会编.福建省志·出版志.北京:方志出版社,2008

46 福建省地方志编纂委员会编.福建省志·新闻志.北京:方志出版社,2002

47 福州市地方志编纂委员会编.福州市志(第七辑).北京:方志出版社,1999

48 徐鹤苹.福州文化志.福州:海潮摄影艺术出版社,2003

49 王植伦.福州新闻志·报业志.福州:福建人民出版社,1997

50 厦门新闻志编纂委员会编.厦门新闻志.厦门:鹭江出版社,2009

51 徐明新.福建新闻史:1645-1949.福州:海峡文艺出版社,2009

52 陈林.近代福建基督教图书出版考略.北京:海洋出版社,2006

53 潘群主编.福州新闻史略.福州:福建人民出版社,2005

54 卢元辉.闽北报业概况.呼和浩特:远方出版社,2000

55 胡立新,杨恩溥.厦门报业.厦门:鹭江出版社,1998

56 许清茂,林念生.闽南新闻事业.福州:福建人民出版社,2008

57 洪卜仁主编.厦门旧报寻踪.厦门:厦门大学出版社,2010

58 邱文生主编.永安抗战进步文化活动.福州:海峡文艺出版社,1994

59 福建省政协文史资料委员会编.文史资料选编·基督教天主教编.福州:福建人民出版社,2003

60 福建省政协文史资料委员会编.文史资料选编·政治军事编.福州:福建人民出版社,2002

61 福建省政协文史资料委员会编.文史资料选编·文化编.福州:福建人民出版社,2001

62 徐晓望.福建思想文化史纲.福州:福建教育出版社,1996

63 福建省炎黄文化研究会编.闽文化源流与近代福建文化变迁.福州:海峡文艺出版社,1999

64 郑锦华.中共闽浙赣边区史.厦门:厦门大学出版社,1993

65 中共福建省委党史资料征集编写委员会研究室编.福建抗日救亡运动.福州:福建人民出版社,1985

66 闽粤赣边区党史编审领导小组.中共闽粤赣边区史.北京:中共党史出版社,1999

67 福建省孙中山研究会.辛亥风云在八闽.福州:福建人民出版社,2002

68 陈孝华.福建工人运动史要录(1927-1949).厦门:厦门大学出版社,1999

69 中国作家协会福建分会,福建师范大学中文系.福建新文学史料集刊.铅印本

70 林强.中共福建地方史.北京:中央文献出版社,1993

71 中共龙岩市委党史资料征集研究委员会.龙岩人民革命史.厦门:厦门大学出版社,1989

72 孔永松,邱松庆.闽西革命根据地的经济建设.福州:福建人民出版社,1981

73 詹冠群.黄乃裳传.福州:福建人民出版社,1992

74 万平近主编.福建革命根据地文学史料.福州:海峡文艺出版社,1993

75 蒋伯英主编.福建革命史.福州:福建人民出版社,1991

76 廖开助主编.福建革命战争史稿.福州:福建人民出版社,1986

77 韩真.民国福建军事史.北京:中国言实出版社,2000

78 黄顺通,黄坤胜主编.中共厦门地方史.北京:中央文献出版社,1999

79 谢水顺,李珽.福建古代刻书.福州:福建人民出版社,1997

80 方彦寿.建阳刻书史.北京:中国社会出版社,2003

81 李瑞良.福建出版史话.厦门:鹭江出版社,1997

82 林应麟.福建书业史:建本发展轨迹考.厦门:鹭江出版社,2004

83 朱维幹.福建史稿.福州:福建教育出版社,1985

84 唐文基主编.福建史论探:纪念朱维幹教授论文集.福州:福建人民出版社,1992

85 王耀华主编.福建文化概览.福州:福建教育出版社,1994

86 林庆元.福建船政局史稿.福州:福建人民出版社,1986

87 刘海峰,庄明水主编.福建教育史.福州:福建教育出版社,1996

88 徐君藩,等.福州文坛回忆录.福州:海潮摄影艺术出版社,1993

89 福建省档案馆编.福建事变档案资料(1933.11 - 1934.1).福州:福建人民出版社,1984

90 福建省档案馆编.福建事变档案资料补遗.铅印本,1993

91 中华书局影印.福建《人民日报》:1933 年福州.北京:中华书局,1986

92 郑剑顺.福建船政局史事纪要编年:清同治五年至光绪三十三年(1066 年至 1907 年).福州:福建马尾造船厂铅印本

93 福建省档案馆,广东省档案馆编.闽粤赣边区革命历史档案汇编(共 6 辑).北京:档案出版社,1987 - 1989

94 黄乃裳.绂丞七十自叙.铅印本

95 庄可庭.福州期刊志.铅印本,1998

96 徐吾行编.福建现代地方史.铅印本

97 徐吾行编.近代福建地方大事记.铅印本

论文

1 吴世灯.建本研究的历史与现状.见:叶再生.出版史研究:第 4 辑.北京:中国书籍出版社,1996

2 李颖.《闽省会报》初探.福建师范大学学报:哲学社会科学版,2003,(3)

3 赵广军."上帝之笺":信仰视野中的福建基督教文字出版事业之研究(1858 - 1949).福州:福建师范大学硕士论文,2004

4 邓绍根.小孩月报:近代"启蒙第一报".出版广场,2001,(6)

5 黄政.福建近代报业史话.福建史志,1988,(4)

6 李斯颐.清末 10 年官报活动概貌.新闻研究资料,1991,(3)

7 林其锬.黄乃裳和他创办的《福报》.文献,1987,(1)

8 毛章清.日本在华报纸《闽报》(1897-1945)考略.福建论坛:人文社会科学版,2010,(2)

9 毛章清.从《全闽新日报》(1907-1945)看近代日本在华南报业的性质.国际新闻界,2010,(9)

10 朱峰.清季福州美以美会新闻出版业与文化交流.见:福建省炎黄文化研究会编.闽文化源流与近代福建文化变迁.福州:海峡文艺出版社,1999

11 詹冠群.黄乃裳与福建近代报业.福建师范大学学报:哲学社会科学版,1986,(4)

12 刘通.记《建言报》.福建文史资料,1981,(6)

13 江向东.《民心》月刊的政治倾向.福建省图书馆学会通讯,1986,(1)

14 张振玉.辛亥革命前后闽人志士与报业.见:福建省孙中山研究会编.辛亥革命在八闽.福州:福建人民出版社,2002

15 邱艺玲.辛亥革命前后的厦门报刊.厦门文史资料,1991,(18)

16 梁孝桐,杨震宇.北洋时期福州报界见闻.福建文史资料,1990,(23)

17 安闽,晓钟.厦门《江声报》(1927-1950).党史研究与教学,1986,(2)

18 郭稼.闽南护法区与漳州《闽星》报.漳州文史资料选辑,1982,(3)

19 吴国安,钟健英.五四运动前后福建报刊的兴起与发展.党史研究与教学,1991,(6)

20 吴国安,钟健英.闽西早期进步报刊活动的兴起与发展.党史研究与教学,1988,(2)

21 剑诚,郭天.评协大学生创办的《闽潮》周刊.党史资料与研究,1987,(5)

22 汪毅夫.福建协和大学与福建文化研究的学术传统.福建论坛:人文社会科学版,2003,(4)

23 陈林.福建教会大学出版活动探析:以福建协和大学为例.福建师范大学学报:哲学社会科学版,2006,(6)

24 吴国安,钟健英.近代福建协和大学的报刊活动及其文化贡献.党史研究与教学,1990,(4)

25 吴国安,钟健英.十九路军驻闽期间的报刊活动及其特色.党史研究与教学,1988,(4)

26 钟健英,吴国安.二战时期福建党组织的报刊活动探析.党史研究与教学,1989,(1)

27 吴国安,钟健英.二战时期厦门党组织的报刊活动及其经验教训.党史研究与教学,1989,(2)

28 吴国安,钟健英.闽西革命根据地青年报刊活动的特点及经验.党史研究与教学,1990,(2)

29 陈林.中央苏区第一家出版发行机构:闽西列宁书局.党史研究与教学,2006,(1)

30 郑霄阳,吴娟.土地革命时期闽西苏区红色出版物述略.出版广场,2001,(4)

31 刘正英.20年代厦门进步报刊概述.厦门文史资料,1994,(20)

32 钟健英,吴国安.新民主主义革命时期党报党刊发行工作史略.党史研究与教学,1992,(4)

33 杨恩溥.厦门《儿童日报》始末.厦门文史资料,1994,(20)

34 陈鸿铿.福州《南方日报》忆略.福建文史资料,1990,(23)

35 赵家欣.福建的两家星字报:厦门《星光日报》与福州《星闽日报》.福建文史资料,1990,(23)

36 钟健英,吴国安.三年游击战争时期闽西党的报刊活动及其作用.党史研究与教学,1991,(2)

37 吴国安,钟健英.黎烈文在福建的办刊活动及其成就.党史研究与教学,1988,(1)

38 吴国安,钟健英.近代文化史上的一朵"奇葩":抗战时期福建永安的进步报刊活动评述.党史研究与教学,1988,(3)

39 钟健英,吴国安.论抗战时期福州报刊的救亡活动及其历史意义.党史研究与教学,1989,(3)

40 吴国安,钟健英.论厦门地方抗日救亡报刊发展的历史轨迹.党史研究与教学,1989,(4)

41 钟健英,吴国安.论闽中抗日报刊的发展与其特色.党史研究与教学,1989,(5)

42 吴国安,钟健英.论闽北抗日报刊的文化和特点.党史研究与教学,1989,(6)

43 钟健英,吴国安.漳州抗日报刊的活动和特点.党史研究与教学,1990,(3)

44 何池.抗日战争时期福建进步报刊出版活动管窥.党史研究与教学,1996,(4)

45 李瑞良.抗日战争时期福建永安的进步出版活动.编辑学刊,1994,(2)

46 任远.羊枣与《国际时事研究》.福建党史月刊,1985,(7)

47 官大梁.黎烈文与改进出版社.见:中国近代现代出版史编纂组编.新民主主义革命时期出版史学术讨论会文集.北京:中国书籍出版社,1993

48 赵家欣.燕江风雨:回忆黎烈文与永安改进出版社.福建党史月刊,1985,(10)

49 康化夷.黎烈文与改进出版社.出版发行研究,2009,(10)

50 郑霄阳,等.抗战时期永安进步出版物述略.出版发行研究,2005,(7)

51 陈耀民.《新语》和"永安大狱".福建文史资料,1985,(11)

52 钟健英,吴国安.解放战争时期福州进步报刊活动的恢复与发展.党史研究与教学,1990,(1)

53 季永绥,陈家瑞.解放前漳州报刊与通讯社的概况.漳州文史资料选辑,1979,(1)

54 江向东.解放前厦门报刊沿革述略.新闻与传播研究,1989,(4)